Erasmus von Rotterdam
»Süß scheint der Krieg den Unerfahrenen«

(»Dulce bellum inexpertis«)

Erasmus von Rotterdam

»Süß scheint der Krieg den Unerfahrenen«

Übersetzt, kommentiert und
herausgegeben von
Brigitte Hannemann

Chr. Kaiser

CIP-Kurztitelaufnahme der Deutschen Bibliothek

Erasmus Roterodamus, Desiderius:
»Süss scheint der Krieg den Unerfahrenen« /
Erasmus von Rotterdam. Übers., kommentiert
u. hrsg. von Brigitte Hannemann. –
München : Kaiser, 1987.
(Kaiser-Traktate ; N.F.,4)
Einheitssacht.: Dulce bellum inexpertis <dt.>
ISBN 3-459-01669-8
NE: Hannemann, Brigitte [Hrsg.]; GT

© 1987 Chr. Kaiser Verlag München.
Printed in Germany.
Alle Rechte vorbehalten. Abdruck, auch auszugsweise,
nur mit Genehmigung des Verlages.
Fotokopieren nicht gestattet.
Umschlag: Ingeborg Geith, München,
Umschlagmotiv Urs Graf,
Heimziehender Landsknecht, 1519.
Aus: Katalog des Historischen Museums,
Basel, 1986
Satz: Druckerei Wagner GmbH, Nördlingen
Druck u. Bindung: Clausen & Bosse, Leck

Inhalt

๑ DVLCE BEL
LVM INEXPERTO.

Jn ſchones vnd
zůuorderſt von vylen ein ge=
meyn Beſchrieben ſprüch wort
iſt/als auch die kriechē ſagē.
Der krieg iſt luſtig oder ſůß
dē vnuerſůchten. Oder/dem
vnerfarnen geliebt der krieg
Nun ſind ettliche ding in mē
ſchlicher übung/ was ferlich
heit vñ vbels die auff jnē trag

geu/niemants on erkundigůg erkennen mag/als dan
die gemeinſchafft vnd eererpietung gegē mechtigen/
den vnerfarnen angeneem iſt/aber der erfarē hat ent=
ſytzūg darab. Mā achtet auch ein ſelig ſchön ding ſein
Bey dem Adel zů hofe wonē/vñ ſich herlicher wichtiger
ſachen zů vnderziehen/aber die alten ſolicher ding auß
der übung gantz erkündigt/die verzeihen ſich der ſelbē
ſelikeit gern. Es wirdt auch für ein ſüſſikeit gehaltē die
Bůlſchafft/aber fürnemlich bey denen/die noch nit em=
pfunden haben wieuyl Bitterkeit der liebe anhägt. So
lichs mag auch vergleicht werden einer yeden ſach die
vyl ferlicheit vñ vbels auff ir tregt/ welichs niemants
dan ein junger vñ der ding vnerfarner annemē wölt.
Dā Ariſtoteles in ſeiner Rethoric diſſe vrſach anzeigt/
warumb die jugent küner/vnd her wideumb das alter
forchtſamer ſey/dweil den ſelben jungē die vnerfarung
ein gemüte vnd dürſtigkeit geberē/vñ den andern/die

A iij

Abb. 1: Die 1. Seite der Varnbülerſchen Erasmus-Übersetzung von
1519 (Staatsbibliothek Bamberg).

Einleitung

Das berühmte Adagium 3001: Dulce bellum inexpertis

›Süßer Friede‹ – das ist widerspruchsfrei; uns klingt diese Wendung aus ›Wanderers Nachtlied‹.

›Dulce bellum‹ – ›der süße Krieg‹: das ist ein Paradox! Aber dieses Paradoxon klärt sich beim dritten Wort, wenn man erfährt, wem der Krieg süß ist, nämlich ›inexpertis‹: den Unerfahrenen, die den Krieg noch nicht kennengelernt haben. ›Dulce bellum inexpertis‹ – Erasmus wählte dieses Zitat aus der Antike als Sprichwort 3001 seiner Adagiensammlung.

Der Sinn des Ausspruchs ist wohl am besten wiederzugeben mit: ›Süß scheint der Krieg den Unerfahrenen‹. Denn beim ›Dulce bellum inexpertis‹ ist kein Schaum für Reservistenbecher zu erwarten. Erasmus ›schenkt reinen Wein ein‹, wie man sagt; den können auch nicht vage alte Theorien vom gerechten Krieg mehr trüben.

Was Erasmus von Rotterdam hier im Jahre 1515 zum Problem Krieg und Frieden schrieb, ist nach wie vor wesentlich. Das Adagium 3001 war die erste europäische Antikriegsschrift. Eine Schrift, die eigentlich bei allen gegenwärtigen Rüstungsdiskussionen als bekannt vorausgesetzt werden sollte. Doch ist dieser hervorragende Essay, obgleich dem Titel nach öfter erwähnt, bisher so gut wie gar nicht bekannt. Die einzige auffindbare deutsche Übersetzung stammt aus dem Jahre 1519 (und ist kaum mehr verständlich).

Die Friedensfrage ist gegenwärtig existentiell und dringlich. Es dürfte überraschen, alle wichtigen Ansätze zur Problemerörterung bei Erasmus bereits zu finden, den Konzilsgedanken ebenso wie einen Entwurf zur Evolution des menschlichen Kriegsverhaltens. Die Entwicklung der Waffen machte Kriege immer ›inhumaner‹. Welche Möglichkeit zum totalen Inferno die Menschheit einmal erlangen würde, konnte Erasmus nicht ahnen.

Vor einer genaueren Inhaltsbetrachtung soll zunächst erklärt werden: *Was sind Adagien?*

»Ich bin nämlich ganz in Literatur vertieft und beabsichtige, Notizen antiker Sprichwörter zusammenzuschreiben und in aller Eile ins Werk zu setzen. Ich sehe, es werden ein paar Tausend, jedoch habe ich vor, höchstens zwei oder allerhöchstens drei Hundertschaften herauszugeben.«[1] schrieb Erasmus im März 1500 aus Paris an seinen alten Freund Jakob Batt.

Erasmus wählte bereits in dieser ersten kurzen Äußerung über sein beabsichtigtes Werk das aparte Wort ›Adagia‹ für ›Sprichwörter‹ und nicht die gebräuchlichere Bezeichnung ›Proverbia‹. – Ein Adagium hat nichts mit musikalischem Tempo zu tun. Im Italienischen ist ›adagio‹ ein Homonym für ›sachte‹ und für ›Sinnspruch‹. (Aber wir wollen nicht weiter Teekessel spielen). – Im Lateinischen wird sowohl adagio (f.) wie adagium (n.) synonym mit proverbium (Sprichwort) gebraucht. Das Wort adagio wird abgeleitet von ›ad‹ und ›aio‹: ›dafür sage ich‹ oder ›es heißt‹, ›a saying‹ im Englischen. (Zum Vergleich: die Redewendung ›ut aiunt‹ wird mit ›wie man sagt‹ übersetzt). Adagium und Proverbium werden auch folgendermaßen in Beziehung gesetzt: ›Was mit einem Adagium angefangen hat, wird schließlich ein Proverbium‹. Dabei hat Adagium mehr den Sinn von ›Ausspruch‹.

Seit Erasmus ›die Adagien‹ ins Werk setzte, sind sie ein Begriff für sich. ›Perlen der Weisheit‹ nennt der amerikanische Historiker Roland Bainton die erasmische Adagien-Sammlung. Von einem ›Hauptwerk‹ und einem ›Schlüsselwerk‹ des 16. Jahrhunderts spricht die englische Adagien-Kennerin Margaret Mann-Phillips. Ein Zeitgenosse des Erasmus, Guillaume Budé, karikierte ›die Adagien‹ als ›Salzfaß Merkurs‹, als ›Arsenal der Minerva‹ und als ›Logothek‹; denn diese Aufbereitung der Antike trug Erasmus den Vorwurf ein, das bisher den Gelehrten vorbehaltene

1 EE (= Erasmi Epistolae, Ed. P. S. & A. Allen, 12 Bde., Oxford 1906–1958), Bd. I, Ep. 123, Z. 11–14 (Z. = Zeile).

Wissen zu popularisieren. Soweit die Kritik vorweg. *Was hat es mit den Adagien auf sich?*

Nehmen wir noch einmal die unterbrochene Schilderung der Erstausgabe auf. Am 12. April 1500 schrieb Erasmus wiederum an ›seinen Batte‹:

»... Und an dem Opus Adagiorum schaffe ich, soviel ich kann, um es gleich nach Ostern, wie ich hoffe, zu veröffentlichen. Das Werk ist durchaus nicht schmal geraten und hat unendliche Mühe gemacht. Ich habe nämlich fast 800 Proverbia gesammelt, teils griechische, teils lateinische ...«[2]

Genau 818 Sprichwörter wurden es dann; das zählte schon als neun Hundertschaften. In nur zwei Monaten hatte Erasmus seine literarische Auslese mit kurzen Texterläuterungen fertiggestellt. Spätestens im Juli 1500 war diese erste Ausgabe der Adagien bei dem deutschen Drucker Johann Philippi in Paris aus der Presse. Ein paar Exemplare gingen sofort per Post nach England.

Erasmus war damals noch Student in Paris. Der Entschluß, seine reiche literarische Kenntnis auszuwerten und unverzüglich seine gesammelten Adagien herauszugeben, entsprang einer finanziellen Misere. Seine besten Jahre waren im Kloster verflossen, wie Erasmus beklagte. (Sein Geburtsjahr wird auf 1469 geschätzt.) Doch hatte er sich in dem kleinen Augustiner-Kloster Emmaus bei Gouda (in der Grafschaft Holland) als Autodidakt bereits eine umfassende humanistische Bildung und eine Perfektion in der lateinischen Sprache erworben. Ein Mäzen hatte dem begabten Regularkanoniker das Studium an der Sorbonne ermöglicht, war aber so knauserig, daß Erasmus ihn bald Anti-Maecenas nannte. – Erasmus finanzierte sich sein weiteres Studium mit dem Privatunterricht reicher Bürgersöhne. Einer seiner Schüler, der junge Lord Mountjoy William Blount, hatte ihn im Juni 1499 nach England eingeladen; erst im Februar 1500 kehrte Erasmus nach Paris zurück. Die Zeit in England war für Erasmus glücklich, er

2 EE, Bd. I, Ep. 124, Z. 43–46.

fand gesinnungsverwandte Freunde – Colet, Morus und andere. Erasmus hatte Pläne, er wollte sich in der griechischen Sprache ausbilden und beabsichtigte eine kritische Revision der Hieronymus-Briefe. Dafür brauchte er eine gewisse Zeit lang finanzielle Unabhängigkeit. Deshalb hatte er sich eine kleine Geldreserve, die größtenteils noch aus der Pariser Lehrtätigkeit stammte, angelegt. Auf Anraten von Lord Mountjoy und Thomas Morus sollte er die Ersparnisse in ausländischer Währung an der harten englischen Zollbestimmung vorbeiführen. Der Zoll in Dover dachte anders und nahm Erasmus von dem Geld im Wert von 20 englischen Pfund 18 Pfund ab. (Sachwerte wären die ratsamere Anlage gewesen.) Erasmus fand sich bettelarm und schwer enttäuscht.

Aus dieser neuen Notlage heraus entschloß er sich zur Herausgabe der Sprichwörter. Und um zu beweisen, daß er den Engländern die Zoll-Frustration nicht nachtrug, widmete er die Adagien Lord Mountjoy – zur Bekräftigung der Freundschaft.

So erschien im Sommer 1500 der literarische Erstling des Erasmus von Rotterdam auf dem Buchmarkt: ›*Adagiorum Collectanea*‹ – ›*Die Sammlung der Adagien*‹. Auf dem Titel stand folgender Werbetext: »Des Desiderius Erasmus von Rotterdam Sammlung alter und besonders berühmter Sprichwörter. Ein Werk, daß ebenso neu wie geeignet ist, dazu anzuleiten, wie man jede Art des Schreibens und des Redens in wundervoller Weise ausschmückt und auszeichnet. Dies werdet ihr dann einsehen, beste Jünglinge, wenn ihr euch daran gewöhnt, euren Aufzeichnungen und euren täglichen Äußerungen derartige Kleinodien einzustreuen. Seid also klug und erwerbt euch einen so seltenen Schatz, der euch für so wenig Geld zum Kauf angeboten wird: Großen Vorteil werdet ihr erlangen, wenn ihr euch hier guten Rat holt.«[3]

Als Beitrag zur humanistischen Bildung, als Anregung zu

---

3 Willehad Paul Eckert, Erasmus von Rotterdam/ Werk und Wirkung, Köln 1967, Bd. I, S. 76.

Studien und als Vorbild für einen eleganten lateinischen Stil war das Werk zuerst konzipiert. Und daran bestand in weiten Kreisen Bedarf. Diese ersten neun Centurien, Hundertschaften, waren der Auftakt zu einem großen Adagien-Werk, das bald nach Tausenden – in griechischen Chiliaden – gezählt wurde und das Erasmus sein Leben lang fortgeführt hat. Diese ›Enzyklopädie der Lebensweisheit‹ (R. Newald) wurde der erste große Bestseller des neuen Buchdrucks. Erasmus beherrschte die Kunst, Wissenschaft unterhaltsam und gleichwohl höchst anspruchsvoll darzubieten. Die Adagien machten Erasmus von Rotterdam weitberühmt.

Von der ersten Adagien-Fassung verfertigte Philippi in Paris 1505 einen so gut wie unveränderten Nachdruck. Am 24. Dezember 1506 erschien eine um 20 Adagien erweiterte Ausgabe der ›Collectanea‹ bei Jodocus Badius in Paris. Von dieser Fassung gab es zu Lebzeiten des Erasmus mehr als 30 unveränderte Neuauflagen und Nachdrucke. Auf dem Titel einer Straßburger Ausgabe von 1509 findet sich ein Werbetext von inzwischen knapper Selbstverständlichkeit: »Sammlung alter Adagien von Desiderius Erasmus Roterodamus, Deutschlands Zier. Leser kaufe, lies und du wirst anerkennen.« – Neben dieser ursprünglichen Adagien-Sammlung, den sog. ›Collectanea‹, gab es bald eine vom Umfang und der Form her ganz neue Fassung, die kurz den Namen ›Chiliades‹ bekam; denn hier zählten die Adagien nun wirklich nach Tausenden.

Während seiner Italienreise ließ Erasmus in Venedig beim damals berühmtesten Drucker Europas Aldus Manutius die ›Adagiorum Chiliades Tres‹ (›und ebensoviele Centurien‹) herauskommen: 3260 Sprichwörter (genau gezählt, sind es sogar noch mehr). Das war im September 1508. Das Werk entstand in acht Monaten höchst konzentrierter Zusammenarbeit zwischen Erasmus und seinem Drucker Aldus. Während der Druck schon im vollen Gange war, schrieb Erasmus – unter dem Getöse der Druckerpressen – laufend weiter an den Adagien, zitierte oft aus dem Gedächtnis, las nebenher die Korrekturen. Die letzte Korrekturlesung übernahm der Verleger Aldus selbst, um daraus zu lernen, wie er sagte. Die Druckerei des Aldus Manutius war berühmt für ihre Klassikerausgaben. Und Erasmus fand dort am Ort noch reichlich Quellen für seine Zitatenauslese. Die griechische Sprache beherrschte er inzwischen; so gab er bei Aldus gleichzeitig seine ersten Übersetzungen griechischer Autoren in der damaligen europäischen Gemeinschaftssprache Latein heraus. Bei seinem zweiten Englandbesuch (1505/06) hatte Erasmus an der Universität Cambridge Griechisch gelehrt. Seit September 1506 war er nun auch Doktor der Theologie.

Die Adagien-Ausgabe von 1508 zeigte eine wahre Enzyklopädie humanistischen Geistes: die Aufschlüsselung des antiken Kulturerbes in seiner ganzen breiten Fächerung. In dem Werbe-Kelch der Aldus-Ausgabe steht u. a.: »Bedenke außerdem, daß dieses Werk etwa zehntausend Verse aus Homer, Euripides und den übrigen Griechen im gleichen Versmaß in getreuer und gelehrter Übersetzung enthält, außer den zahlreichen Worten aus Platon, Demosthenes und anderen Autoren dieser Art. Ob ich aber recht habe? Hier ist Rhodos, hier springe; ...«[4]

Der deutsche Prediger Sebastian Franck, der später selbst Sprichwörter in deutscher Sprache herausgab und sich Erasmus stets zum Vorbild nahm, schrieb über Erasmus und dessen Adagien: »Er hat waldläufiger [sic!] Sprichwörter, bei den Gelehrten brauchsam, von den hintersten Örtern der griechischen und lateinischen Autoren, (deren Namen wir kaum wissen), zusammengetragen und dies Buch Chiliades genannt.«[5]

Es war ein Exemplar der aldinischen Adagien-Ausgabe von 1508, das in Goethes Besitz war und welches dieser dem Freund Schiller wärmstens empfahl: »Hier überschicke ich den Hygin und würde zugleich raten, sich die *Adagia* des Erasmus anzuschaffen, die leicht zu haben sind. Da die alten Sprichwörter meist auf geographischen, historischen,

4 s. Anm. 3, S. 82.
5 Will-Erich Peuckert, Sebastian Franck/ Ein deutscher Sucher, München 1943, S. 457 (aus Francks ›Geschichtsbibel‹ zitiert).

nationellen und individuellen Verhältnissen beruhen, so enthalten sie einen großen Schatz von reellem Stoff.« – Weimar am 16. Dez. 1797. (Schiller hatte über seine Armut an poetischen Stoffen geklagt.) Aus den Adagien holte Schiller sich nachfolgend den Stoff für die ›Kraniche des Ibykus‹.

»Erasmus brachte das Gold des klassischen Geistes in Umlauf« – so charakterisierte der Erasmus-Biograph Johan Huizinga die Adagien. Viele griechische Autoren wurden in der Renaissance wiederentdeckt. Platon war damals brandneu. Gute Übersetzungen und Anthologien waren eine heißbegehrte Ware. Die Adagien waren wie geschaffen, das schwer zugängliche antike Geistesgut zum Allgemeingut zu machen. Der Tadel eines gelehrten Kritikers, »Erasmus habe manches als Sprichwort ausgegeben, was er selbst erst dazu gemacht habe«[6], spricht für die Adagien. Überall in Europa schätzte man die Adagien bald für den täglichen Gebrauch. Es ist kein Wunder, daß dank der Erasmischen Sammlung und ihrer Verbreitung viele dieser Adagien in den verschiedenen Landen Europas zum Sprachschatz gehören. Hier eine beliebige Auswahl:

Erkenne dich selbst/ Nolens volens/ Kurz ist das Menschenleben/ Hunger ist der beste Koch/ Immer dasselbe Lied/ Wie der Vater, so der Sohn/ Im selben Boot sitzen/ Aus dem Nichts gekommen/ Aus einer Mücke einen Elefanten machen/ Viele Köpfe, viele Sinne/ Mohrenwäsche/ Kleider machen Leute/ Ein notwendiges Übel/ Vom Rauch in die Flammen/ Öl ins Feuer gießen/ Weit vom Schuß/ Durch die Maschen schlüpfen/ Im Dunkeln tappen/ Kein Hirn im Kopf/ Kolossal/ Die Hand ins Feuer legen/ Ein schlechter Rat/ Unkraut verdirbt nicht/ Nicht einmal im Traum/ Gleich und gleich gesellt sich gern/ Steter Tropfen höhlt den Stein/ Viele Hände machen bald ein Ende/ Den letzten Schliff geben/ Die Liebe besiegt alles.

Eine bloße Aufzählung würde schnell langweilig werden.

6 Erasmus von Rotterdam, Adagia, Latein/Deutsch, Hg. Anton J. Gail, Stuttgart 1983, Einleitung S. 9.

Erasmus aber hat Herkunft, Bedeutung und den Gebrauch eines Sprichworts oder einer Redewendung erläutert, Vergleiche dazugestellt und Bemerkungen angebracht und bleibt dadurch auch auf die Länge interessant. Wir erfahren z. B. ›Goldene Berge versprechen‹ sei »eine sprichwörtliche Hyperbel dafür, daß jemand großartige Versprechungen macht … Es leitet sich vom Größenwahn der Perser her, die wegen ihrer Goldminen mit goldenen Bergen prahlten.« Nach Darlegung verschiedener Belegstellen und Abwandlungen in der Literatur kommt Erasmus zu dem Schluß: »Die Übertreibung liegt hier also nicht im Gold, sondern einfach in den Bergen.«[7]

In seinem Widmungsbrief an Lord Mountjoy empfahl Erasmus diesen Hausvorrat an »Sentenzen, Metaphern, Parabeln, Paradigmen, Exempeln, Gleichnissen und Bildern« als Würze für jedwede Rede. »Wen möchte nicht die Übereinstimmung so vieler Zeitalter und Nationen bewegen?« Erasmus weist auf die großen Vorbilder hin, die ihre Reden reich mit Spruchgut schmückten; das sind nicht nur Platon, Terenz und Plautus, sondern auch neuere (humanistische) Autoren wie Pico della Mirandola und Angelo Poliziano, die Erasmus zu den größten zählt. Besonders figurenreich ist die Sprache des Kirchenvaters Hieronymus, in dessen Briefen man schönere Sprichwörter findet als in einer klassischen Komödie: ›das Kamel tanzte‹, ›auf einen groben Klotz gehört ein grober Keil‹, ›auf jeden Topf gibt's einen Deckel‹. Natürlich werden die Sprüche Salomos und die bekannten Adagien, die Jesus gebrauchte, nicht vergessen, z. B.: vom Splitter, den du aus des Bruders Auge ziehen willst, und dem Balken im eigenen Auge.[8]

Mountjoy schrieb an Erasmus zur großen Ausgabe von 1508, daß er keinen Brief schreibe, ohne das Opus der Adagien zu konsultieren, und daß der Erzbischof von Can-

7 Erasmus von Rotterdam, Ausgewählte Schriften, Latein/Deutsch, Bd. 7, Darmstadt 1972, mit einer Auswahl aus den ›Adagiorum Chiliades‹, übersetzt von Theresia Payr, S. 453.
8 EE I, Ep. 126, Z. 45–47.

terbury ihn für dieses Werk bis in den Himmel lobe.[9] Die Chiliaden von Adagien mußten bereits nach einem Jahr (1509) bei Aldus neu aufgelegt werden, obwohl die Auflagenhöhe dort das Übliche der Zeit übertraf.

Abb. 2: »Adagia Eras« steht quer über dem Buch, an dem Erasmus gerade schreibt. Diese Federzeichnung, die Hans Holbein d. J. 1515 zum »Lob der Torheit« schuf, mißt im Original 3,7×5,3 cm (Basler Kupferstichkabinett).
Der Besitzer des mit den Holbeinschen Randzeichnungen geschmückten Exemplars hat dazu die Reaktion des Erasmus notiert, der beim Anblick seines Porträts ausrief: »Oho, oho, wenn Erasmus noch so schön wäre, nähme er sich bestimmt eine Frau.«

9 EE I, Ep. 215.

Erasmus war von Italien zu seinen Freunden nach England ›heimgekehrt‹. Er hatte auf der Rückreise – in Vorfreude auf das Wiedersehen mit seinem zu Scherz bereiten Freund Morus – das ›Encomium Moriae‹, ›Das Lob der Torheit‹, entworfen: eine einmalige satirische Selbstbetrachtung der Torheit, die so ziemlich alle Lebensbereiche beherrscht (und keiner wird sich ganz frei wissen von ihrem Regiment). Als die Torheit dreist mit Sprichwörtern zu argumentieren anfängt, ruft sie sich schließlich selbst zur Raison: »damit ich mich nicht dem Vorwurf aussetze, die Sammlung meines Erasmus plagiiert zu haben«.[10] Erscheinungsjahr 1511. Das inspirierte später Hans Holbein d. J. zu der hübschen Federskizze vom Adagien-schreibenden Erasmus, im Zuge der Illustrationen zum Lob der Torheit.

Auch in England (Aufenthalt von 1509–1514) arbeitet Erasmus noch weiter an den Adagien und bietet sie 1512 seinem früheren Verleger Jodocus Badius in Paris für eine verbesserte Neuausgabe an. Der Kölner Verlagsagent Franz Birckmann wurde beauftragt, das Adagien-Manuskript der Druckerei Badius zu überbringen; der lieferte es jedoch statt bei Badius in Paris bei Johannes Froben in Basel ab. Erasmus zeigte sich empört über diese Piraterie. Raubdrucke waren damals an der Tagesordnung, und Manuskripte des Erasmus gehörten inzwischen zu den begehrtesten Objekten. Die Druckerei Froben brachte die ›Adagiorum Chiliades Tres‹ im August 1513 so erstklassig und fehlerfrei und in gut leserlichen, eleganten Lettern heraus (die es mit den berühmt-schönen Typen des Aldus Manutius aufnahmen), daß Erasmus durch die Qualität der Ausgabe versöhnlich gestimmt wurde und sich die Druckerei Froben bald sogar zu seinem wichtigsten Verlag erkor. So erschien dann die nächste erweiterte Ausgabe der Adagien im Jahre 1515 autorisiert bei Froben; Erasmus hatte sich zur Drucklegung eigens nach Basel begeben.

10 Erasmus von Rotterdam, Das Lob der Torheit/ mit Randzeichnungen von Hans Holbein d. J. Übers. u. hg. v. Uwe Schulz, Frankfurt a. M. 1979, S. 127.

Abb. 3: Titel der Adagienausgabe von 1515 bei Joh. Froben in Basel (Universitätsbibliothek Basel).

Diese Adagia von 1515 sind so etwas wie ein literaturhistorischer Markstein: Hier gibt es den modernen Essay in

statu nascendi. Schon in seiner Vorrede zur ersten kleinen Sprichwortsammlung von 1500 hatte Erasmus für die Adagien in Zukunft den »Geist eines neuen Werkes« angekündigt: »Wer sagt, sie seien noch zu nackt und bloß, der möge geduldig die letzte Handanlegung abwarten.«[11] In der aldinischen Ausgabe von 1508 fanden sich unter den Sprichwort-Kommentaren zwei wesentlich längere Abhandlungen mit eingestreuten Selbstdarstellungen des Adagienschreibers: »Herkulesmühen« und »Eile mit Weile«. In »Herculei labores« führt Erasmus den Lesern seine Sisyphus-Arbeit vor Augen: diese Winzigkeiten über Länder und Meere aufzuspüren, aus den unleserlichsten, z. T. fehlerhaften Handschriften die Texte aufzustöbern – aber auch »angebunden wie in einer Mühle ... keinen Fuß breit vom Text« abzuweichen. ... »Bei anderen literarischen Vorhaben gibt es immer genug Entfaltungsmöglichkeiten für schöpferische Einfälle« ... »Man hat Gelegenheit zu angenehmen Exkursen« ... »Wie bei jeder anderen Arbeit, hält ganz besonders beim literarischen Schaffen die Abwechslung die Langweile fern«. ... »Hier gibt es aber nicht nur nach dem griechischen Sprichwort ›aufgewärmten Kohl‹, sondern dreitausendmal galt es dasselbe zu wiederholen: was das Adagium bedeutet, woher es kommt und wie man es anzuwenden pflegt, so daß jenes abgenutzte griechische Adagium von dem, der sich im Kreise dreht, nirgendwo mehr als hier sehr angebracht ist.«[12]
Daß man sich auch mit Sprichwort-Erläuterungen nicht nur im Kreise drehen muß, das beweist Erasmus mit den Adagien von 1515: Hier sind fast zwei Handvoll längerer Kommentare, und zwar formgerechter bester Essays eingestreut, die von ihrem zeitkritischen Inhalt her moderner Publizistik entsprechen. Nichts von aufgewärmtem Kohl! »Im Essay wird Denken während des Schreibens als Prozeß, als Experiment entfaltet« (so eine Definition nach Bense und Friedrich in Meyers Enzyklopädie). Erasmus

11 EE I, Ep. 126, Z. 253/254.
12 s. Anm. 6, Zitate S. 135/137 (Herkulische Mühen).

gelang der ›Geniestreich‹, »das harmlose wissenschaftliche Vorhaben in einen aktuell-brisanten Traktat« zu verwandeln.[13] Zentral steht in der Ausgabe von 1515 der ›Dulce bellum inexpertis‹-Kommentar, die erste große Antikriegsschrift Europas.

Das Geburtsjahr des Essays wird allgemein mit der Herausgabe der ›Essais‹ von Michel de Montaigne auf 1580 datiert. Dem Namen nach trifft das zu, der Stilform nach aber ist der Essay in ganzer Spielbreite bereits mit den Erasmischen Adagien-Kommentaren von 1515 vorgeführt. Montaigne hatte nicht nur – genau wie Erasmus – Anregung aus antiker Diatribe geschöpft, sondern konkret Impulse von den Adagien bekommen. Daß der moderne Essay mit den Adagien des Erasmus beginnt, hat Anton Gail (aber nicht nur er) wiederholt betont: »Indem Erasmus Kommentare schreibt, die Selbsterfahrung und Selbstanalyse einerseits und die Zeiterfahrung und Zeitkritik andererseits mischen und so die Zeit ebenso rational kritisch wie subjektiv durchmessen, entsteht das, was man später den Essay genannt hat. Alle jene Vorzüge, die man Prosastükken des Michel de Montaigne nachsagt, sind hier schon durchaus vorhanden und vollendet durchgestaltet. Wir haben es hier tatsächlich mit der Geburt des Essays zu tun.«[14]

In ihrer ›Adagien‹-Einleitung der deutsch-lateinischen Erasmus-Werkausgabe sagt Theresia Payr: »Diese Essays, die von 1515 an einen integrierenden Bestandteil der Adagia bilden, haben den Charakter des Werkes noch einmal grundlegend verändert: Es wurde zum Forum für die persönlichen Anschauungen des Erasmus, der zu diesem Zeitpunkt bereits europäisches Ansehen genoß. Selbstbewußter und autoritativer als vordem übt er nun, wo immer antike Spruchweisheit dazu Gelegenheit bietet, Kritik an den gesellschaftlichen und kirchlichen Verhältnissen seiner Zeit, die sich christlich nennt und von der er nur

13 s. Anm. 6, Einleitung S. 8.
14 Anton J. Gail, Erasmus von Rotterdam, Reinbeck 1974, S. 23.

allzuoft feststellen muß, daß sie nicht einmal den Normen der paganen Ethik gerecht wird.«[15]

Erasmus fühlt sich der christlichen Ethik, d. h. dem Vorbild und der Lehre Christi, aufrichtig und leidenschaftlich verpflichtet (mit und trotz seiner Ausbildung in der Devotio moderna, in der er nicht immer ganz glücklich war). Die ›Philosophia Christi‹ ist der unverrückbare Standpunkt, von dem aus er die heidnischen Beiträge zur Weisheit sichtet; aber diese Sichtung betreibt er ganz und gar nicht in dogmatischer Verbiesterung, sondern er sucht auf alle Weise seine pseudochristlichen Zeitgenossen aus ihrer selbstgerechten Starre zu lösen, einen Ausblick zu schaffen aus der Barbarei hinter dem christlich getünchten Bretterzaun: in die Gärten der heidnischen Sucher und Denker.

Nicht auf ein »Panorama der antiken Welt« (R. Bainton) als solcher kam es Erasmus letztlich an, sondern eher auf »eine facettenreiche Inventur der (antiken) Tradition im Dienste des Gegenwartsverständnisses«[16], wie Anton Gail es formulierte. Der Betrachter der paganen Kunst soll sich selbst hinter dem Bretterzaun mit dem Guckspalt nicht vergessen! Die Adagien-Essays rufen das dem »redlichen Leser« ins Bewußtsein. »Hier wird die antike Überlieferung zum Katalysator der Gegenwart und des eigenen selbst«[17], sagte A. Gail an anderer Stelle. Erst die Verbindung des philologischen und des ethischen Geistes machte Erasmus groß, betonte der Erasmus-Biograph Johan Huizinga sinngemäß; und wörtlich: »mit dem philologischen Geist allein hätte er die Welt nicht gewonnen und gefesselt.« – »Die Tatsache bleibt, daß die Adagien von 1515 ihm einen einzigartigen Platz gegeben hatten in dem Strom von sozialen Ideen«[18], so würdigt die derzeit beste Adagien-Kennerin Margaret Mann Phillips dieses Werk des Erasmus von Rotterdam.

15 s. Anm. 7, Einleitung S. XX.
16 s. Anm. 6, S. 5.
17 s. Anm. 14, S. 23.
18 Margaret Mann Phillips, The ›Adages‹ of Erasmus, Cambridge 1964, S. 121.

Die großen, zu Essays ausgestalteten Adagien hatte Erasmus jeweils zum Motto gewählt. Mit diesen herausgehobenen Denksprüchen wurde eine neue Centurie oder – ganz besonders exponiert – eine neue Chiliade begonnen. Die erste Chiliade und die erste Centurie eröffnete das Adagium Nr. 1, noch nicht so umfangreich, aber als Leitspruch für die Sammlung der Adagien vorangestellt: ›Amicorum communia omnia‹ – ›Freundesgut, gemeinsam Gut‹. – Als Adagium 1001 steht die ausführliche Erörterung von ›Festina lente‹ – ›Eile mit Weile‹. – Adagium 2001 war ›Herculei labores‹, worin seine eigene Publizistik als Beispiel aufgeführt wurde: »Ich bin aber überzeugt, daß man, um das literarische Leben zu erneuern, die Gesinnung eines Herkules haben muß, d. h. man darf sich um keinen Preis von der Sorge um den öffentlichen Nutzen abbringen oder darin müde machen lassen.«[19]

Für die vierte Chiliade und deren erste Centurie ist der ›Dulce bellum inexpertis‹-Text die Nr. 1 (IV, I, 1); nach moderner Zählung ist es das Adagium 3001: »Süß scheint der Krieg den Unerfahrenen«.

In der Adagien-Ausgabe von 1508 zu Venedig war dieses Sprichwort erstmals, aber nur ganz kurz – auf fünf Zeilen – behandelt: »Dulce Bellum Inexperto – Süß ist der Krieg dem Unerfahrenen. Es warnt jene, freudig Gefahren auf sich zu nehmen, die der Sache unkundig sind. Aristoteles führt dies in seiner Rhetorik als Grund an, weshalb die Jugend verwegener sei, das Alter furchtsamer, weil bei jenen die Unerfahrenheit in den Dingen die Dreistigkeit erzeugt, diesen die reiche Erfahrung größere Besorgnis verschafft.«

In der Baseler Ausgabe von 1515 hat Erasmus zu diesem Adagium einen Kommentar von 1000 Zeilen entfaltet: seine leidenschaftlichste Absage an jeden militärischen Krieg. Zum ersten Mal in der europäischen Literaturgeschichte war ausschließlich diesem für die Menschheit so brennenden Thema ›Krieg und Frieden‹ eine umfangreiche Abhandlung gewidmet.

19 s. Anm. 6, S. 159/161.

Die Schrift kam sogleich auch in Sonderdrucken heraus. Und 1519 gab es die erste Übersetzung ins Deutsche. Ebenso wurden die anderen großen Adagien-Essays von 1515 bald als Separatdrucke verbreitet. Pazifistische Partien enthielten die meisten dieser ›Auslegungen‹ (wie sie damals noch schlicht genannt wurden). Im Sprichwort 201 »Man muß entweder als König oder als Narr geboren sein« heißt es, daß man dem jungen Herrscher oft zugute hält, er würde durch Erfahrung weise werden. Doch dies ist bei einem Fürsten nicht akzeptabel: »Zu viel kostet den Staat die Klugheit seines Fürsten, wenn er durch Kriegführen lernen soll, daß Krieg eine unter allen Umständen zu meidende Sache sei.«

Auch das Sprichwort 1401 ›Spartam nactus es, hanc orna‹ (›Sparta ward dir zuteil, das mach zur Zier!‹) enthält im Kommentar eine deutliche Aussage gegen den Krieg, dazu einen Nachruf auf den jungen schottischen Königssohn Alexander Stuart, der einst in Italien des Erasmus eifriger Privatschüler gewesen, und 1513 auf dem englischen Schlachtfeld bei Flodden neben seinem Vater so früh und sinnlos den Tod fand.

Zu Lebzeiten des Erasmus erschienen bei Froben in Basel noch sieben Neuausgaben des großen Adagienwerks (1517/ 18, 1520, 1523, 1526, 1528, 1533, 1536). Die Zahl der Adagien wuchs schließlich auf 4151. Außerdem fügte Erasmus immer wieder Verbesserungen und Zusätze in seine Texte ein. Der Dulce bellum inexpertis-Text erfährt mehrmals Erweiterungen, z. T. von ganzen Passagen.

Neben den großen Adagieneditionen gab es zahlreiche Kurzfassungen in verschiedensten Verlagen. Mehr als 150 (!) Adagienausgaben sind in der ›Bibliotheca Erasmiana‹ für das 16. Jahrhundert registriert; das mag eine Vorstellung von der Beliebtheit dieses Werkes geben. Nicht von ungefähr nannte Margaret Mann Phillips die Adagia »The book which formed European mind«.

Vollständig wurden die Chiliades der Adagien nie übersetzt. »Erasmus sagt: sehr leicht, meint man, kann ein jeder Sprichwörter schreiben, das leugne ich nicht, aber schwer ist es, Tausende zu schreiben. Wer mir nicht glaubt, möge sich gern selbst die Mühe machen, dann wird er meinem Werk gewogener sein.« Das setzte Erasmus als Epigramm in die Adagien-Ausgabe von 1533. Tatsächlich ist die Übersetzung von 500 Adagien ein bisher nur in England erreichter Rekord. Die Briten zeigen traditionsgemäß für die Erasmischen Adagien besondere Sympathien. »The Garden of Wisdom« nannte Richard Taverner seine ins Englische übertragene Auswahl von 158 Adagien anno 1539. Von einer erweiterten Auflage jenes Werkes gab es 1956 eine Faksimile-Reproduktion. Außerdem erschienen im 16. Jahrhundert wiederholt Zusammenstellungen von Sprichwörtern aus den Adagien mit altenglischen Entsprechungen.

Im frühen 17. Jahrhundert erschien in Schottland (Aberdeen, 1622) ein umfangreicheres Sprichwort-Werk ›Adagia, in Latine and English, contayning fyve hundreth proverbes (selected from the Chiliades of Erasmus)‹. Im allgemeinen waren die Werke des Erasmus damals dem Druchschnittsgebildeten noch im Original zugänglich. Übersetzungen waren zuerst mehr ›Schwimmübungen‹ in der Muttersprache – jedenfalls in England und Deutschland, wo die Schriftsprache ihren Nuancenreichtum erst ausformen mußte. Der Wiedergabe erasmischer Formulierungskunst waren die Landessprachen meist noch nicht gewachsen. Unter der Wirkung der großen Sprachtalente (wie Luther und Shakespeare) entfalteten sich die Nationalsprachen bald in ihrer vollen Kraft. Gleichzeitig ging die Bedeutung der einheitlich-europäischen Gelehrtensprache Latein immer mehr zurück. Die Adagia des Erasmus blieben trotzdem über zwei Jahrhunderte als beste Lateinübung empfohlen, und sie hatten sich als ein unentbehrliches ›Handbuch des Wissens‹ (W. Kaegi) bewährt. Im 17. Jahrhundert gab es noch zahlreiche lateinische Nachdrucke der ›Adagiorum Chiliades‹. Und auch während des 18. Jahrhunderts war die Adagien-Lektüre im Original meist kein Problem.

»Lessing hat sie ständig zur Hand gehabt«, schreibt Werner

Kaegi über die Fortwirkung der Adagien in seiner Untersuchung ›Erasmus im 18. Jahrhundert‹[20]. Goethe hat sie nicht nur Schiller als ›großen Schatz von reellem Stoff‹ empfohlen, sondern auch selbst aus den ›Erasmi Adagia‹ geschöpft. »In zahlreichen Fällen lassen sich Nachwirkungen Erasmischer Adagien in Goetheschen Wendungen nachweisen«, scheibt Kaegi. Unter anderem wird als Beispiel aus den Gedichten (›Sprichwörtlich‹) angeführt: »Doppelt gibt, wer gleich gibt, hundertfach, der gibt, was man wünscht und liebt.« Und aus dem Wilhelm Meister (Wanderjahre I. Buch, 11. Kap.): »deswegen die Alten schon zu sagen pflegten, der Helden Söhne werden Taugenichtse«. Am 2. Oktober 1793 sagte Goethe im Gespräch mit Herder, als von Erasmus und Grotius (dem ›Vater des Völkerrechts‹) die Rede war: »es scheine, als ob das Gute nur ein Werk der einzelnen Menschen seie …«. Herder, der einmal 1776 im Sturm und Drang-Enthusiasmus für Hutten das Bild des Erasmus etwas schief gezeichnet hatte (so daß Wieland sich verwahrte, er wolle sich seinen Erasmus nicht anschmitzen lassen), hatte den Erasmus inzwischen längst für sich entdeckt, ihn in die Gärten der Grazien und Musen aufgenommen, »milden erquickenden Regen« gewünscht für »die keimende Saat der Humanität in Europa; keine Stürme …«. Für den Bildungsgedanken nannte er den Erasmus sein »Idol«, und die Hochschätzung der Adagien hat er mehr als einmal ausgesprochen: »Die gescheutesten, weisesten und witzigsten Männer aller Zeiten und Völker haten sich mit Sprüchwörtern beschäftigt und erlustigt, vom weisen König Salomo an bis auf Erasmus, …« – »Mit seinen ›silberhellen Schriften‹ habe Erasmus die unwissenden Philosophaster seiner Zeit wirklich zur Bibel geführt« – so gibt Werner Kaegi die Einstellung Herders zum Theologen Erasmus wieder. (Kaegis Aufsatz sind auch die übrigen Herder- und Goethezitate entnommen.)

20 Werner Kaegi, Erasmus im Achtzehnten Jahrhundert, in: ›Gedenkschrift zum 400. Todestag des Erasmus von Rotterdam‹, Basel 1936, S. 205–227 (Hier auch die genaue Quellenangabe der Zitate)!

Als »gewaltigstes Dokument der Erasmusverehrung« um 1700, da »das Erasmusinteresse« noch »vitaler, unmittelbarer« war, hebt Kaegi die Leidener Gesamtausgabe von 1703–1706 hervor. Die Herausgabe der 10 Foliobände ›Erasmi Opera Omnia‹ ist die Leistung von Jean Leclerc (Joannes Clericus), einem gebürtigen Schweizer und Wahlholländer, der Humanist und Prediger war. Diese Gesammelten Werke sind bis heute Grundlage aller Arbeiten über Erasmus.

Aus Kaegis aufschlußreicher Darstellung der Erasmus-Wirkung im 18. Jahrhundert möchte ich noch folgenden Abschnitt komplett wiedergeben: »In Halle trug man alsbald den Friedensgedanken des Erasmus aus dem theologisch-dogmatischen Bereich in den politischen hinüber, indem man einer Neuauflage des Enchiridion eine der eindrucksvollsten politischen Schriften des Erasmus gegen den Krieg hinzufügte: 1724 erschien das ›Enchiridion militis christiani saluberrimis praeceptis refertum cum autoris commentatione in proverbium Dulce bellum inexpertis‹. Dieses Adagium des erasmischen Pazifismus bedürfte eines besonderen kleinen Kapitels in der Geschichte des erasmischen Nachruhms. Das siebzehnte Jahrhundert hatte es besonders geliebt und in den Jahrzehnten des dreißigjährigen Krieges stets von neuem gedruckt und gelesen.« Der pazifistischen Werkzusammenstellung (des christlichen Streiters mit dem Dulce bellum inexpertis) konnte sich die Druckerei des Waisenhauses von August Hermann Francke rühmen. Und soviel noch zur Instruktion: Das ›Enchiridion militis christiani‹ (›Handbüchlein des christlichen Streiters‹) hatte Erasmus bereits 1503 veröffentlicht; es fand jedoch erst Jahre später Beachtung und ist das Buch, dem nachgesagt wird, daß es die Reformation gemacht habe.

Die Geschichte des Dulce bellum-Adagiums darf hier natürlich nicht fehlen. Sie begann, wie bereits erwähnt, mit der Adagien-Ausgabe von 1515. Als ›Utopische‹ Adagien-Ausgabe wird diese Edition in einer englischen Erasmus-

Studie bezeichnet[21] (wohl um die zeitliche und geistige Nähe zur ›Utopia‹ des Thomas More zum Ausdruck zu bringen). Daß die Gedanken, welche die beiden Freunde Erasmus und Morus damals kühn in die Welt setzten, noch immer unbewußt zusammengesehen werden, mag ein Ausspruch Theodor Adornos belegen: »Keiner unter den abstrakten Begriffen kommt der erfüllten Utopie näher als der vom ewigen Frieden« (›Minima Moralia‹, 1951). Aber Erasmus ging es nicht um einen abstrakten Friedensbegriff, obwohl er den Traum vom ewigen Frieden und von christlicher Concordia sicher geträumt hat, ihm ging es vorerst um eine sehr realistische, kontrastierende Bestandsaufnahme menschlicher Existenz im Frieden und im Krieg – und um die Entlarvung aller heuchlerischen Kriegsphilosophie samt ihrer grausigen Praxis. Obwohl Erasmus eine Fülle antiker Weisheit einbrachte, war sein Antikriegs-Pamphlet in dieser Zusammenschau und mutigen Eindeutigkeit neu; von seinen Zeitgenossen ist es auch sofort als revolutionär begriffen worden.

Der ›Dulce bellum inexpertis‹-Kommentar war das Kernstück der ›utopischen‹ Adagienausgabe. Dieser Essay wurde als erster im Sonderdruck vervielfältigt: im April 1517 bei Froben unter dem Kurztitel ›Bellum‹. Und dieser Essay war die erste größere Erasmus-Schrift, die ins Deutsche übersetzt wurde: 1519 von dem kaiserlichen Rat Ulrich Varnbüler unter dem Titel: ›Eyn gemeyn sprüchwort/ Der krieg ist lustig dem unerfarnen/ ... In welchem die allerheylsamest fruchtbarkeit des fridens/ unn der verderplichest nachteyl des kriegs underscheidlich/ ...‹[22].

In der ›Geschichte der Deutschen Literatur‹ heißt es in einem Abschnitt über den Kölner Humanisten und neula-

---

21 Edward James Devereux, Renaissance English Translations of Erasmus. A Bibliography to 1700, Erasmus Studies 6, Toronto, Buffalo, London 1983; geprägt wurde der Begriff ›The Utopian Edition‹ für die Chiliades von 1515 übrigens von M. Mann Phillips, 1964, s. Anm. 18.
22 Ulrich Varnbüler. Dulce bellum inexperto/ Der krieg ist lustig dem unerfarnen, Gedruckt zu Basel/ durch Andream Cartandrum/ an dem sechsten tag Novembris Anno MDXIX.

teinischen Lyriker Hermann von dem Busche: Erwähnung verdienen noch zwei Elegien (um 1516), die Erasmus in seine ›Klage des Friedens‹ aufgenommen hat: Der Dichter beschwört die Bilder des Grauens, der Verwüstung und Leiden des Krieges und entwirft ein blühendes Bild der Friedenszeiten.«[23] – Wahrscheinlicher ist es natürlich, daß Hermann von dem Busche vom Erasmischen Adagium 3001 aus dem Jahre 1515 inspiriert war, aber heute kennt eben in Deutschland kaum einer mehr diese erste und wichtigste Friedensschrift des Rotterdamers. – Die Begegnung mit seinen humanistischen Verehrern hatte Erasmus in einem Reisebericht Mitte Oktober 1518 geschildert: »In Speyer entfernte ich mich heimlich aus der Herberge und rettete mich zu meinem Nachbarn Maternus. Der Dekan dort, ein gelehrter und humaner Mann, nahm uns liebenswürdig und gefällig für zwei Tage auf. Hier trafen wir durch glücklichen Zufall Hermann von dem Busche wieder. Von dort bin ich mit dem Wagen nach Worms gefahren, und von hier weiter nach Mainz. Zufällig befand sich in demselben Wagen ein Sekretär des Kaisers, Ulrich mit Zunamen Farnbul, was quasi Farnkraut-Hügel heißt. Er hat sich um mich während der ganzen Fahrt mit unglaublichem Eifer bemüht, dann in Worms ließ er nicht zu, daß ich ins Gasthaus gehe, sondern schleppte mich in das Haus eines Domherrn; zum Abschied hat er mich zum Schiff begleitet.«[24]

Der damals 44jährige Diplomat Varnbüler war eine imposante Erscheinung. Albrecht Dürer hielt sein Porträt mit großem Krempenhut im Holzschnitt fest. In einer Kunstbetrachtung unterstellte man ihm das Aussehen eines Condottieri. Ulrich Varnbüler war aber alles andere als das, da er sich die Mühe machte, den eindringlichsten Friedensruf »von latein in teutsch zukeren«. (Auf ihn paßt somit das Adagium ›Wie ein Silen des Alkibiades‹, das bedeutet:

23 Klaus Gysi u. a. (Hg.), Geschichte der Deutschen Literatur, 4. Bd. (1480–1600), Berlin (DDR) 1961.
24 EE III, Ep. 867, Z. 30–39, s. Anm. 1. Der Brief wird auf den 15. Okt. 1518 datiert. Der Reisebericht bezieht sich auf den 7.–9. Sept. 1518.

seine Seele ist sehr anders als sein Aussehen erwarten läßt;
wie nach dem Vergleich des Alkibiades der weise Geist des
Sokrates im Äußeren eines tölpelhaften, tropfnasigen Silen
steckte.)

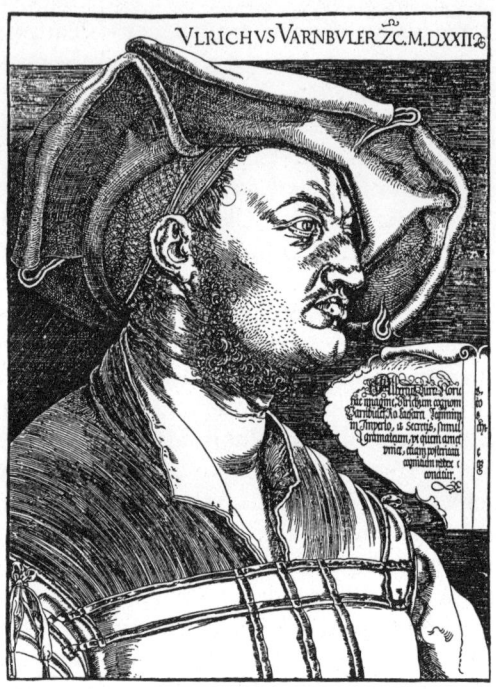

Abb. 4: Ulrich Varnbüler 1522; entnommen aus: E. Panowsky, Das
Leben und die Kunst Albrecht Dürers, München 1977.

1520 gab es in Straßburg noch einen Nachdruck der Varnbüler-Übersetzung, die zuerst bei Cartander in Basel her-
ausgekommen war. Auch von dem lateinischen ›Bellum‹-
Separat gab es immer wieder Nachdrucke. Das Antikriegs-
Adagium erschien in Köln wie in Venedig, an drei Orten
allein im Jahre 1521, mindestens zweimal im Jahre 1523. –
Der Titel erfuhr einige Wandlungen; er lautete z. B. in Köln
anno 1543: ›Polemos, sive Belli Detestatio‹ – ›Krieg, oder
vielmehr die Verwünschung des Krieges‹.

Nicht direkt zu den Übersetzern, jedoch zu den Referenten des Dulce bellum-Textes gehört der bereits erwähnte Sebastian Franck, der diese Erasmus-Schrift in sein ›Kriegbüchlin des frides‹ einarbeitete und 1539 unter einem Pseudonym erscheinen ließ.

Dieses Franck'sche Sammelsurium verschiedenster Friedensgedanken (von Augustin bis Oekolampadius), mit einem kräftigen Schuß Pastorenwürze, hat den Stil eines Volksbuches. Wer sein Kriegbüchlin zu scharf fände, gesteht Franck in seinem Vorwort an den friedliebenden Leser, der »zancke mit denen von den ichs entnommen unn zusamen gestoppelt ... hab«. – Ein beträchtlicher Teil stammt aus der ›Querela Pacis‹, dem bekanntesten Friedensappell des Erasmus von Rotterdam. Aber ein noch umfangreicherer Abschnitt ist dem Dulce bellum inexpertis »entlehnet« und wird folgendermaßen eingeleitet: »Nun weiter. In dem Sprichwort ›dulce bellum‹ etc. (der Krieg ist lustig für die Unerfahrenen) sagt Erasmus in ›Chiliadibus‹, den Narren gefällt der Krieg. Es sind viele Dinge, so die unversuchten Leute loben, die auf die Probe gestellt eine Scheu mitbringen, als zu Hofe wohnen, Buhlschaft, der Krieg etc. Aber die Erfahrung lehrt ganz anderes. Das ist die Ursache, warum die Jugend kühn, das Alter furchtsam ist, wie Aristoteles in seiner ›Rhetorik‹ philosophiert. Denn die mangelnde Erfahrung bringet der ungeübten Jugend einen Trutz, Freudigkeit und vieler Dinge Vermessenheit, darob die Alten, Erfahrenen, denen oft darüber die Zähne eingeschlagen worden sind, stutzen.«[25] Die ›eingeschlagenen Zähne‹ sind typisch Franck'sche Ausschmückung. Erasmus bringt sehr andere Details. So kommen denn die Exempel vom ›zu Hofe wohnen‹ und der ›Buhlschaft‹ bei der stark gerafften Wiedergabe im Sinn gar

25 Sebastian Franck, Das Kriegbüchlin des Friedes, ins Neuhochdeutsche übertragen u. hg. v. Siegfried Wollgast, in: ›Zur Friedensidee in der Reformationszeit‹ (Texte von Erasmus, Paracelsus, Franck), Berlin (DDR) 1968. Ein Nachdruck von Sebastian Francks ›Krieg-Büchlin des Friedes‹ der Ausgabe des Jahres 1550 erschien 1975 im Georg Olms Vlg, Hildesheim, New York.

nicht mehr heraus. (Die Titel-Verdeutschung läßt eventuell auf die Verwendung der Varnbüler-Übersetzung schließen.) Nach diesem Auftakt wird – abgesehen von ein paar Abschweifungen – so ziemlich die ganze Erasmische Dulce bellum-Auslegung in komprimierter Form referiert; das ist bisher (soviel ich aus dazu veröffentlichten Studien ersehe) gar nicht bemerkt worden, da man mit dem Originaltext des Erasmus kaum vertraut ist. Obwohl auf den folgenden 30 Seiten von Franck immer wieder ›sagt Erasmus‹ zwischen die Zeilen gestreut wurde, konnte nicht ermessen werden, wie weit das Zitat ging. Wenn man den sehr persönlich gehaltenen Essay des Erasmus kennt, und ihn in Francks eigenwilliger Zusammenfassung wiedererkennt, entbehrt das geraffte Werk nicht ganz der Komik.

Anno 1534 wurde das ›Bellum Erasmi‹ als erstes Adagium ins Englische übersetzt und erschien bei dem humanistisch gesinnten Drucker Thomas Berthelet in London. Der Übersetzer blieb anonym. Man vermutet, daß es vielleicht des Druckers Freund Thomas Paynell gewesen sein mag, der später die über Jahrhunderte immer wieder neu aufgelegte Querela Pacis-Übersetzung schrieb. Der Text schien in keiner Weise englischen Nationalinteressen zu dienen, bemerkt Devereux in seiner Renaissance-Studie, sondern er entsprach sicher keiner anderen Absicht, als dem einfachen Leser die ›Erasmische Irenik‹ zugänglich zu machen.[26] (Das Jahr 1534 war alles andere als ›die gute alte Zeit‹ gemütlicher Beschaulichkeit. Man führe sich vor Augen: Heinrich VIII. hatte sich immer mehr zum skrupellosen Machthaber entwickelt. Für seine Ehescheidung isolierte er nicht nur alle Briten von der übrigen Kirche, sondern es rollten bald (1535) die Köpfe der größten humanistischen Geister Englands: Thomas More und John Fisher, beide engste Freunde des Erasmus. Die Schreckensnachricht hat Erasmus noch erreicht. Als Erasmus in seinem Bellum-Kommentar von der nur den Unerfahrenen süß erscheinenden Gunst bei Hofe schrieb, konnte er nicht

26 s. Anm. 21.

ahnen, daß einmal sein bester Feund Morus das traurigste Beispiel dafür geben würde.)

Im 17. Jahrhundert wurde das Bellum-Adagium noch zweimal ins Deutsche übersetzt (unmittelbar vor und nach dem Dreißigjährigen Krieg). Beide Schriften waren jetzt über den Universitätsleihverkehr in öffentlichen deutschen Bibliotheken nicht mehr auffindbar. Die Titel lassen erkennen, daß mit Sinn und Sorgfalt ans Werk gegangen wurde: »Das Alte zierliche ... Sprichwort Dulce bellum inexpertis, das ist: Der Krieg ist zwar ein süsse Speiß/ Dem der da nichts von Kriege weiß ..., in teutsche Sprach transferirt ... durch Fridericum Cornelium von Friedensburg« (s.l. 1607); und der andere Titel: »Erasmi Rot. schoene ... Rede über das Sprichwort Dulce bellum inexpertis. Der Krieg scheinet den unerfahrenen gar lieblich. Verdeutschet durch Caspar Meusslern von Revel« (1659).[27]

»De On-ervaren Krijghsman« lautete der Titel einer niederländischen ›Bellum‹-Übersetzung, die 1622 – im Tumult des Dreißigjährigen Krieges – zur Einweihung der in Rotterdam errichteten Bronze-Statue des Erasmus herauskam. Zur Erasmus-Gedenkfeier im Jahre 1936, anläßlich seines 400. Todestages, wurde dieses denkwürdige Adagium vom Dulce Bellum in Holland aufs neue übersetzt.

In englischer Sprache erlebte der Dulce bellum inexpertis-Essay vom 18. zum 19. Jahrhundert eine Renaissance und wurde zum ›Renner‹ der ersten pazifistischen Bewegung. Vicesimus Knox, ein Toleranz-Apostel, dem die Übersetzung zu danken war, hatte dazu folgenden Titel gewählt: »Antipolemus: or the plea of reason, religion, and humanity against war«. (›Plea‹ bedeutet ›Einspruch‹, ›Gesuch‹. Also: »Anti-Krieg: oder der Einspruch von Vernunft, Religion und Humanität gegen den Krieg«.) Offenbar handelte es sich um eine Auswahl-Übersetzung; denn im Untertitel steht: »A fragment. Translated from Erasmus and addressed to aggressors«. Diese als deutliche Kampfschrift gegen

27 s. Anm. 7. Titelangaben in den Anmerkungen der Einleitung, S. XXXI.

den Krieg formierte Übersetzung erschien erstmals 1794 bei C. Dilly in London; einen Nachdruck gab es 1813 in New York. Zum Jahre 1814 (Napoleon dankte ab) wurde der Antipolemus in London in gekürzter Fassung herausgegeben. Jene Kurzfassung ›Extracts from Erasmus on the subject of war‹ erfuhr bald ein Dutzend Neuauflagen. Die frisch gegründeten Friedensgesellschaften (1815 in New York und 1816 in London) hatten sich diese Auszüge aus dem Bellum-Adagium des Erasmus zur Programmschrift erkoren. So erschien die nächste Edition bereits 1817 als ›Tract No. 4‹ der ›Society for Promotion of Permanent and Universal Peace‹; 1823 lag schon die 5. Auflage vor und so fort. 1853 wurde die Schrift von der ›Society of Friends‹ (den Quäkern) übernommen. Eine Übersetzung ins Französische ›Extraits d'Erasme sur la guerre‹ von 1819 mußte siebenmal neuaufgelegt werden. Auch in italienischer Sprache kam der Text anno 1855 heraus.

Der erasmische Funke blieb zündend für das Feuer der ersten übernationalen Friedensbewegung. Erwähnenswert ist aus jener Zeit noch eine weitere fragmentarisch gebliebene Dulce bellum-Übertragung ins Französische, die im Journal ›La Liberté‹ vom 5. Okt. 1866 unter dem Titel ›La Guerre‹ veröffentlicht wurde. Übersetzer war Victorien Sardou, der hervorragende französische Bühnenautor des vorigen Jahrhunderts, dessen Repertoire vom Drama bis zur Komödie reichte, der Operettenlibretti für Saint-Saëns und Offenbach schrieb und dessen ›La Tosca‹ durch die Puccini-Oper berühmt wurde. – In jungen Jahren hatte Sardou sich intensiv mit Erasmus befaßt und als 25jähriger sechs der Colloquien des Erasmus (der sehr beliebten Gesprächs-Szenen) übersetzt.[28] Der Wiederentdecker Margo-

---

28 Jean-Claude Margolin, Sardou, Traducteur des Colloques d'Erasme/ in ›Recherches Erasmiennes‹, Genève, 1969; J. C. Margolin, Un text oublié de Victorien Sardou (Sa version du ›Bellum‹ d'Erasme de Rotterdam), Moreana pp. 5–19, 24. Nov. 1969, rezensiert in J. C. Margolin, Bibliographie Erasmienne 1962–1970, Paris, Toronto, Buffalo 1977.

lin nennt Sardous auf elf Seiten gekürzte Bellum-Version in der Übersetzung »präzise, dramatisch, bildreich«.

Anfang des 20. Jahrhunderts erschien ein Reprint der ersten englischen Bellum-Übersetzung aus dem Jahre 1534 mit einer 33seitigen ›introduction‹ (in: ›The Humanists' Library‹, Boston/Mass. 1907). Der Titel: ›Erasmus against War‹.

1936, zum 400. Todestag des Erasmus kam dann – wie bereits erwähnt – der Bellum-Essay unter dem Titel ›Oorlog‹ in niederländischer Sprache heraus. Und zur Feier seines 500. Geburtstages, 1969, erschienen eine italienische, eine polnische und eine ungarische Übersetzung dieses pazifistischen Adagiums 3001.

Einen Übersetzermaßstab legten 1953 Yvonne Remy und René Dunil-Marquebreucq mit ihrer in wissenschaftlicher Akribie vorgenommenen Dulce bellum-Übertragung ins Französische.[29] Und schließlich lieferte Margaret Mann Phillips eine neue, sehr exakte englische Dulce bellum-Übersetzung innerhalb ihrer umfangreicheren Adagien-Studie von 1964.[30]

Die beiden letztgenannten Übersetzungen waren für mich eine wichtige Orientierung, als ich es unternahm, die lange Versäumnis einer modernen Verdeutschung von ›Dulce bellum inexpertis‹ nachzuholen. Ich war von Erasmus' leidenschaftlichem Engagement für den Frieden fasziniert. Seine klare Gedankenführung sprach mich an, die nach dem Prinzip natürlicher Assoziationsläufe genügend Raum für die verschiedensten Einfälle gibt und nichts vom kalten Hauch philosophischer Syllogismen hat. In seiner Beredsamkeit erkennt man ein Ringen mit Herrschern und kriegsversessenen Kritikern aus allen Reihen um die öffentliche Sache der Menschlichkeit, um die Gestaltung der ›Res publica‹ im Sinne des Volkswohls, um ein echtes

29 Erasme, Dulce bellum inexpertis. Texte édité et traduit par Yvonne Remy et René Dunil-Marquebreucq (Ouvrage honoré d'une souscription de l'Administration communale d'Anderlecht), Latomus, Revue d'édudes latines, Berchem-Bruxelles 1953; 112 S.
30 s. Anm. 18, A Study with Translations; insgesamt 418 S.

Christus zum Vorbild nehmen für die, die sich Christen nennen. Durch die Einbeziehung antiken Gedankenguts schlägt er eine Brücke über die Zeiten. Der Satz, den Margaret Mann Phillips auf die ganze Adagien-Sammlung bezog, gilt ganz besonders für das Adagium 3001: »More than any other, it contributed to the growth of that sense of proportion between the present and the past which we call the sense of history«. Die Historie des Anti-Krieg-Adagiums mag gleichfalls ein Beitrag zum Wachsen dieses Sinns für Geschichte sein. Es ist an der Zeit, daß Erasmus als ›Champion des Friedens‹ (Kooperberg, 1936) auch in Deutschland bekannt wird!

Der Leser möge sich selbst überzeugen, wie gut alle Charakteristika eines ›Essays‹ auf den utopischen Bellum-Kommentar des Erasmus passen; dazu darf ich noch etwas Deskriptives aus Meyers Enzyklopädie (Bd. 8, 1973) anführen: »Häufige Gestaltungsmittel sind assoziative Gedankenführung, Abschweifungen, variationsartiges Umkreisen eines Gegenstandes, Wechsel der Perspektiven, ... Durchspielen von Denkmöglichkeiten, Paradoxa, Provokationen, stets absichtsvoller Subjektivismus immer mit dem Ziel, Reaktionen, Denkanstöße beim Leser auszulösen. ...«

Ich will das Adagium ›Ne quid nimis‹ (›Nichts zu viel‹) beherzigen und die Lehrstunde über Adagien zum Abschluß bringen. Allerdings muß noch kurz berichtet werden, was an neueren Adagien-Übersetzungen verfügbar ist. Eine Auswahl von 114 Adagien nach erasmischer Variatio-Ordnung hat Theresia Payr 1972 für die zweisprachige Erasmus-Werkausgabe verdeutscht (in sehr gelungener Übersetzung).[31] Eine gute Ergänzung dazu bildet die lateinisch-deutsche Adagia-Ausgabe von Anton J. Gail, die 1983 im preiswerten Taschenbuchformat erschien.[32] Hier sind zehn Adagien vorgestellt, und zwar vorwiegend die längeren Essays. (›Eile mit Weile‹ ist nun sogar zweimal ver-

31 s. Anm. 7.
32 s. Anm. 6.

deutscht.) Von den berühmt gewordenen Essays des Erasmus fehlten nur noch das Sprichwort 2201: ›Sileni Alcibiadis‹, 2601: ›Scarabeus aquilam quaerit‹ (›Der Mistkäfer setzt dem Adler zu‹) und eben das berühmte Sprichwort 3001.[33]

In englischer Sprache ist neben der Ausgabe von 1964 (mit ›16 Translations from the Adages‹) eine weitere Übersetzerleistung von Mrs. Mann Phillips zu finden: eine systematische Übertragung der ersten 500 Adagien aus der Gesamtausgabe. – Kein zweiter ist wohl so kompetent wie Mrs. Mann Phillips, von der Schwierigkeit zu sprechen, ›den Erasmus‹ zu übersetzen: »Eine ideale Übersetzung müßte versuchen, seinen persönlichen Stil wiederzugeben, dessen Variabilität, seinen lässigen Konversationston und gelegentlichen Galopp, manchmal in ernste Beredsamkeit überwechselnd und in eine tief-gefühlte Darlegung des Glaubens. Die Individualität und Freiheit seiner Feder müßte in Rechnung gesetzt werden, sein Spiel mit Verkleinerungsformen, seine Wortspiele, sein verborgener Humor, sein Vertrauen in den Leser. Aber all dies einzufangen, wäre ein Rat zur Perfektion. Was Erasmus meint, steht niemals in Zweifel, die Kunst, mit der er es sagt, ist sein eigenes Geheimnis.«[34]

Damit möchte ich den Adagien-Exkurs beenden und zur

---

33 Als Nachtrag zum Überblick neuerer Adagienverdeutschungen eine Rezension von Walter Dimter im Literatur-Report 85, S. 20: Erasmus von Rotterdam, Adagia, hg. von Theodor Knecht. (Manesse) 1985, 328 S. Die erstmals 1500 in Paris erschienenen Adagia wurden bald zu einem der erfolgreichsten Bücher des berühmtesten aller Humanisten, Erasmus von Rotterdam. Bei der Lektüre dieser neu zusammengestellten Auswahl kann man sich eigentlich nur wundern, weshalb diese von Erasmus kommentierte Sammlung bekannter Sprichwörter nicht auch heute noch ein ausgesprochener Bestseller ist. Geistreicher kann man schwerlich unterhaltsam und zugleich besinnlich werden.
34 Adages Ii 1 to Iv 100, translated by Margaret Mann Phillips/ Collected Works of Erasmus, Vol. 31, Toronto, Buffalo, London 1982; 493 S. (Das Zitat daraus habe ich nach dem letzten Abschnitt von ›Translator's Foreword‹ übersetzt. B. H.)

aufmerksamen Lektüre des Adagiums ›Süß scheint der Krieg den Unerfahrenen‹ einladen.

Berlin, im Jahre 1986 *Brigitte Hannemann*

Desiderius Erasmus von Rotterdam

»Süß scheint der Krieg den Unerfahrenen«

Das Sprichwort 3001: *Dulce bellum inexpertis*

Ein besonders erlesenes und in der Literatur viel gerühmtes Adagium ist: »Glykys apeiro polemos«, d. h. »*Süß ist der Krieg dem darin Unerfahrenen*«. [Vegetius gibt es in seinem Buch »Über die Kriegskunst« III, Kap. XIV[1] so wieder: »Vertraue nicht zu sehr darauf, wenn der Rekrut das Gefecht begehrt, denn den Unerfahrenen ist der Kampf süß«.][C] [Aus Pindar wird zitiert: »Glyky de polemos apeiroisin, empeiron de tis tarbei prosionta nin kardia perissos«, d. h. »*Süß ist der Krieg den Unerfahrenen, aber jemand, der ihn erfahren hat, schaudert allein bei der Vorstellung über die Maßen*«.][D] [2]
Unter den menschlichen Verhältnissen gibt es einige, von denen du dir, ohne sie aus eigener Erfahrung zu kennen, nicht denken könntest, wieviel Gefahr und Unheil sie mit sich bringen.
»Süß ist dem Unerfahrenen die Huld eines einflußreichen Freundes, Der Erfahrene hütet sich davor.«[3]
Es scheint eine schöne und herrliche Sache, unter den Vornehmsten bei Hofe einherzugehen, mit den Geschäften der Regenten betraut zu werden, aber die Älteren, denen die Sache aus Erfahrung sehr bekannt ist, enthalten sich gern dieses Glücks. Angenehm scheint es, junge Mädchen zu lieben, jedoch nur denen, die noch nicht gefühlt haben, wieviel die Liebe an Bitterkeit[4] enthält. In derselben Weise kann dies auf alle Unternehmungen angewandt werden, die mit viel Gefahr und Unglück verbunden sind, welche niemand anstreben würde, wär er nicht jung und in der Sache unkundig. Ja, Aristoteles führt dies in der »Rhetorik«[5] als Grund an, warum die Jungen verwegener seien, die Alten dagegen furchtsamer, weil bei diesen die Uner-

fahrenheit Dreistigkeit erzeugt, bei jenen die Erfahrung in vielerlei Unglück Besorgnis und Zögern hervorruft. Wenn es etwas in den menschlichen Angelegenheiten gibt, wo es sich ziemen würde zögernder vorzugehen, ja was man sogar auf alle Weise meiden, verwünschen und verbannen sollte, dann ist das gewiß der Krieg; denn keine andere Sache ist wohl gottloser, unheilvoller, weitreichender verderblich, zäher festsitzend, abscheulicher und insgesamt für den Menschen, um nicht zu sagen für den Christen, entwürdigender. Erstaunlich genug, sagen zu müssen, wie Krieg heutzutage allenthalben und ohne weiteres aus beliebigem Grund unternommen wird, wie grausam und barbarisch er geführt wird, nicht nur von Heiden, sondern von Christen, nicht bloß von weltlichen Leuten, sondern gar von Priestern und Bischöfen, nicht allein von Jungen und Unerfahrenen, sondern sogar von Alten und ebensooft von Erfahrenen, nicht nur vom Volk und von der ihrer Natur nach leicht erregbaren Menge, sondern hauptsächlich von den Fürsten, deren Amt es wäre, die unbesonnenen Aufstände der einfältigen Menge durch Weisheit und Vernunft zu besänftigen. Es fehlt nicht an Rechtsgelehrten und Theologen, die zu solchen Ruchlosigkeiten noch die Glut schüren und, wie man sagt, mit kaltem Wasser spritzen.[6] Dadurch ist es jetzt schon so weit gekommen, daß man den Krieg allgemein für eine annehmbare Sache hält und sich wundert, daß es Menschen gibt, denen er nicht gefällt. Er ist in dem Maße genehm, daß es als verrucht und ich möchte fast sagen ketzerisch gilt, diese allerverbrecherischste und allerelendeste Sache zu mißbilligen. Wieviel gerechtfertigter wäre es dagegen, sich darüber zu wundern, welch' böser Genius, welche Pest, welche Tollheit, welche Furie diese bis dahin bestialische Sache zuerst in den Sinn des Menschen gebracht haben mag, daß jenes sanfte Lebewesen, das die Natur für Frieden und Wohlwollen erschuf, das allein sie für das Heil aller hervorbrachte, mit so wilder Raserei, so wahnsinnigem Tumult zur gegenseitigen Vernichtung eilte. Dies wird mehr noch jeden verwundern, der seinen Geist von der allgemein verbreiteten Meinung weg darauf wendet, das Wesen und die Natur der Dinge selbst zu erfassen, und der gesondert hier das Bildnis des Menschen, dort das Bild des Krieges mit wirklich philosophischen Augen eine Weile betrachtet.

Wenn man also zuerst nur die Erscheinung und Gestalt des menschlichen Körpers ansieht, merkt man denn nicht sofort, daß die Natur[7], oder vielmehr Gott, ein solches Wesen nicht für Krieg, sondern für Freundschaft, nicht zum Verderben, sondern zum Heil, nicht für Gewalttat, sondern für Wohltätigkeit erschaffen habe? Nämlich ein jedes der anderen Lebewesen stattete sie mit eigenen Waffen[8] aus: die Angriffslust der Stiere rüstete sie mit Hörnern, die Löwenwut mit Klauen. Die Eber versah sie mit mörderischen Zähnen. Für die Elefanten ist außer durch ihre Haut und Wuchtigkeit noch durch einen Rüssel Sorge getragen. Das Krokodil stärkte sie mit einer Kruste wie aus Platten. Den Delphinen verlieh sie anstelle von Angriffswaffen Flossen. Das Stachelschwein bewehrte sie mit Stacheln, den Rochen mit einem Sporn. Den Hähnen heftete sie Sporen an. Die einen hat sie durch Schalen, die andern durch Fell oder Schuppen geschützt. Bei einigen hat sie durch Schnelligkeit für die Unversehrtheit gesorgt, so z. B. bei den Tauben.[9] Anderen wieder teilte sie Gift als Waffe zu; auch gab sie ihnen ein garstiges und bestialisches Aussehen, gab drohende Augen, zischende Laute. Sie pflanzte ihnen eine sozusagen natürliche Feindseligkeit ein. Einzig den Menschen erzeugte die Natur nackt, schwach, zart, wehrlos, mit weichem Fleisch und glatter Haut.[10] Nichts kann man an den Gliedern sehen, was für den Kampf oder eine Gewalttätigkeit bestimmt wäre; bei alledem ist zu sagen, daß die übrigen Lebewesen meist – sogleich wie sie geboren sind – imstande sind, sich selbst am Leben zu erhalten, nur der Mensch kommt so auf die Welt, daß er lange Zeit ganz von fremder Hilfe abhängt. Er kann weder sprechen, noch laufen, noch Nahrung erlangen, er kann bloß durch Wimmern und Weinen nach Beistand rufen[11]: so daß man auch hieraus schließen kann, er ist als einziges Lebewesen ganz für Freundschaft geboren, die hauptsächlich durch gegenseitige Dienste zustande kommt und Bestand hat. Demnach will die Natur, daß ein Mensch das Geschenk des Lebens nicht so sehr sich selbst als vielmehr dem Wohlwollen gutschreibe, dadurch würde er sich nämlich klarmachen, für Güte und enge Verbundenheit bestimmt zu sein.[12] Alsdann verlieh sie ihm kein garstiges und wildes Aussehen wie den anderen, sondern ein mildes und sanftes als Kennzeichen der Liebe und des Wohlwollens. Sie schenkte ihm freundliche Augen als Spiegel der Seele. Sie gab biegsame Arme zur Umarmung. Sie gab die Empfindung des Kusses, wodurch sich die Seelen berühren und ganz wie vereint werden. Nur ihm teilte sie das Lachen zu als Ausdruck von Fröhlichkeit. Nur ihm die Tränen als Symbol der Sanftmut und des Mitleids. Und gab sie nicht sogar eine Stimme, nicht drohend und schreckerregend wie den Tieren, sondern lieblich und schmeichelnd?

Damit nicht genug, schenkte die Natur allein ihm den Gebrauch der Rede und der Vernunft, was gewiß besonders geeignet ist, Wohlwollen zu gewinnen und zu fördern, so daß überhaupt nichts zwischen den Menschen durch Gewalt ausgetragen werden müßte. Sie pflanzte in ihn eine Abneigung gegen Einsamkeit und ein Verlangen nach Gesellschaft. Sie legte tief in ihn die Keime des Wohlwollens. Sie richtete es ein, daß, was am heilsamsten ist, zugleich auch am angenehmsten sei: Was ist denn liebenswerter als ein Freund? Und andererseits, was ebenso notwendig? Daher, wenn es sehr gut möglich wäre, ohne Umgang miteinander ein bequemes Leben zu führen, könnte dennoch nichts erfreulich scheinen ohne Gemeinsamkeit, außer, wenn man sich ganz und gar des Menschseins entledigen und zum Tier entarten möchte. Dazu kommt noch die Lust zu wissenschaftlicher Bildung und Forschung, eine Sache, die den menschlichen Geist am meisten von aller Roheit wegführt, gleichwie sie ein vorzügliches Mittel ist, Freundschaften zu stiften. Wirklich bindet weder Verschwägerung noch Blutsverwandtschaft die Seelen mit festeren oder dauerhafteren Banden der Freundschaft zusammen als die Gemeinsamkeit bei ehrenwerten Studien.[12a]

Überdies sind die geistigen und körperlichen Gaben mit einer wahrhaft bewundernswerten Mannigfaltigkeit unter den Menschen verteilt, daß ohne Zweifel ein jeder bei jedem einzelnen etwas finden würde, was er wegen seiner Vortrefflichkeit lieben oder bewundern oder als nützlich und notwendig umwerben und hochhalten könnte. Schließlich ist in ihn ein Fünkchen des göttlichen Geistes gelegt, daß es ihn, selbst ohne sichtbaren Lohn, dennoch erfreut, sich um alle verdient zu machen. Dies ist nämlich im höchsten Grade Gott eigen und gemäß, allen durch seine Wohltat zu helfen. Warum denn sonst empfinden wir eine ungewöhnliche Freude in der Seele, wenn wir merken, daß jemand durch uns gerettet wurde? [Und ein Mensch ist gerade dann einem Menschen teuer, wenn er ihm durch eine besondere Wohltat verbunden ist.]C Daher hat Gott den Menschen in dieser Welt gleichsam als sein Ebenbild eingesetzt, daß er wie eine sozusagen irdische Gottheit für das Heil aller sorge. Das fühlen auch selbst die stumpfsinnigen Tiere, da wir doch nicht nur die zahmen, sondern gar Panther und Löwen und noch unsanftere Raubtiere bei großer Gefahr sich unter den Schutz des Menschen flüchten sehen. Er ist das letzte Asyl für alle, er ist der [heiligste]B Altar der Welt [er ist der für jeden heilige Anker].B (?) 13

Des Menschen Bildnis haben wir im Umriß gezeichnet. Jetzt laßt uns demgegenüber, wenn es beliebt, eine Darstellung des Krieges bringen. Nun also vergegenwärtige dir eine Barbaren-Kohorte mit ihren finsteren Mienen und dem Ton schrecklicher Stimmen, auf beiden Seiten geharnischte Truppen, den furchtbaren Schall und zugleich das Blitzen der Waffen, das unangenehme Lärmen einer so großen Menge, die drohenden Blicke, die dröhnenden Hörner, den Schrecken erregenden Klang der Trompeten, die Donnerschläge der Kanonen14, nicht weniger furchtbar als wirklicher Donner, aber von größerer Schädlichkeit, das wahnsinnige Kriegsgeschrei, den rasenden Ansturm, die ungeheure Zerfleischung, den grausamen Wechsel von Fallenden und Niedermetzelnden, die Haufen der Gemordeten, die mit Blut überfluteten Schlachtfelder, die mit Menschenblut gefärbten Flüsse. Es passiert dabei manchmal, daß der Bruder auf den Bruder trifft, der Vetter auf den Vetter, der Freund auf den Freund und unter dem allgemein tobenden Wahnsinn das Schwert ins Eingeweide dessen stößt, von dem er niemals auch nur durch ein Wort verletzt wurde.

Abb. 5: »Graf Nikolaus vor Meran«, ein Holzschnitt aus dem »Weisskunig« von Kaiser Maximilian I. – Kreuzesfahnen und Kanonen sowie zum Töten ausgerichtete Hellebarden werden gleichzeitig ins Feld gebracht. Eine Unmöglichkeit, daß Christus hier zugegen sein könnte, sagt Erasmus zu diesem gotteslästerlichen Treiben.

Überhaupt bringt diese Tragödie so viel Leid, daß das menschliche Herz bereits vor der Erwähnung zurückschreckt. O daß ich doch nicht von jenen üblichen und vergleichsweise geringeren Übeln berichten müßte: zertretene Saatfelder ringsumher, verbrannte Gehöfte, angezündete Dörfer, weggetriebenes Vieh, vergewaltigte Mädchen, in Gefangenschaft geschleppte Greise, ausgeplünderte Heiligtümer, überall Raubzüge, Plünderungen, Gewalttätigkeit[15] [und Verwirrung]B. Und daß ich jenes Unheil verschweigen könnte, welches selbst dem geglücktesten und gerechtesten Krieg gewöhnlich folgt: das ausgeplünderte Volk, der überbürdete Adel, so viele vereinsamte Greise, die mit der Ermordung ihrer Kinder [unglücklicher]C zu Boden geschlagen sind [als wenn der Feind auch ihnen das Leben und damit die Empfindung des Unheils genommen hätte]C, so viele zurückgelassene alte Frauen, noch grausamer als durch das Schwert vernichtet, so viele verwitwete Ehefrauen, so viele verwaiste Kinder, so viele Trauerhäuser, so viele Wohlhabende, die in Armut gerieten. Denn was soll man von dem Verfall der Sitten reden, da jedermann weiß, wie sämtliche Pest des Lebens auf einmal aus dem Krieg hervorbricht? Hieraus entsteht die Mißachtung der Frömmigkeit, hieraus die Vernachlässigung der Gesetze, hieraus die Bereitschaft, jedes beliebige Verbrechen zu wagen. Aus dieser Quelle sprudelt uns ein so gewaltiger Strom von Wegelagerern, Räubern, Heiligtumsschändern und Mördern. Und was von allem das schwerwiegendste ist, diese so unheilvolle Pestilenz läßt sich in ihrem Umfang nicht begrenzen, vielmehr gelangt sie, irgendwo in einem Winkel entstanden, nicht nur in die Nachbargebiete, wie eine Seuche, sondern zieht sogar weit entlegene Regionen, sei es durch Handel oder aus der Gelegenheit einer Verschwägerung oder eines Bündnisses, in den allgemeinen Tumult und die Zeitumstände hinein. Ja, der Krieg wird aus dem Krieg erzeugt, aus einem Scheinkrieg entsteht ein offener, aus einem winzigen der gewaltigste, und nicht selten pflegt in ihm zu geschehen, was von dem Lernäischen Ungeheuer in der Sage überliefert ist.[16]

Aus diesen Gründen, vermute ich, haben die alten Dichter, die das Wesen und die Natur der Dinge mit äußerstem Scharfsinn durchschauten und durch sehr passende Allegorien darstellten, berichtet, der Krieg werde aus der Unterwelt geschickt, und zwar durch die Gehilfenschaft der Furien, und keine beliebige Furie sei zur Ausführung dieser Aufgabe geeignet; die verderblichste von allen wird ausgewählt,

> welche tausend Namen hat,
> Tausend schadenbringende Künste.[17]

Diese läßt, mit zahllosen Schlangen bewaffnet, das tartarische[18] Blashorn ertönen. Pan erfüllt alles mit unsinnigem Tumult. Bellona[19] schwingt die rasende Geißel. Der ruchlose Kriegswahn bricht mit blutdürstigem Rachen grausig hervor, alle Knoten der vereinigenden Bande zerschlagend. Und gewiß erkannten dies auch die Philologen, von denen einige der Meinung sind, der Krieg [bellum][20] sei gemäß einer Antiphrase[21] benannt, weil er nichts hat, was gut noch schön [bellum] ist: aus keinem anderen Grund sei bellum bellum als die Furien[22] Eumeniden [›die Wohlwollenden‹] sind. Andere zogen es vor, ihn von bellua [Bestie] herzuleiten, weil es bestialisch und nicht menschlich sei, zur gegenseitigen Vernichtung zusammenzukommen. Mir erscheint es fürwahr mehr als wild und mehr als bestialisch, mit Waffen gegeneinander zu kämpfen. Erstens nämlich leben die meisten der ›dummen Lebewesen‹ innerhalb ihrer Art[23] einträchtig und leutselig, sie treten scharenweise auf, schützen einander durch gegenseitigen Beistand. Und dann kämpfen ja nicht alle wilden Tiere [,denn es gibt auch harmlose, so z.B. Rehe und Hasen], sondern nur die grimmigsten wie Löwen, Wölfe, Tiger. Jedoch führen diese nicht untereinander Krieg so wie wir: der Hund frißt keinen Hund; die wilden Löwen kämpfen nicht untereinander; die Schlangen haben mit der Schlange Frieden: inter venena convenit [unter den Giftigen herrscht Übereinkunft]. Dem Menschen dagegen ist kein wildes Tier verderblicher als der Mensch. Andrerseits, wenn jene kämpfen, kämpfen sie mit ihren eigenen Waffen[24]; wir Menschen aber werden gegen die Natur durch die Erfindungskunst böser Dämonen zur Vernichtung des Menschen ausgerüstet. Und jene werden nicht aus beliebigem Grunde wild, sondern wo Hunger sie zur Kampfwut treibt, sie sich bedroht fühlen oder um ihre Jungen fürchten. Wir dagegen, beim unsterblichen Gott, aus welch läppischen Gründen entfachen wir was für Kriegstragödien! Für den nichtigsten Titel [-Anspruch][C], aus kindischem Zorn, wegen [der Wegnahme][B] einer Weibsperson und aus noch viel lächerlicheren Gründen als diesen. Außerdem kämpft bei den wilden Tieren nur einer mit einem und zwar sehr kurz, wo der Kampf blutig verläuft, der eine oder andere verletzt ist, wird voneinander abgelassen. Wann hat man je gehört, daß, so wie es Menschen allenthalben tun, hunderttausend wilde Tiere sich zur gegenseitigen Zerfleischung in Bewegung setzen? Man bedenke dazu noch, wie manchen Tieren eine natürliche Widerstrebung gegen verschiedene andere Gattungen eigen ist, so gibt es umgekehrt welche, mit denen sie eine aufrichtige und dauerhafte Freundschaft verbindet. Aber zwischen Mensch und Mensch, jedem und jedem, ist beständig Kampf, und keinerlei Bündnis ist hinreichend fest zwischen irgendwelchen der Sterblichen. So sich jemand von seiner Natur entfernt, degeneriert er zu einer schlechteren Art, als wenn die Natur die Bosheit eingepflanzt hätte. Willst du wissen, eine wie wilde, wie scheußliche, wie menschenunwürdige Sache der Krieg ist? Habt ihr irgendwann einen Löwen mit einem Bären kämpfen gesehen? Was für ein aufgerissener Rachen, welch ein Brüllen und Schnauben, was für eine Roheit, welch eine Zerfleischung! Wer das ansieht, erschauert, auch wenn er sich in Sicherheit befindet. Aber ein wieviel scheußlicherer Anblick, wieviel roher ist es, Mensch mit Mensch, mit so vielen Kriegsgeräten und Angriffswaffen ausgerüstet, kämpfen zu sehen? Ich frage dich, wer würde glauben, daß dies Menschen seien, wenn nicht die Gewohnheit des Bösen die Verwunderung wegnähme? Blitzende Augen, bleiche Gesichter, der Schritt offenbart Kampfwut, die

Stimme knirscht, wahnsinniges Kriegsgeschrei, der ganze [Mensch]^C ist eisern, Waffen schallen, Kanonen donnern. Es wäre noch milder, wenn der Mensch den Menschen als Nahrung verschlingen würde, wenn er das Blut austränke: obgleich es bei einigen auch so weit gekommen ist, daß sie dies aus Haß taten[25] [Bedarf oder Notstand würden es entschuldbarer machen]^C. Aber jetzt begeht man das gleiche noch grausamer mit in Gift getauchten Dolchen, mit höllischen Maschinen. Keine Spur von Menschlichkeit irgendwo.

Glaubst du wohl, die Natur selbst würde hier wiedererkennen, was sie erschuf? Und wenn sie jemand dazu aufforderte, ob sie nicht mit Recht [die ruchlose Schandtat]^C mit folgenden Worten verfluchen würde? »Welch ein neues Spektakel sehe ich! Welcher Höllengeist brachte uns diese Ausgeburt hervor? Es gibt welche, die mich Stiefmutter nennen, weil ich in der so unermeßlichen Menge der Dinge einige giftige erzeugt haben mag, obgleich auch diese dem Menschen von Nutzen sind, und weil ich ein paar Lebewesen nicht sanft genug gebildet hätte, auch wenn kein wildes Tier so unsanft ist, daß es nicht durch Geschick und freundliche Betreuung gezähmt werden könnte. Die Fürsorge des Menschen bändigt Löwen, zähmt Schlangen, macht Bären fügsam. Wer ist denn da eigentlich vielmehr eure Stiefmutter, wer gab uns diese neue Bestie, diese Pest der ganzen Welt? Ein Lebewesen erzeugte ich ganz für Wohlwollen, für Friedfertigkeit, Freundschaft und voll Hilfsbereitschaft.[26] Was geschah, daß es derartig zum wilden Tier degenerierte? Ich erkenne nichts von jenem Menschen wieder, den ich schuf. Welcher böse Genius verdarb mir mein Werk? Welche Hexe zauberte den menschlichen Geist heraus und einen bestialischen hinein? Welche Circe veränderte ihre angeborene Gestalt? Ich würde den Unglücklichen sich in einem Spiegel betrachten lassen: aber was erkennen die Augen, wenn der Geist fehlt? Doch sieh dich selbst an, rasender Krieger, wenn du imstande bist, wenn du auf eine Art und Weise wieder zu Verstand kommen könntest. Woher hast du den drohenden Helmbusch auf dem Scheitel? woher den blitzenden Helm? woher die eisernen Hörner? woher die fiederigen Armpolster? woher den Harnisch? woher die ehernen Zacken? woher die Schwertklingen? woher die todbringenden Waffen? woher die mehr als wilde Stimme? woher solch ein mehr als tierisches Aussehen? woher den Donner und die Blitzschläge, furchtbarer und schädlicher als selbst Jupiters Blitze? Ich bildete dich als eine Art göttliches Wesen. Was kam dir in den Sinn, daß du dich selbst in eine so schreckliche Bestie verwandeltest, daß jetzt zukünftig kein Tier als Bestie gelten kann, wenn es mit dem Menschen verglichen wird?« Dies und sehr viel mehr in der Weise würde, vermute ich, die Baumeisterin Natur[27] sagen.

Da der Mensch demnach so veranlagt ist, wie eben gezeigt, und da der Krieg ein solches Unternehmen ist, wie wir es nur zu häufig kennengelernt haben, wird man sich nicht ohne Verwunderung fragen, welche Gottheit, welche Krankheit, welcher Zufall dies zuerst in das menschliche Herz einflößte, daß er das tödliche Schwert in die Eingeweide des Menschen stoße.[28] Zu einem so hochgradigen Anzeichen von Wahn muß man über viele Stufen gelangen.

>>*Niemand wird, wenn überhaupt,*
plötzlich der Schändlichste«[29],

wie ein satirischer Dichter sagt. Und immer schleichen sich die größten Übel unter dem Vorwand und Anschein des Guten in das menschliche Leben ein. So geschah es vorzeiten, als die rohen Urmenschen nackt, ohne Bollwerk und Dach, ihr Leben in Wäldern führten, manchmal, daß sie von wilden Tieren angegriffen wurden. Deshalb also wurde zuerst vom Menschen Krieg unternommen, und der stärkste Mann, welcher die Gewalt der wilden Tiere von dem menschlichen Geschlecht abzuwehren vermochte, mußte Anführer werden. Ja, es wurde auch für das rechteste angesehen, die Würger zu erwürgen, die Metzelnden niederzumetzeln, besonders wenn sie uns ohne Anlaß, aus freien Stücken anfallen. Da solche Taten zu höchstem

Ruhm führten – daher wurde Herkules[30] sicherlich zum Gott gemacht –, begann die ungestüme Jugend ringsumher Raubtiere zu jagen und die abgezogene Haut als Trophäe zur Schau zu stellen. Alsdann, mit dem Abschlachten sich nicht begnügend, schützten sie sich mit deren Fellen gegen die Kälte des Winters. Das waren die ersten Mörder, das die Beute. Danach, weitergehend, erdreisteten sie sich zu einer Sache, welche Pythagoras aufs heftigste als ruchlos verurteilt hat, und die uns als ungeheuerlich erscheinen müßte, würde das nicht durch die Gewohnheit verhindert, die überall so viel Einfluß hat, daß es bei einigen Volksstämmen frommer Brauch wurde, den hochbetagten Vater erschlagen in eine Grube zu werfen und dem das Leben zu rauben, durch den das Geschenk des Lebens zuteil wurde; es wurde für heilig gehalten, das Fleisch seiner engen Freunde zu verzehren;[31] es galt als schön, eine Jungfrau im Tempel der Venus zur Prostitution anzubieten[32] und noch Absurderes mehr, was jeden mit Abscheu erfüllen würde, wenn jetzt bloß wer davon berichtet. Nichts ist schließlich so verrucht, nichts zu abscheulich, um nicht gebilligt zu werden, wenn der Brauch[33] es so will. Zu welcher Schandtat erdreisteten sie sich also? Sie scheuten sich nicht, die Leichen der umgebrachten wilden Tiere zu verzehren, das getötete Fleisch mit den Zähnen zu zerreißen, das Blut zu trinken, den Saft auszusaugen und »*die Eingeweide*«, wie Ovid sagt, »*in die Eingeweide zu stopfen*«.[34] Obgleich die Schandtat von sanfteren Naturen als sehr schrecklich angesehen wird, hat sie sich dennoch als Nutzen und Annehmlichkeit empfohlen. [Schon der Anblick des Kadavers verschafft Genuß. Die Fleischstücke werden in Krusten ›begraben‹, mit Gewürzen einbalsamiert; eine Grabinschrift lautet »Hier ist ein Eber bestattet, Hier ist ein Bär begraben«. O leichenhafte Lüste!][C] Es ging noch weiter. Von den schädlichen wilden Tieren pflegte man zum unschädlichen Vieh überzugehen. Es wurde ringsumher unter den Schafen gewütet,

»*Ein Tier ohne Trug und List*«[35],

man wütete unter den Hasen, wegen keines anderen Vorwurfs, als daß sie eßbar seien. Man mäßigte sich auch nicht vor dem Haus-Ochsen, der mit seinem Schweiße lange Zeit die undankbare Familie ernährt hatte; keine Vogel-, keine Fisch-Art bleibt verschont, und so weit tritt die Tyrannenherrschaft des Schlundes hervor, daß kein Tier irgendwo vor der Grausamkeit des Menschen sicher ist. Ja, die Gewohnheit machte es möglich, daß die Härte gegen jegliche Art von Lebewesen nicht wahrgenommen wurde, wofern man sich nur des Menschenopfers enthielt.

Aber mit den Lastern ist es wie mit dem Meer, es hängt vielleicht von uns ab, es nicht einfluten zu lassen, ist es allerdings geschehen, hat es nicht irgendeiner in der Hand, daß wir eine Grenze vorschreiben könnten: sobald erst einmal hingenommen, sind beide schwerlich nach unserem Belieben zu steuern, sondern werden vom eigenen Schwung fortgetragen. Nachdem sie durch diese Proben im Töten geübt waren, konnte es im Zorn geschehen, daß ein Mensch einen Menschen mit einem Stock, Stein oder der Faust angriff. Wenn nämlich, kämpften sie damals noch mit diesen Waffen, vermute ich, und schon durch das Töten des Viehs lernten sie, daß man auch einen Menschen mit geringster Mühe vernichten könnte. Allerdings bestanden jene Grausamkeiten lange Zeit aus Einzelopfern. [Des einen Niederlage beendete den Krieg. Manchmal fielen beide, doch beide des Lebens nicht würdig.]C Zudem hatte es manchmal sogar den Anschein des Rechts, einen Feind fortzuschaffen; man fing auch an, Lob zu spenden, wenn wer einen gewalttätigen und gefährlichen Menschen, von der Art wie es nach der Erzählung Cacus und Busiris[36] waren, niedermachte und die Welt von Monstren solcher Art befreite. So sehen wir diese gar ruhmvollen Taten im Lobpreis des Herkules hervorragen. Dann schloß man sich zu mehreren zusammen, wie die Verwandtschaft, Nachbarschaft oder Freundschaft sie verband. Und was jetzt ein Raubzug ist, war bald ein Krieg. Noch wurde mit Steinen und vorn angebrannten Pfählen gekämpft. Ein entgegenlaufendes Bächlein, ein Fels oder irgend etwas ähnliches im

Wege beendete das Gefecht. Jedoch während der Umgang mit der Roheit wächst, während Wutausbrüche überhand nehmen, während die Ehrsucht mehr auflodert, rüsten sie mit Intelligenz ihren Wahn zum Kampfe. Kriegsgeräte jeglicher Art werden ersonnen, mit denen sie sich sichern wollen [und]^C Angriffswaffen werden ersonnen, mit denen sie den Feind vernichten würden. Bald begannen sie ringsumher, in zahlreicherer Schar und bewaffnet aneinanderzugeraten. Und diesem manifesten Wahn fehlte es nicht an seinen Ehrungen. »Bellum« haben sie das genannt und gaben vor, daß es Tapferkeit sei, wenn einer unter Wagnis seines Lebens die Gewalt der Feinde von den Kindern, der Gattin, dem Vieh und der häuslichen Zuflucht abwehre. Und so allmählich, als zusammen mit der Kultur das Militärwesen wuchs, begann die Stadt der Stadt, eine Region der andern Region und Königreich dem Königreich den Krieg zu erklären. Gleichwohl verblieben in der für sich grausamsten Sache doch noch Spuren ehemaliger Menschlichkeit: Sie ließen die Angelegenheit durch die Fetialen[37] überdenken, die Götter wurden als Zeugen angerufen, mit einem Geplänkel wurde ein Vorspiel zum Kampf gegeben. Mit einfachen Waffen und mit Tapferkeit, ohne Hinterlist, wurde die Sache geführt. Es war Frevel, den Feind anzugreifen, wenn kein Signal gegeben war; man durfte nicht kämpfen, sobald der Feldherr zum Rückzug blies. Überhaupt war es mehr ein Wetteifer[38] um Tapferkeit und Ruhmestaten als eine Begierde zu töten. Auch wurde lediglich gegen Ausländer zu den Waffen gegriffen, die sie deshalb Feinde [hostes] gleichwie Fremdlinge [hospites][39] nannten. Hieraus entstammten die Imperien, deren keines jemals in irgendeiner Nation entstand, das nicht mit vielem Blut von Menschengeschlechtern erkauft wurde. Von da an ein ununterbrochener Wechsel von Kriegen, indem einer den andern wiederum aus dem Imperium verdrängte und es als sein Eigentum beanspruchte. Danach, als die Herrschaft auch in die Hände verbrecherischer Menschen geriet, wurde bald aus jeder beliebigen Laune heraus zu den Waffen gegriffen, und nicht die Minderbemittelten, sondern die Wohlhabenden begannen am meisten den Gefahren des Krieges ausgesetzt zu sein, und bald war das Ziel des Kampfes nicht der Ruhm, sondern gemeine Gewinnsucht oder noch etwas Frevelhafteres. Ich zweifele nicht, daß der so weise Pythagoras[40] dies voraussah, als er mit seiner philosophischen Lehre die unerfahrene Menschenmenge von der Tierschlachtung abhalten wollte. Er sah das Zukünftige, daß wer gewohnt wäre, ohne Veranlassung das Blut des harmlosen Viehs zu vergießen, ebenso, vom Zorn erregt und durch ein Unrecht herausgefordert, sich nicht davor hüten würde, einen Menschen zu beseitigen. Nun aber, was ist der Krieg anderes als ein großes gemeinsames Morden und Räubern, desto verbrecherischer, je weiter es sich erstreckt? Aber verlacht wird dies wie scholastischer Unsinn von den dicken Aristokraten unserer Zeit [die, obwohl sie außer der Figur nichts Menschliches haben, dennoch sich selbst als die reinsten Götter betrachten].[B (?) 41]

Und doch sehen wir, wie von diesen Anfängen aus ein solcher Punkt des Wahnsinns erreicht ist, daß das ganze Leben lang nichts anderes betrieben wird. Wir führen beständig Krieg, es stößt Volk mit Volk zusammen, Reich mit Reich, Stadt mit Stadt, Herrscher mit Herrscher, Untertan mit Untertan[42], und was auch bei den Heiden verpönt war, der Schwager mit dem Schwager, der Blutsverwandte mit dem Blutsverwandten, der Bruder mit dem Bruder, der Sohn mit dem Vater; schließlich, was ich in der Tat für gräßlicher als dies alles ansehe, ein Christ mit einem Menschen; ich möchte ungern hinzufügen, was das gräßlichste ist, ein Christ mit einem Christen. Und, o Blindheit des menschlichen Geistes, niemand ist darüber erstaunt, niemand verwahrt sich dagegen! Es gibt welche, die Beifall klatschen, die Lob spenden, die eine mehr als höllische Sache heilig nennen [sogar jene schon rasenden Herrscher noch aufwiegeln und *Öl*, wie man sagt, *ins Feuer gießen*[43]. Der eine verheißt vom Heiligen Stuhl denen die Vergebung aller Sünden, die unter seines Fürsten Fahne kämpfen würden. Ein anderer ruft: »Unbesiegbarster Fürst, bewahre du nur deinen der Religion gewogenen Geist, Gott wird für dich kämpfen«. Noch ein anderer verspricht einen sicheren Sieg, die Worte der Propheten zu einer gottlosen Sache verdrehend und folgendermaßen interpretierend: »*Du brauchst dich nicht zu fürchten vor den Schrecken der Nacht, vor dem fliegenden Pfeil bei Tage, vor dem Dämon des Mittags*«. Und: »*Es mögen tausend an deiner Seite fallen und zehntausend zu deiner Rechten*«. Und: »*Über Natter und Basilisk wirst du schreiten und den Löwen und Drachen mit Füßen treten*«. Ja, der ganze mystische Psalm[44] wurde für profane Dinge für diese oder jene Fürsten verdreht. Es fehlte nicht an derartigen Propheten auf beiden Parteiseiten, und es fehlte solchen Propheten nicht an Beifallklatschern. So kriegerische Aufwiegelungen haben wir von Mönchen, Theologen und Bischöfen gehört.]C Es wird [wie gesagt]C von Greisen Krieg geführt[45], es wird von Priestern Krieg geführt, es wird von Mönchen Krieg geführt, und mit einer so teuflischen Sache vermengen wir Christus. Die Heere treffen zusammen, auf beiden Seiten das Kreuz-Zeichen vorantragend, das wohl selbst vermögen sollte zu mahnen, auf welche Art und Weise es sich für Christen ziemen würde zu siegen. Unter diesem göttlichen Heiligtum, durch welches jene vollkommene und unaussprechliche Verbundenheit der Christen repräsentiert wird, ziehen sie zum gegenseitigen Töten, und wir machen Christus zum Zuschauer und Anführer der so gottlosen Sache!

Wo denn ist das Reich des Teufels[46], wenn es nicht im Krieg ist? Warum schleppen wir Christus hierhin, zu dem der Krieg noch weniger paßt als ein Hurenhaus? Der Apostel Paulus hielt es für unwürdig, daß wenn zwischen Christen irgendeine Streitigkeit sei, ein Richter herangezogen werde, um den Zank zu schlichten.[47] Was, wenn er uns auf der ganzen Welt als Kriegführende erblickte, und zwar aus beliebigem, geringfügigstem Grunde, schrecklicher als je Heiden gekämpft haben, grausamer als irgendwelche Barbaren? und das entstanden durch die Anstiftung, Ermunterung und Hilfe derjenigen, die jenen Frieden stiften-

Abb. 6: Ein Schlachtenbild aus Kaiser Maximilians I. »Weisskunig«
(Die Schlacht bei Adenart) läßt deutlich erkennen, was Erasmus vor
Augen hielt: auf beiden Seiten wird das Kreuzzeichen vorangetragen.

den und alles verbindenden obersten Priester repräsentie-
ren, und die das Volk mit dem Friedenssegen grüßen?
Und ich weiß sehr wohl, was mir die Karer[48] dort schon
längst einwenden werden [deren Ernte aus dem öffentlichen Unglück kommt].[B(?) 49] »Den Krieg unternehmen wir
wider Willen, durch die Übeltaten der anderen gezwungen!
Wir wollen unser Recht geltend machen! Alles, was der
Krieg an Übeln bringt, muß denen zugeschrieben werden,
die Anlaß zum Krieg gaben.« Sie sollen jedoch ein Weil-
chen ruhig sein, und wir werden deren Einwände an ent-

sprechender Stelle widerlegen und solche Schminke, mit der wir unsere Morbidität vertuschen, herunterholen.

Wie wir bereits Mensch und Krieg, d. h. das sanfteste Lebewesen und die weit schrecklichste Sache gegenübergestellt haben, daß dadurch die Abscheulichkeit deutlicher werde, so mögen wir Krieg und Frieden, die zugleich elendeste und verbrecherischste Sache mit der glücklichsten und gleichzeitig besten Sache, vergleichen[50], und so wird vollends klar werden, ein wie großer Wahnsinn es sei, mit so viel Tumult, so starken Strapazen, so einem großen Kostenaufwand, unter höchster Gefahr und so vielen Verlusten Krieg zu veranstalten, obwohl um ein viel geringeres die Eintracht erkauft werden könnte. Was ist im Prinzip unter allen Dingen süßer und trefflicher als Freundschaft? Wahrlich nichts. Nun aber, was ist der Friede[51] anderes als eine Freundschaft vieler untereinander? So wie umgekehrt der Krieg[52] nichts anderes ist als eine vielfache Feindschaft. Die Eigenschaft der guten Dinge ist es dagegen, daß sie umso mehr Annehmlichkeit bringen, je weiter sie sich erstrecken. Demnach, wenn die Freundschaft eines einzelnen mit einem andern eine gar angenehme und heilsame Sache ist, wie gewaltig wäre das Glück, wenn Königreich mit Königreich, wenn Nation mit Nation durch Bande der Freundschaft verbunden werden könnte! Im Gegensatz dazu ist es die Eigentümlichkeit der schlechten Dinge, daß, je länger sie fortbestehen, sie desto mehr ihres Namens würdig sind. Also, wenn es elend, wenn es verbrecherisch ist, daß ein Mensch einen Menschen mit der Waffe angreift, wieviel unheilvoller und wieviel verbrecherischer ist es, wenn dasgleiche von so vielen tausend Menschen getan wird! Durch Eintracht wachsen die kleinen Dinge, durch Zwietracht zerfallen sogar die großen. Friede ist sowohl die Mutter als auch die Amme aller guten Dinge. Der Krieg unterdrückt und vertilgt augenblicklich alles, was fröhlich, alles, was schön ist, er stinkt und schüttet die Lernäische[53] Kloake allen Übels in das Leben der Menschen. Zur Zeit des Friedens ist es geradeso, als ob der junge Frühling in den menschlichen Dingen erstrahlte:

die Felder sind bestellt, die Gärten grünen, prächtige Herden weiden, Dörfer werden gebaut, Städte errichtet, Verfallenes wird erneuert, das Erbaute geschmückt und vergrößert, der Wohlstand nimmt zu, Vergnügungen werden gepflegt, die Gesetze stehen in Achtung, der Grundsatz der Respublika[54] blüht, Frömmigkeit erhebt sich, Gerechtigkeit gilt, die Humanität ist stark, die Handwerkskünste werden emsig betrieben, reichlicher ist der Erwerb der Armen, glänzender die Pracht des Reichen. Das Studium der ehrenwerten Disziplinen blüht auf, die Jugend wird ausgebildet, die Greise genießen in Ruhe die Muße, die jungen Mädchen heiraten unter guten Vorzeichen,

>>*Man lobt die jungen Mütter*
für ihren ähnlichen Sprößling<<.[55]

[Die Guten blühen auf, seltener straucheln die Schlechten.]B [?] [56] Aber sobald der heftige Sturm des Krieges hereinbricht, beim unsterblichen Gott, welch ein ungeheures Meer von Unheil erfaßt, überschwemmt und erdrückt alles! Das Vieh wird geraubt, die Saat zertreten, die Bauern werden niedergemetzelt, die Dörfer verbrannt, in vielen Jahrhunderten erbaute blühendste Städte werden mit einem Ansturm vernichtet. So viel leichter ist es zu schädigen, als Gutes zu tun! Das Vermögen der Bürger geht auf verfluchte Söldner und Meuchelmörder über. Die Familien trauern. Alles wird erfüllt von Furcht, Trauer und Wehklagen. Die Handwerkskünste kommen zum Erliegen, die Armen müssen entweder hungern oder zu gottlosen Künsten Zuflucht nehmen. Die Reichen beklagen ihr geraubtes Vermögen oder fürchten um das Übriggebliebene, äußerst unglücklich in jedem Fall. Keine oder betrübte und traurige Hochzeiten für die jungen Mädchen; die alleingelassenen Ehefrauen bleiben im kinderlosen Haus. Die Gesetze schweigen, die Humanität wird verlacht, Gerechtigkeit hat keinen Raum, die Religion wird zum Spott, zwischen Heiligem und Profanem macht man überhaupt keinen Unterschied. Die Jugend wird mit aller Art von Laster verdorben; die schwer geprüften Alten verdammen ihr langes Leben.

Ehrenwerte literarische Studien stehen nicht in Ansehen. Kurz, wir erfahren im Krieg mehr Unheil[57], als die Rede von irgend jemand ausdrücken kann, geschweige denn die meine.

Vielleicht möchte es tolerierbar sein, wenn Kriege uns nur unglücklich machten und nicht außerdem schuldig[58] und gottlos; wenn der Friede uns so viel glücklicher erhielte und nicht auch besser. [Gottlos aber ist jeder, der den Krieg herbeiführt.][C] Zuviel, ach! zuviel war des Unheils, durch das die geplagte Menschheit, ob sie will oder nicht, ununterbrochen heimgesucht, aufgerieben und verschlungen wird. Vor fast zweitausend Jahren sind von den Ärzten dreihundert Krankheitsbenennungen vermerkt worden[59], außer den Erscheinungen, die schon täglich neu hervorwachsen, und dem eigentlichen Greisenalter, dem unheilbaren Leiden. Wir lesen, daß an einer Stelle ganze Städte durch Erdbeben zum Einsturz kamen, an anderer durch Blitzschlag in Flammen aufgingen, daß anderswo sogar vollständige Landstriche von einer Erdspalte verschlungen wurden, daß Festungen durch Minengänge zusammenstürzten, nicht zu erwähnen die so große Menge von Menschen, die schon durch Unglücksfälle umkommen, welche aus Gewöhnung gering geschätzt werden: Überschwemmung[60] des Meeres und der Flüsse, herabfallende Trümmer von Felsen und Gebäuden, Gifte, Stürze, wilde Tiere, Nahrung, Trank und Schlaf. Den einen erstickt ein eingeschlürftes Haar in einem Trunk Milch, den anderen ein Weintraubenkern[61] oder eine in der Kehle steckengebliebene Fischgräte. Es gibt welche, die von plötzlicher Freude getötet werden, denn von heftigem Schmerz ist weniger erstaunlich. Dazu kommen noch die verhängnisvollen Seuchen, die nicht selten ringsumher wüten. Es gibt keinen Teil der Erde, wo nicht Gefahr herrscht für das menschliche Leben, das ohnehin für sich schon so vergänglich ist. So viel Unheil dringt von allen Seiten herein, daß Homer nicht ohne Grund den Menschen für das elendeste der Lebewesen erklärte.[62] Doch diese Übel, da sie ja nicht leicht vermieden werden können und nicht durch unsere

Schuld geschehen, machen bloß unglücklich, nicht aber verbrecherisch. Was frommt es den so zahllosen Unglücken Unterworfenen, sich obendrein Unheil herbeizurufen, als ob es quasi daran mangelte? Und kein beliebiges Unheil herbeizurufen, sondern das von allem weit schrecklichste Unheil: so verheerend, daß das eine alles übertrifft, so weitreichend, daß das eine sämtliches in sich einschließt, so verderblich, daß es nicht minder ruchlos als kummervoll macht, daß es die Kläglichsten, jedoch nicht Beklagenswerte zurückläßt [außer denen, die es am wenigsten wollen und am meisten zu spüren bekommen][B]? Bedenke noch zu all diesem, daß sich die Annehmlichkeiten des Friedens aufs weiteste erstrecken und den meisten zugute kommen. Wenn im Krieg etwas glücklicher ausfällt (obgleich, o Himmel, was kann man hier von glücklich reden?), kommt es wenigen zu, und daselbst den Unwürdigen. Des einen Heil ist des andern Untergang; der Reichtum des einen ist das Geraubte des andern; der Triumph von diesem ist die Trauer von jenem, wie bitter das Unglück ist, so unmenschlich und grausam-blutig das Glück. Jedoch geht es meistens zu wie bei dem sogenannten Kadmeiischen Sieg[63], beide Teile wehklagen. Und ich weiß nicht, ob jemals ein Krieg dermaßen glücklich ausging, daß ein verständiger Sieger das Unternehmen darauf nicht bereut hätte.[64] Deshalb, wenn der Friede die von allem beste und erfreulichste Sache ist, der Krieg dagegen die miserabelste und verbrecherischste Sache von allem, können wir denn glauben, daß die bei gesundem Verstand sind, die den Frieden mit halber Mühe erlangen könnten, und es vorziehen, sich den Krieg selbst unter äußersten Schwierigkeiten zu verschaffen?

Erstens, welch eine unangenehme Sache ist dies anhebende Kriegsrumoren, alsdann, wieviel Erbitterung kommt dem Regenten entgegen, weil er ja die Seinen durch zahlreiche Steuerausgaben ausplündert! Wieviel Arbeit wird aufgewandt zum Anwerben und Unterhalten der Streitkräfte, wieviel zum Verschaffen von Barbaren-Kohorten und gedungenen Legionären! Wieviel Unkosten und gleichzeitig Sorgen mit der Vorbereitung der Flotte, dem Bauen und Ausbessern von Brückenbögen und Bollwerken, mit dem Herrichten von Zelten, dem Verfertigen und Transportieren von Belagerungsmaschinen, Waffen, Geschossen, Gepäck, Fuhrwerken und Proviant! Wieviele Strapazen sind zu überstehen beim Zusammenfügen von Verschanzungen, beim Ausheben von Gräben, beim Anlegen unterirdischer Gänge, beim Wachehalten, beim Stillstehen, beim Exerzieren! Ich übergehe schon die Furcht, ich übergehe die Gefahr (denn was ist nicht furchtbar im Krieg?). Wer vermag die Unannehmlichkeiten des Lebens aufzuzählen, welche die äußerst törichten Soldaten in den Kriegsquatieren erdulden? [Dafür, daß sie es freiwillig erdulden, wären sie noch mehr des Ungemachs wert!]B (?) 65 Eine Kost, die selbst ein Cyprischer Ochse66 verschmäht hätte [ein Schlaflager, das ein Mistkäfer zurückweisen würde]C; wenig Schlaf, und der wird auch nicht nach ihrem eigenen Ermessen gewährt. Ein Zelt, das von allen Seiten den Wind durchläßt, oder gar kein Zelt. Sie müssen ein hartes Leben unter freiem Himmel führen, auf dem Boden schlafen, in Rüstung stehen, Hunger, Kälte, Hitze, Staub und Regen ertragen; einem Kommando gehorchen, Stockschläge hinnehmen: da nun einmal keine Knechtschaft schmachvoller ist als der Militärdienst. Zudem müssen sie unter tristem Signum in den Tod marschieren, entweder zu furchtbarem Niedermetzeln oder zu unglücklichem Unterliegen. So viel des Übels nimmt man auf sich, um womöglich die allerelendeste Sache zu erlangen! Mit so ungeheuren Plagen peinigen wir uns vorher selbst, um die anderen peinigen zu können!

Deshalb, wenn wir uns die Sache ausrechnen wollten und mit rechter Vernunft erwägen, wieviel man für den Krieg bezahlt, wieviel für den Frieden, würden wir sicherlich feststellen, daß der Friede wohl mit dem zehnten Teil an Sorgen, Strapazen, Beschwerlichkeiten, Gefahren, Kosten und schließlich an Blut verschafft werden könnte, mit dem der Krieg herbeigeführt wird. Eine so große Menschenmenge führst du in Gefahr, um irgendeine Stadt zu zerstören; mit der Arbeit dieser Menschen und auch ohne Gefahr könnte eine andere, viel herrlichere Stadt errichtet werden. Aber du willst dem Feind schaden, dies selbst ist schon unmenschlich. Doch erwäge dies, daß du jenem wohl nicht schaden kannst, ohne vorher den Deinen zu schaden. Und man muß es für die Entscheidung eines verrückten Menschen halten, ein so gewisses Unglück zu wählen, während es ungewiß ist, wie das Würfelspiel des Krieges ausgeht.[67]

Ja, sei es, daß entweder Dummheit, Zorn, Ehrgeiz, Habsucht, Roheit oder, was ich mehr glaube, aus der Hölle geschickte Furien die Heiden zu solchem Wahnsinn hinreißen, woher aber kommt dies uns in den Sinn, daß ein Christ das blutige Schwert in einen Christen stößt? Brudermord nennt man es, wenn ein Bruder seinen Bruder tötet. Aber ein Christ ist mit einem Christen verbundener als irgendein leiblicher Bruder mit seinem Bruder, es sei denn, die Bande der Natur sind fester als die Christi. Wie absurd ist es, daß die fast ununterbrochen untereinander Krieg führen, die ein Haus haben, die Kirche, die sich rühmen, Glieder desselben Körpers durch ein gemeinsames Haupt, nämlich Christus, zu sein, die gemeinsam den Vater im Himmel haben, von gemeinsamem Geist belebt werden, in dieselben Mysterien eingeweiht sind, mit demselben Blut erlöst, durch dieselbe Taufe wiedergeboren sind, mit denselben Sakramenten gespeist werden, unter demselben Herrn dienen, dasselbe Brot genießen, am selben Kelch teilhaben, die einen gemeinsamen Feind, den Teufel, haben, und zuletzt alle zur selben Erbschaft[68] berufen sind! Wo gibt es so viele heilige Gelübde zu vollkommener Eintracht? wo so zahllose Lehren des Friedens? Ein Gebot hat Christus das seine genannt, nämlich die Nächstenliebe.[69] Was widerspricht dem so wie der Krieg? Mit dem Segenswunsch des Friedens grüßt er die Seinen[70]; seinen Jüngern gab er nichts außer dem Frieden, nichts hinterließ er, außer dem Frieden.[71] In jenem heiligen Gebet[72] bittet er den Vater besonders um dies, daß wie er selbst mit ihm eins war, so auch die Seinen, d. h. die Christen, eins seien miteinander. Da vernimmst du gar mehr als Frieden, mehr als Freundschaft, mehr als Eintracht. Christi Urbild stellte Salomo dar, was im Hebräischen ›Friedemacher‹ bedeutet; von ihm sollte der Tempel des Herrn erbaut werden. [David, sonst durch verschiedene hervorragende Tugenden berühmt, wurde dennoch der Tempelbau durch das Wort des Herrn untersagt, weil er blutdürstig war.[73] Und doch hat er nach göttlicher Weisung meist gegen die Gottlosen Krieg geführt, und das ja in einem Zeitraum, wo noch nicht jener Vollender des Mosaischen Gesetzes angeleitet hatte, selbst die Feinde[74] zu lieben.][B] Bei Christi Geburt verkündeten die Engel nicht Krieg, auch nicht Triumphe, sondern Frieden.[75] Als er noch nicht geboren war, vorhersagte jener mystische Sänger: »*Und ihm ist eine Stätte bereitet im Frieden*«.[76]

Erforsche dessen gesamte Lehre: nichts wirst du irgendwo finden, was nicht Frieden atmet, was nicht Freundschaft preist, was nicht nach Nächstenliebe schmeckt. Und da er sah, daß der Friede sonst nicht bestehen kann, wenn man das nicht völlig verachtet, wofür die Welt erbittert kämpft[77], bat er, daß wir von ihm lernen, sanftmütig zu sein.[78] Selig nannte er, wer den Reichtum [und dessen Abkömmling, den Hochmut,][C] für nichts ansieht, denn die nannte er die Armen um des Geistes willen; selig, die die Freuden dieser Welt verachten, welche er die Trauernden nannte, die sich aussetzen, von ihren Besitzungen vertrieben zu werden, weil sie wissen, daß hier nichts anderes als ein Exil sei, die wahre Heimat, die wahre Besitzung den Seligen im Himmel bereitet sei.[78a] Selig, die sich um alle wohlverdient machen, auch wenn sie Übles hören und Übles erleiden.[79] Er befiehlt, daß man sich dem Übel nicht widersetzen möge.[80] Kurz, wie all seine Lehre Geduld und Liebe vorschreibt, so lehrt sein ganzes Leben nichts anderes als Sanftmut. So hat jener regiert, so hat er gekämpft, so gesiegt, so triumphiert. Nichts anderes haben die Apostel eingeschärft[81], die noch den reinen Geist Christi tranken und von diesem Wein glücklich berauscht waren.

Was preisen in jeder Hinsicht alle Briefe des Paulus, wenn

nicht den Frieden, die Milde, die Nächstenliebe?[82] Was wird von Johannes gerühmt und wiederholt, wenn nicht die gegenseitige Hochschätzung?[83] Was sagt Petrus anderes?[84] Was sagen alle wahrhaft christlichen [Schreiber]B anderes? Woher kommt so ein großer Kriegstumult zwischen den Kindern des Friedens? Ist es eine Fabel, wenn Christus sich den Weinstock nennt, die Seinen die Reben?[85] Wer sah jemals Rebe mit Rebe kämpfen? Ist es denn Wahnwitz, wenn Paulus mehrmals geschrieben hat, die Kirche sei nichts anderes als ein Körper[86], aus verschiedenen Gliedern zusammengesetzt, an einem Haupte Christo haftend? Wer sah ein Auge mit einer Hand kämpfen oder den Bauch mit einem Fuß? In dieser Gesamtheit der so ganz verschiedenen Dinge ist Harmonie. Im Körper eines Lebewesens hat ein Glied mit dem andern Frieden, weil jedes Teil seinen eigenen Vorzug hat, und nicht allein für sich hat, sondern zum gemeinsamen Nutzen für alle. Wenn irgendeinem etwas zustößt, hilft ihm der ganze Körper. Vermag denn die Bindung der Natur in einem vergänglichen Körper mehr als die des Geistes in einer mystischen und unvergänglichen Vereinigung? Beten wir denn grundlos nach Christi Weisung dies: »*Dein Wille geschehe, wie im Himmel, so auch auf Erden*«? In der himmlischen Gesellschaft besteht vollkommener Einklang. Aber Christus hat gewollt, daß seine Kirche nichts anderes sei als gewissermaßen ein himmlisches Volk auf Erden[87], das nach jenem Vorbild, so weit es sich machen läßt, lebt und strebt und darin seinen Halt sucht.

Wohlan, man stelle sich mir nun gar einen einigermaßen ungewöhnlichen Gast vor, entweder von jenen Mondstädten, die Empedokles[88] bewohnt, oder aus irgendeiner Welt von den unzähligen derer, die Demokrit ersonnen hat, der in diese, unsere Welt gekommen sei, mit dem Wunsch, das was hier vorgeht zu erkunden. Irgendwann mag er einmal die Kunde vernommen haben, daß ein gewisses Lebewesen da sei, eine wunderbare Mischung aus einem Körper, den es mit dem dumpfen Vieh gemein hat, und aus einer Seele, welche ein Bild des göttlichen Geistes widerspiegelt, [ein

Wesen,] das so edel sei, daß es, obwohl es hier in der Verbannung lebt, dennoch über alle übrigen Lebewesen herrscht, das wegen seines himmlischen Ursprungs immer nach dem Himmel und der Unsterblichkeit trachtet, das dem ewigen Gott so sehr angelegen war, daß er – da es weder durch die Kräfte der Natur, noch durch philosophische Überlegungen erreichen konnte, wonach es strebte – seinen einzigen Sohn hierhin sandte[89], der eine neue Art von Lehre brachte. Dann, sobald er Christi ganzes Leben und seine Grundsätze gründlich kennengelernt hätte, würde er begehren, irgendwie von einer hohen Warte aus zu sehen, was er gehört hat. Wenn er wahrnimmt, wie die übrigen Lebewesen redlich innerhalb ihrer Art leben und, durch die Gesetze der Natur geleitet, nichts erstreben, was nicht die Natur diktiert, und wie das eine Geschöpf unter sich schachert, handelt, zankt und streitet, würde er nicht in jedem beliebigen Tier eher den Menschen vermuten, von dem er gehört hatte, als im Menschen selbst? Alsdann von einem Kenner belehrt, wer der Mensch sei, würde er sich nunmehr umsehen, wo jene Schar der Christen sei, die der Anweisung des himmlischen Lehrers folgend, ein Abbild der Engelsgesellschaft erkennen ließe, würde er denn nicht überall eher den Wohnsitz der Christen vermuten als in den Regionen, in denen er so viel Reichtum, Luxus, Vergnügungssucht, Hochmut, Tyrannei, Ehrgeiz, Betrügerei, Mißgunst, Jähzorn, Zwietracht, Zank, Schlägerei, Kriege und Tumulte, kurz, alle Dinge, die Christus verdammte, sehen würde, – ein fast größeres Lerna als bei irgendwelchen Türken oder Sarazenen?

Woher also schleicht sich diese Pest in das Christenvolk ein? Ohne Zweifel wurde auch dieses Übel, wie die meisten anderen, allmählich von den Unbekümmerten akzeptiert: weil ja alles Schlechte sich entweder nach und nach in das menschliche Leben einschleicht oder sich unter dem Vorwand des Guten eindrängt. Zuerst machte sich daher die Gelehrsamkeit breit, als geeignetes Mittel, um die mit den Schriften der Philosophen, Dichter und Redner gewappneten Ketzer zu widerlegen. Und zwar wurde das anfänglich von den Christen nicht gelernt, sondern die es etwa vor dem Kennen Christi erlangt hatten, verwendeten dies, was ihnen schon zuteil war, für fromme Zwecke. Auch die Kunst der Rede, zuerst mehr unbeachtet als verachtet, wurde nachher sogar öffentlich gebilligt. Ebenso schlich sich unter dem Vorwand, die Ketzer niederzudrük-ken, ehrsüchtige Streitlust ein, die keine geringe Verpestung der Kirche verursachte. Schließlich ist es so weit gekommen, daß der ganze Aristoteles mitten in der Theologie aufgenommen ist[90], und so aufgenommen, daß dessen Autorität fast heiliger ist als die Christi. Nämlich wenn Christus[91] etwas gesagt hat, was weniger zu unserer Lebensweise paßt, darf man die Auslegung verdrehen; aber auf der Stelle ausgepfiffen wird, wer es wagt, auch nur geringfügig den Aristotelischen Aussprüchen zu widersprechen. Von diesem haben wir erfahren, daß das Glück des Menschen nicht vollkommen sei, wenn nicht die Gaben des Körpers und der Fortuna hinzukommen.[92] Von diesem haben wir außerdem erfahren, daß eine Republik nicht blühen kann, in der alles Gemeingut ist. Würden wir versuchen, all dessen Grundsätze mit Christi Lehre zu verquicken, das hieße Wasser und Feuer mischen.[93] Wir haben auch einiges von den Caesarischen Gesetzen übernommen, wegen der Gerechtigkeit, die sie mit sich bringen, und damit das besser zusammenpaßt, haben wir die evangelische Lehre nach diesen soweit wie möglich hingebogen. Aber diese erlauben, Gewalt mit Gewalt zu begegnen[94], jedem, sein Recht geltend zu machen[95]; sie billigen das Geldgeschäft, gestatten Zins, doch nur mäßigen, sie preisen den Krieg als eine ehrenvolle Sache, doch bloß den gerechten.[96] [Gerecht aber sei, definieren sie, was vom Fürsten bestimmt wird[97], ganz beliebig, ob von einem Kind oder einem Toren.][C] Schließlich ist schon die ganze Lehre Christi derart kontaminiert mit den Schriften der heidnischen Dialektiker, Sophisten, Mathematiker, Redner, Poeten, Philosophen und Rechtsgelehrten, daß der größte Teil des Lebens verbraucht wird, ehe man Zeit hat, die Heilige Schrift zu erforschen; an diese mußt du, gesetzt daß du irgendeinmal dazu kommst, jedoch mit so vielen weltlichen Meinungen infiziert herantreten, daß Christi Lehren bald geradezu anstößig sind oder nach den Lehrsätzen von jenen verdreht werden. Und diese Sache wird so wenig mißbilligt, daß es für jemanden eine Schande ist, über die christlichen Schriften zu sprechen, der sich nicht mit den Aristotelischen Schwätzereien, oder vielmehr den sophistischen, ganz »bis zu beiden Ohren«[98], wie man sagt, vollgefüllt hat. Als ob Christi Lehre wirklich so beschaffen sei, daß sie nicht sehr wohl allen gemein sein kann oder auf irgendeine Art und Weise mit der Weisheit der Philosophen übereinstimmte.

Danach empfangen wir einige Ehrungen, [doch aus freien Stücken erbracht,][B] welche wir hierauf gleichsam als Schuldigkeit zu fordern beginnen. Das wird nicht als Unbilligkeit angesehen. Alsdann empfangen wir geldliche Mittel, aber damit wir sie als Armenhilfe verteilen, später auch für unseren Gebrauch. Warum nicht, wo wir jetzt gelernt haben, solches wäre die Ordnung der Nächstenliebe, daß sich jeder selbst der Nächste sei?[99] Und es fehlt nicht an Vorwänden für diesen Übelstand: Es sei pflichtgemäß und fromm, auf seine Kinder bedacht zu sein, recht und billig, für das kommende Alter zu sorgen. »Schließlich, warum soll ich die Gelder zurückweisen«, [sagen sie,][B (?) 100] »wenn sie ohne Betrug zuteil werden?« Dies ist schrittweise allmählich soweit gekommen, daß man den für den Besten hält, der der Wohlhabendste ist, und niemals hatte Reichtum bei den Heiden mehr Ansehen als heutzutage bei den Christen. Was gibt es denn überhaupt, ob Heiliges oder Profanes, das nicht nach solchem Ermessen betrieben wird? Diese Ehrungen schienen mit einigen Machtbefugnissen einherzugehen. Und es fehlte nicht an denen, die das gelten lassen wollten. Auch dies wurde angenommen, jedoch ungern und zögernd. Erst so, daß sie, allein mit dem Titel zufrieden, die Angelegenheit lieber an andere verwiesen. Schließlich ist es allmählich dahin gegangen, daß ein Bischof sich nicht als Bischof ansieht, wenn nicht irgendeine weltliche Gewalt hinzukommt, ein

Abt sich zu wenig geehrt fühlt, wenn er das nicht kann, was die Tyrannen können. Zuletzt geben wir mit schamlosem Gesicht jedes Ehrgefühl auf und beseitigen alle Schranken des Anstands. Was nur immer es bei den Heiden jemals an Habgier, Ehrsucht, Prunk, Hochmut und Tyrannei gab, das imitieren wir, erreichen wir und übertreffen wir.

Und wenn ich auch von Geringerem vorerst schweigen will, ist denn je bei den Heiden ebenso anhaltend oder grausam Krieg geführt worden wie zwischen den Christen? Welche Stürme, welche Wogen des Krieges, wie oft gebrochene Bündnisse, welche Verwüstungen haben wir in den letzten paar Jahren angesehen? Welche Nation steht mit welcher nicht in Waffenkonflikt? Und dann wollen wir den Türken verfluchen, als ob irgendein Spektakel den Türken erfreulicher sein könnte als das, welches wir ihnen täglich durch unser gegenseitiges Massakrieren bereiten. Wahnsinnig war Xerxes[101], als er jene gewaltige Menschenmenge zur Invasion nach Griechenland ausrücken ließ. Scheint dir dessen Geist recht beschaffen, der dem Athos-Gebirge[102] Drohbriefe schrieb, weil es nicht weichen wollte, der dem Hellespontischen Meer, weil es zu wenig Bequemlichkeit für die Durchschiffung gewährt habe, Schläge[103] zuzufügen befahl? Rasend[104] war Alexander der Große. Wer will es bestreiten? Es wünschte jener Halbgott[105] mehr Welten noch, die er besiegen könnte[106]: Ein so starkes Ruhmesfieber hatte dem jugendlichen Geist Besitz ergriffen! Und dennoch, diese, welche Seneca ohne Bedenken furiose Räuber[107] nannte, kämpften humaner als wir, kämpften mit größerer Ehrenhaftigkeit und nicht mit dergleichen Maschinen und nicht mit dergleichen Techniken und nicht unter so läppischen Vorwänden wie wir Christen kämpfen.

[Wenn du die heidnische Geschichte zurückverfolgst, wie viele Führer wirst du entdecken, die mit bewundernswertem Geschick Krieg abwendeten[108], die den Feind lieber durch gute Dienste gewinnen als durch Waffen besiegen wollten! Einige haben sogar eher ihr Herrscheramt niedergelegt als es mit Mars zu versuchen. Wir Pseudochristen ergreifen alles als Gelegenheit zum Krieg. Bevor die heidnischen Krieger zu den Waffen schritten, kamen sie zu einem Gespräch zusammen. Bei den Römern[109] wurde, nachdem alles versucht war, ein Fetiale[110] nebst dem Patre Patrato entsandt, es wurden Zeremonien durchgeführt: Ohne Zweifel wurden Verzögerungen gesucht, die die Kriegswut mäßigen sollten. Und auch nachdem dies beendet war, durfte man mit dem Feind nicht handgemein werden ohne ein gegebenes Signal[111], und das wurde so gegeben, daß der Soldat nicht wußte, wann es kommen würde. Aber auch nach gegebenem Signal war es jemandem, der sich im Feldlager aufhielt, doch nicht durch die militärischen Eide verpflichtet war, nicht gestattet, den Feind herauszufordern oder anzurühren: so forderte Cato senior[112] seinen untätig im Feldlager weilenden Sohn per Brief auf, nach Rom zurückzukehren oder, wenn er es vorzöge, beim Heer zu bleiben, vom Feldherrn zu erbitten, daß er sich mit dem Feind messen dürfe. Wie schon das Kriegssignal nicht die Vollmacht zum Kämpfen gab, außer den Vereidigten, so nahm das Signal, mit dem zum Rückzug geblasen wurde, jedem die Erlaubnis zum Töten: so daß von Cyrus ein gewisser Soldat gelobt wird, der dabei war, mit erhobenem Schwert einen Feind zu töten, und sobald er das Rückzugblasen vernahm, den Feind laufen ließ. Dies diente dazu, daß nicht jemand glauben sollte, er dürfe einen Menschen töten, ohne daß eine Notwendigkeit dazu treibt.

Heutzutage unter Christen wird einer als Held angesehen, wenn er einen Menschen von dem Volk, mit welchem Krieg ist, dem er zufällig im Wald begegnete, der unbewaffnet, aber mit Geld beladen war, und der auch keinen Kampf beabsichtigte, sondern irgendwohin zu fliehen suchte, um nicht zu kämpfen, niederschlug, den Erschlagenen ausplünderte, den Ausgeraubten verscharrte. Und Soldaten werden die genannt, die in Erwartung eines kleinen Gewinns aus freien Stücken zum Kampf ausziehen[113] und auf beiden Seiten in den Schlachtfronten wie Gladiatoren kämpfen, Brüder gegen Brüder, die unter der Weisung desselben Fürsten stehen. Und wenn sie als Soldaten von solchen Kämpfen heimkehren und ihre Schandtaten erzählen, werden sie längst nicht wie Räuber, Vaterlandsfeinde oder Deserteure ihres Fürsten bestraft. Einen Henker verabscheuen wir, weil er gegen Entgelt im Namen des Gesetzes verurteilte Verbrecher hinrichtet; und die, welche Eltern, Ehefrauen und Kinder zurücklassend, aus freien Stükken in den Krieg eilen, nicht gedungen, sondern sich um den Sold der ruchlosen Schlachtbank bewerbend, genießen, wo sie nach Hause zurückkehren, fast mehr Gunst, als wenn sie nie fortgewesen wären. Durch die Schandtaten denken sie etwas Noblesse zu gewinnen. Verrufen ist, wer ein Kleid stiehlt, wer aber in den Krieg zieht, als Soldat dient und aus dem Krieg zurückkehrend so viele Unschuldige ausgeplündert hat, wird unter die rechtschaffenen Bürger gerechnet. Wer sich von den Soldaten aber am unmenschlichsten zeigt, wird für würdig gehalten, im nächsten Krieg als Führer zu agieren. Also, wenn du die Militärdisziplin der Alten betrachtest, ist das Militär der Christen gewöhnlich ein Raubzug und kein Militär.

Wenn du nun die christlichen Monarchen mit den heidnischen vergleichst, wieviel tieferstehend sind unsere Beweggründe![C] Jene erstrebten nichts außer dem Ruhm. Sie freuten sich, die Provinzen, die sie im Krieg bezwungen hatten, blühender herzurichten: primitive Völker, ohne Schrift und ohne Gesetze, die nach Art der wilden Tiere lebten, machten sie mit der Zivilisation vertraut; unkultivierte Gebiete besiedelten sie, indem sie dort Städte bauten; weniger gesicherte Orte befestigten sie mit Brücken, Gestaden, Schutzwällen, und auf tausenderlei Art trugen sie zur Bequemlichkeit des menschlichen Lebens bei, daß es damals förderlich war, besiegt zu werden. Ja, selbst mitten im Krieg, wie vieles erzählte man von ihren weisen Aussprüchen und besonnenen Taten! Doch was in den Kriegen der Christen getrieben wird, ist zu ekelhaft und abscheulich, als daß man es hier erwähnen kann. So ahmen wir einzig das nach, was bei denen am schlechtesten war, ja übertreffen es sogar.

Aber es ist schon der Mühe wert, zu hören, auf welche Weise wir diesen unseren so großen Wahnsinn verteidigen. Wenn Krieg durchaus nicht recht wäre, sagen sie, hätte Gott die Juden nicht veranlaßt, gegen Feinde Krieg zu führen.[114] Wohl, aber man soll hinzufügen, daß die Juden kaum jemals untereinander Krieg geführt haben, sondern gegen Fremdartige und Gottlose. Wir Christen kämpfen mit Christen. Für jene waren eine unterschiedliche Religion und die nicht gleichen Gottheiten Grund der Auseinandersetzungen. Wir lassen uns hierzu durch kindischen Zorn, Geldgier oder Ruhmsucht und oftmals durch schnöden Sold bewegen. Jene kämpften auf göttlichen Befehl, uns gibt eine Verwirrung des Geistes das Schwert in die Hand. Jedoch, wenn uns das Exempel der Juden stets so gut gefällt, warum beschneiden wir nicht ebenso die Vorhaut? warum opfern wir nicht Tiere? warum enthalten wir uns nicht des Genusses von Schweinefleisch? weshalb heiraten wir nicht jeder mehrere Frauen? Wenn wir dieses ablehnen, warum gefällt einzig das Exempel des Kriegführens? warum folgen wir gerade hierin einem tötenden Buchstaben?[115] Den Juden ist der Krieg erlaubt, aber so wie auch die Ehescheidung, ohne Zweifel um der Härte ihres Herzens willen.[116] Aber seit Christus befahl, das Schwert zurückzustecken[117], ziemt es sich für Christen nicht[118] zu kämpfen, außer jenen schönsten Kampf mit den abscheulichsten Feinden der Kirche: mit dem Streben nach Geld, mit dem Jähzorn, dem Ehrgeiz, der Todesfurcht.[119] Dies sind unsere Philister, Nebukadnezers, Moabiter und Ammoniter, mit welchen wir keinen Waffenstillstand, sondern ständiges Handgemenge haben sollen, bis die Feinde im Innersten ausgerottet sind und Ruhe eintritt. Wenn wir die nicht bezwingen, kann keiner mit sich, noch mit einem andern wahren Frieden haben. Allein dieser Krieg erzeugt wahren Frieden.[120] Wer hier gesiegt hat, will mit keinem Sterblichen Krieg führen. Mich überzeugt es nämlich nicht, wenn manche die zwei Schwerter[121] als beiderlei Gewalt interpretieren, die weltliche und die kirchliche, [welche sie beide für die Nachfolger Petri beanspruchen]C:

da doch Christus hierin selbst Petrus ruhig hat irren lassen[122], auf daß, als befohlen war, das Schwert zurückzustecken, kein Zweifel bliebe am Verbot des Krieges, der vorher erlaubt zu sein schien. Aber Petrus, sagen sie, hat gekämpft. Er hat gekämpft, aber war insoweit noch jüdisch, hatte noch nicht den wahren christlichen Geist empfangen. Er hat nicht für seine Titel oder Güter gekämpft, wie wir, ja nicht für sein eigenes Leben, sondern für das Leben des Meisters. Schließlich hat er gekämpft, er, der wenig später verleugnet hat. Wenn das Exempel des Kämpfens gefällt, mag auch das der Verleugnung gefallen. Auch wenn er einfach im Affekt strauchelte, wurde er doch getadelt. Im übrigen, wenn Christus eine derartige Verteidigung gebilligt hätte, wie es von manchen aufs geschmackloseste ausgelegt wird[123], warum preist dessen ganzes Leben und Lehren nichts anderes als Toleranz? Warum schickte er die Seinen nur mit Stab und Ranzen bewaffnet den Tyrannen entgegen? Wenn jenes Schwert, welches Christus nach Versteigerung aller Habe kaufen hieß, bestimmt ist als Verteidigungsmittel gegen Verfolger, wie das einige nicht bloß roh, sondern ruchlos interpretieren, warum haben dies niemals die Märtyrer benutzt? [Hier bringen sie jene rabbinischen Definitionen vor: es ist dem bezahlten Soldaten erlaubt zu kämpfen, nicht anders als es dem Fleischer nach seinem Gewerbe erlaubt ist, sein Opfer zuzubereiten: weil ja dieser gelernt hat, Vieh zu schlachten, jener Menschen. Auch den Bürgern ist es gestattet zu kämpfen, doch in einem gerechten Krieg.[124] Aber wann, wie und für wen nur immer er gerecht sei, bestimmt irgendein Herrscher. Priestern und Mönchen ist es nicht gestattet, das Schwert zu schwingen, jedoch dürfen sie im Krieg anwesend sein und das Kommando haben. Es ist auch nicht recht, aus Rachesinn Krieg zu führen, wohl aber aus Streben nach Gerechtigkeit. – Wem aber scheint sein Beweggrund nicht gerecht? – Christus sandte die Seinen ohne Schutz aus, aber solange er da war, entbehrten sie den Schutz nicht. Als die Zeit seines Fortganges nahe war, forderte er sie auf, daß sie einen Ranzen besorgten und ein

Schwert: den Ranzen gegen Mangel an Proviant, das Schwert gegen Feinde. Außerdem jenes »*Bekümmert euch nicht um den morgigen Tag*«[125], »*tuet wohl denen, die euch hassen*«[126] und verschiedenes dieser Art galt bis zu der Zeit seines Scheidens. Ferner, wenn Paulus irgendwo ähnliches lehrt, und auch Petrus, sind das Ratschläge, nicht Vorschriften. – Mit berühmten Lehren dieser Art nähren wir die Begierden der Herrscher und gewähren ihnen dadurch, sich selbst zu schmeicheln. Und als ob quasi Gefahr bestände, daß die Welt irgendeinmal von Kriegen zur Ruhe käme, sichern wir den Krieg aus Christi Worten[127]; und als ob wir gleichsam fürchten, die Gier der Menschen, Reichtümer aufzuhäufen, könnte nachlassen, machen wir Christus zum Gewährsmann für das Anhäufen von Besitz, seine Worte so weit verdrehend, als hätte er nicht zugelassen, sondern quasi vorgeschrieben, was er daselbst vorher verboten hatte. Die Welt hatte ihre Gesetze, bevor das Evangelium seinen Anfang nahm: man übte Rache, man führte Krieg, man sammelte in die Schatz- und Vorratskammern. Nicht deshalb kam der Herr, daß er verkündigte, was uns erlaubt sei, das heißt bis zu welcher Grenze es zulässig wäre, von der Vollkommenheit abzuweichen, sondern welches Ziel nach Kräften zu erstreben sei. Der Ketzerei verdächtigt wird, wer gar ernstlich vom Krieg abrät: aber die mit derartigen Kommentaren die Lebenskraft der Evangelien-Lehre verwässern und den Herrschern Gelegenheit geben, sich in ihren Begierden geschmeichelt zu fühlen, sind rechtgläubig und Lehrer christlicher Frömmigkeit. Ein wahrhaft christlicher Lehrer billigt niemals den Krieg; vielleicht läßt er ihn manchmal zu, aber widerwillig und betrübt.]C [128]

Aber dies diktiert doch das Naturrecht, sagen sie, es ist anerkanntes Gesetz und herkömmlicher Brauch, daß wir Gewalt mit Gewalt abwehren[129], und wir jeder unser Leben schützen, alsdann auch das Eigentum, da es nun einmal »*der Sitz der Seele ist*«, wie Hesiod[130] sagt. Zugegeben. Aber effektiver als dies alles diktiert die Gottesgnade [des Evangeliums]B, daß wir den Fluchenden nicht wieder

70

schimpfen, daß wir Böses mit Gutem begleichen, daß wir dem, der uns einen Teil des Besitzes wegnimmt, das Ganze überlassen, daß wir auch für die bitten, die mit Mord drohen.[131] Das bezieht sich, sagen sie, auf die Apostel: Es bezieht sich gewiß doch auf das gesamte Volk Christi, als den Leib, wie wir gesagt haben, welcher als Ganzes vollkommen sein soll, auch wenn die verschiedenen Glieder mit verschiedenen Vorzügen ausgezeichnet sind.[132] Denen mag Christi Lehre nichts gelten, die nicht auf einen Lohn mit Christus hoffen.[133] Sie kämpfen erbittert um Geld und Gut [und Herrschaft]B und lachen, daß Christus sagte: »*Selig, die Armen kraft des Geistes*«[134], das heißt diejenigen sind reich[135], die nichts in dieser Welt an Reichtümern [oder Ehren]C begehren; die, welche das ganze Glück in diesen materiellen Gütern ansiedeln, mühen sich, das Leben zu bewahren, aber sie erkennen nicht, daß dies eher den Tod bedeutet als das Leben[136] und das ewige Leben den Frommen bereitet ist. Nunmehr halten sie uns einige Päpste[137] entgegen, die Anstifter und zugleich Helfer von Kriegsunternehmen wurden. Sie halten Dekrete der Väter entgegen, in welchen der Krieg gebilligt zu sein scheint. Es gibt gewiß einige solcherart, aber bei den neueren, wo der Feuereifer für Christus schon nachließ[138]; doch dies sind sehr wenige, während es zahllose unter den Schreibern von ehrbarer Frömmigkeit gibt, die vom Krieg abhalten möchten[139]. Warum kommen uns gerade die wenigen da in den Sinn? Warum wenden wir den Blick von Christus zu Menschen und wollen lieber unzuverlässigen Vorbildern als der unzweifelhaften Autorität folgen? Die Päpste waren erstens Menschen. Alsdann waren sie möglicherweise schlecht beraten oder nicht aufmerksam genug [oder schließlich zu wenig klug und fromm]C.[140] Obwohl du nicht einmal bei denen jene Art von Kriegen, durch die wir ständig zerrüttet werden, gutgeheißen finden wirst. Dies würde ich nun mit den klarsten Beweisen unumstößlich dartun, wenn ich nicht vermeiden möchte, bei längeren Abschweifungen zu verweilen. Der heilige Bernhard[141] lobte die Krieger, aber er lobte sie so, daß er unsere ganze

Miliz verdammen würde. Jedoch, warum soll mich des Bernhards Schrift oder die Disputation des Thomas vielmehr bewegen[142] als die Lehre Christi, der total verboten hat, daß wir uns dem Übel – nach Art des Pöbels – widersetzen?

Aber es ist erlaubt, sagen sie, einen Übeltäter zu bestrafen, folglich ist es auch erlaubt, an einem Staat mit Krieg Rache zu nehmen. Was kann man darauf antworten? Zu viel ist es, um es zu entfalten. Ich möchte dazu nur sagen, folgendes muß unterschieden werden, daß in Gerichtsprozessen der Überführte die Strafe nach dem Gesetz erhält, im Krieg jede der beiden Seiten die andere für schuldig erklärt. Dort erleidet nur der die Strafe, der sie herausforderte, er dient allen als warnendes Beispiel; hier ergießt sich der größte Teil der Übel auf diejenigen, welche die Strafe am wenigsten verdienen, nämlich auf die Bauern[143], die Greise, die Hausfrauen, die Waisen und auf die jungen Mädchen. Übrigens, wenn aus der von allem bösesten Sache überhaupt irgendein Nutzen zusammengebracht werden kann, wird er ganz einigen der verruchtesten Schurken zugeführt: gedungenen Söldnern, berufsmäßigen Räubern, ein paar Anführern etwa, durch deren Ränkespiel der Krieg eigentlich erst angefacht wurde und die sich niemals besser entfalten können als beim völligen Zusammenbruch der Republik. Dort [im Gerichtsfall] wird einer nicht verschont, damit für die Sicherheit aller gesorgt ist; hier [im Fall des Krieges] stürzen wir so viele tausend Menschen, die nichts verschuldet haben, grausam ins Verderben, damit wir für wenige oder vielleicht eines einzelnen wegen Rache nehmen.[144] Es ist besser, das Vergehen einiger weniger ungestraft zu lassen, als daß wir, während wir die ungewisse Bestrafung des einen oder anderen fordern, die Unseren zugleich mit unschuldigen Grenznachbarn, die wir Feinde nennen, gewiß in höchste Gefahr bringen. Dienlicher ist es, eine Wunde verbleiben zu lassen, die du ohne schwere Schädigung des ganzen Körpers nicht heilen kannst. Wenn nun jemand schreit, es sei ungerecht, den, der sündigte, nicht zu strafen, antworte ich, es wäre viel

ungerechter, so vielen tausend Unschuldigen unverdient
größtes Unheil zu verschaffen.[145]
Jedoch in unserer Zeit sehen wir fast jeden Krieg aus ich
weiß nicht was für Vorwänden entstehen und aus Vertrags-
ansprüchen der Herrscher; weil sie irgendein Städtchen als
ihr Eigentum beanspruchen, bringen sie das ganze Reich in
allerhöchste Gefahr. Alsdann verkaufen oder vergeben sie
eben das wieder, was mit so viel Blutvergießen bean-
sprucht wurde. Irgendeiner mag sagen: »Willst du also
nicht, daß die Herrscher ihr Recht verfolgen?« Ich weiß,
daß es meinesgleichen nicht zusteht, kühn über die Angelegenheiten der Fürsten zu disputieren: was, selbst wenn es
gefahrlos wäre, doch länger ist, als es sich an dieser Stelle
ziemen würde. Nur soviel möchte ich dazu sagen, wenn
jeder Anspruch ohne Unterschied als würdiger Grund angesehen wird, einen Krieg zu unternehmen, kann, bei den
so zahlreichen Wechselfällen der menschlichen Geschichte, mit so vielen Veränderungen, keinem ein Anspruch fehlen.[146] Welches Volk wurde nicht irgendeinmal
aus seiner Heimat vertrieben und hat andere vertrieben?
Wie oft fanden Auswanderungen von hier nach da statt?
Wie oft wechselten die Imperien durch Zufall oder nach
Vertrag hin und her? Es könnten nämlich heutzutage die
Paduaner Troja zurückverlangen, bloß weil Antenor einst
Trojaner[147] war. Die Römer könnten Afrika und Spanien
zurückfordern, weil dies ehemals Römische Provinzen waren.[148] Zudem nennen wir Herrschaft, was ein Verwalten
ist. Man hat nicht das gleiche Recht über die von Natur aus
freien Menschen wie über das Vieh. Eben dieses Recht, das
du hast, gab der Konsens des Volkes.[149] Von demselben, der
es übertrug, darf es aber auch, wenn ich mich nicht täu-
sche, aufgehoben werden. Sieh [sodann][C], um welch un-
wichtige Sache es geht: Nicht darum wird entschieden
gekämpft, daß dieser oder jener Staat lieber einem guten
Fürsten gehorchen soll als einem Tyrannen dienen, sondern, ob er unter den Anspruch des Ferdinand oder des
Sigismund zu zählen ist, ob dem Philipp die Steuer gezahlt
werden muß oder dem Ludwig. Das ist das berühmte

Recht, für das die ganze Welt mit Kriegen und Gemetzel erfüllt wird.

Aber sei es, daß dieses Recht noch so viel gelten mag, daß es keinen Unterschied gäbe, zwischen einem privaten Stück Acker und einem Staat, keinen zwischen Viehherden, die du für dein Geld kaufst, und Menschen, die nicht nur freigeboren, sondern sogar Christen sind: So geziemt es sich für einen verständigen Menschen dennoch, zu prüfen, ob denn die Sache so viel wert sei, daß du sie um den Preis eines so ungeheuren Unglücks deiner Leute verfolgst. Wenn du nicht den Geist eines Fürsten beweisen kannst, so zeige doch wenigstens den eines Geschäftsmanns: Der schätzt einen Schaden gering, wenn er erkennt, daß dieser lediglich durch ein bedeutenderes Opfer vermieden werden kann, und er rechnet es als Gewinn-Posten, weil er durch den kleinen Verlust mit Glück abschneidet. Wenigstens folgendes private Exempel magst du [hinsichtlich der Gefährdung der Respublika][C] beherzigen, wovon allgemein eine harmlose Fabel verbreitet wird. Zwischen zwei Verwandten wurde man sich über eine Teilungsangelegenheit nicht recht einig; und weil keiner von beiden nachgeben wollte, sah die Sache so aus, daß sie vor Gericht kommen würde und der Streit durch ein richterliches Urteil beendet werden müßte. Advokaten wurden herangezogen, die Klage eingereicht, die Angelegenheit kam vor die Rechtsgelehrten. Nach Erscheinen der Richter und Zeugenaufruf beginnt die Prozeßführung, das heißt der Streitfall ist angenommen. Da kommt der eine von beiden rechtzeitig zur Vernunft, den privat eingeladenen Gegner redet er mit folgenden Worten an: »Im Prinzip ist es wenig rühmlich, daß Geld die entzweien soll, die die Natur verbunden hat. Alsdann ist der Ausgang des Prozesses ungewiß, nicht weniger als der eines Krieges. Das Beginnen haben wir in der Hand, das Beenden nicht. Der ganze Streit geht um hundert Gulden. Das Doppelte dieser Summe muß den Notaren, Promotoren, Advokaten, Rechtsberatern, Richtern und Freunden der Richter bezahlt werden, wenn wir gerichtlich gegeneinander vorgehen. Denen gegenüber hätte man willfährig, kniefällig und freigiebig zu sein, ganz zu schweigen von der Mühe des Umwerbens und den Beschwerden des Hinundherrennens. Ja selbst, wenn ich womöglich gewinnen würde, hätte ich doch mehr Verdruß als Annehmlichkeit. Warum verständigen wir uns nicht lieber selbst als mittels jener Gauner und teilen das bei denen schlecht angelegte Geld unter uns? Überlasse die Hälfte von deinem, ich will ebensoviel von meinem abtreten. Auf diese Weise werden wir doch unsere Freundschaft gewinnen, die sonst erlöschen würde, und wir werden sehr großem Ärger entgehen. Wenn du es nun ablehnst, etwas nachzugeben, überlasse ich wohl auch den ganzen Handel nach deinem Ermessen. Ich will lieber, daß dieses Geld im Besitz des Freundes sei als im Besitz jener unersättlichen Gauner. Es wäre mir ein überaus großer Gewinn, wenn ich den guten Ruf bewahre, den Freund behalte und vielem Ärger entgehe.« Sowohl die Wahrheit der Sache als auch der Humor des Verwandten bewegten den Gegner. Sie legten die Sache unter sich bei, zum Zorn der Advokaten und Richter, über deren aufgesperrte Rabenschnäbel sie sich lustig machten.[150] Deren Klugheit, wie gesagt, solltest du wohl bei einer so viel gefahrvolleren Sache zu beherzigen suchen. Schau nicht nur darauf, was du erlangen willst, sondern wie viele Opfer an guten Dingen, wie viele Gefahren, wie viele Verluste du als ständige Begleitung hinnehmen mußt, um es zu erlangen. Wenn du nun wie mit einer Waagschale hin und her Vor- und Nachteile gegeneinander abwägst und dich überführst, wieviel besser noch ein ungerechter Friede sei als ein gerechter Krieg, warum ziehst du es vor, das Würfelspiel des Mars zu versuchen?[151] Wer, wenn er nicht verrückt ist, würde mit einem goldenen Angelhaken fischen?[152] Wenn du offenbar viel mehr Verlust als Gewinn hast, selbst wenn alles glückhaft ausgeht, wäre es nicht besser, etwas von deinem Recht dranzugeben[153], als für einen kleinsten Vorteil so zahllose Übel einzuhandeln? Lieber wollte ich sonstwem den Besitzanspruch gönnen, wenn ich ihn mir mit so einem großen Opfer von Christenblut sichern müßte. Einer, wer es auch sein mag, hat schon viele Jahre den Besitz, ist mit der Regierungsleitung vertraut, wird von den Seinen anerkannt, unterzieht sich den Herrscherpflichten, da erscheint irgendwer, der irgendwoher aus den Chroniken oder vergessenen Urkunden einen alten Anspruch zum Vorschein bringt, und kehrt den wohlgeordneten Status von oben nach unten, zumal da wir sehen, daß in den menschlichen Angelegenheiten nichts [lange][B] Bestand hat, sondern alles mit dem Spielball der Fortuna wie auf einer Woge auf- und abtanzt. Wozu versucht man mit so viel Tumult als Eigentum zu behaupten, was bald bei beliebiger Gelegenheit einem anderen übertragen wird?

Schließlich, wenn Christen solche Lappalien schon nicht verachten können, wozu ist es aber nötig, sofort zu den Waffen zu greifen? Die Welt hat so viele angesehene und gebildete Bischöfe, hat so viele ehrwürdige Äbte, so viele hochbetagte und durch lange Erfahrung weise gewordene Edelleute [so viele Konzilien, so viele Senatsversammlungen, die nicht grundlos von den Vorfahren eingerichtet wurden][C]. Warum werden nicht lieber durch deren Schiedsspruch[154] solcherart kindische Klagen der Fürsten geschlichtet? Aber mehr geehrt wird die Rede derer, die die Verteidigung der Kirche vorschützen. Als ob in Wahrheit nicht das Volk[155] die Kirche sei, oder als ob die ganze Würde der Kirche im Reichtum[156] der Priester gelegen sei, oder als ob die Kirche durch Kriege und Verwüstungen[157] entstanden, fortgeführt und gefestigt sei und nicht vielmehr durch Blut[158], Geduld[159] und Geringschätzung des eigenen Lebens[160]!

Mir scheint es sogar nicht einmal zulässig, daß wir wiederholt Krieg gegen die Türken unternehmen. Wahrlich schlecht steht es um die christliche Religion, wenn ihre Erhaltung von derartigen Schutzmaßnahmen abhängt. Und es ist nicht erwartungsgemäß, durch solche Initiationen gute Christen hervorzubringen. Was durch das Schwert erworben ist, wird wiederum durch das Schwert verloren gehen.[161] Willst du die Türken zu Christus führen? Laß uns nicht prahlen mit Reichtum[162], Militärmacht und Gewalt[163]. Mögen sie in uns nicht nur den Namen sehen, sondern auch jene zuverlässigen Merkmale eines Christenmenschen: ein unschuldiges Leben, das Streben Gutes zu tun, selbst den Feinden, eine unbesiegbare Geduld gegen alle Ungerechtigkeit, die Geringschätzung des Geldes, die Gleichgültigkeit gegen Ruhm, ein bedürfnisloses Leben; sie sollen hören, daß die himmlische Lehre mit dieser Art von Leben übereinstimmt. Mit diesen Waffen werden die Türken am besten zu bezwingen sein. Jetzt bekämpfen wir oftmals Böses mit Bösem.[164] Ich möchte anders sagen, ach wäre es doch eher verwegen als wahr, wenn du den Namen und das Kreuzzeichen wegnimmst, wären wir Türken, die mit Türken kämpfen. Wenn die Religion durch Militärgewalt errichtet ist, wenn durch das Schwert bewiesen, wenn durch Kriege gepriesen, dann könnten wir sie mit den gleichen Hilfsmitteln verteidigen. Wenn nun alles auf ganz andere Art und Weise zustande kam, warum nehmen wir, als wäre der Hilfe Christi zu mißtrauen, unsere Zuflucht zu heidnischem Beistand? »Aber, warum sollen wir die nicht umbringen«, sagen sie, »die uns umbringen?« So hältst du es etwa für eine Schande, wenn irgendwer verruchter sei als du? Warum plünderst du nicht einen Plünderer? Warum lästerst du nicht einen Lästerer? Warum soll man nicht einen Haßerfüllten hassen? Oder glaubst du, es sei eine christliche Tat, wenn du Ungläubige [,wie uns dünkt,]B niedermetzelst, aber doch Menschen, für deren Errettung Christus gestorben ist, du dem Teufel ein willkommenes Opfer bereitest, dem Satan doppelte Freude machst, sowohl weil ein Mensch getötet wurde als auch weil ein Christ getötet hat? Die meisten, während sie als große Christen angesehen werden wollen, trachten den Türken möglichst viel Böses zu tun, und was sie nicht antun können, wird in Verfluchungen angewünscht; in dergleichen Äußerungen ist wenig Christliches zu erkennen. [In gleicher Weise fluchen manche, die streng orthodox erscheinen wollen, mit gräßlichen Verwünschungen denjenigen, welche sie Ketzer nennen, und sind selbst vielleicht dieser Bezeichnung würdig. Wer als rechtgläubig angesehen werden will, möge sich durch sanfte Methoden Mühe geben, daß wer irrt, wieder zu Verstand käme.[165] Wir spucken auf die Türken, und so sehen wir uns als vortreffliche Christen an, vielleicht sind wir bei Gott verabscheuenswerter als die Türken selbst. Wenn nun die alten Verkünder des Evangeliums uns gegenüber diesen Sinn gehabt hätten, den wir gegen die Türken haben, wo wären wir jetzt, die wir durch deren Toleranz Christen sind?]B Eile den Türken zu Hilfe[166]: Aus Ungläubigen mache, wenn du kannst, Gläubige; Wenn du es nicht vermagst, wünsche es, und ich will die christliche Gesinnung anerkennen.

[So viele Orden von Bettelmönchen sind auf der Welt, die sich als Säulen der Kirche sehen wollen! Wie wenige sind es von den vielen Tausenden, die, um für die Religion Christi zu propagieren, ihr Leben bedürfnislos führen? Aber da gibt es keine Hoffnung, sagt man. Es gäbe gewiß alle Hoffnung, wenn die Dominikaner und Franziskaner die Denkart ihrer Gründer zeigen würden, welche meines Erachtens höchst bescheidene Männer waren[167], ich will gar nicht erst an die Denkart der Apostel erinnern. Uns würden keineswegs die Wunder fehlen, wenn Christi Ruhm das erforderte. Jetzt setzen die, die sich als Stellvertreter und Nachfolger Petri, des Oberhauptes der Kirche sowie der übrigen Apostel, rühmen, meistens das ganze Vertrauen in menschliche Hilfe. Jene gar strengen Bekenner der wahren Religion leben in reichen und durch den Luxus verdorbenen Städten, wo sie selbst schneller korrumpiert werden als daß sie andere zum Besseren bekehren, – und wo es zur Genüge Pastoren gibt, die das Volk lehren, und Priester, die Gott Loblieder singen. Sie kreisen in den Fürstenhöfen, was sich dort abspielt, möchte ich im Moment nicht wiedergeben. Oh daß sie doch da nicht schlimmer wären als ein Hund im Bade.[168] Sie schnappen nach Vermächtnissen, jagen nach Gewinn, sind der Tyrannei der Herrscher unterwürfig, und, damit es nicht so aussieht, als würden sie nichts tun, brandmarken sie Artikel als verirrt, suspekt, skandalös, unehrerbietig, ketzerisch und schismatisch. Sie wollen nämlich lieber selbst

zum Unheil des Christenvolkes regieren, als die Regent-
schaft Christi mit eigenem Risiko propagieren. Ja, die,
welche wir Türken nennen, sind zum großen Teil halbchristlich und vielleicht dem wahren Christentum näher
als die meisten von uns.[169] Wieviele nämlich gibt es bei
uns, die weder an die Auferstehung des Körpers glauben
noch daran, daß die Seele den Körper überlebt? Gerade von
diesen werden jedoch die als Ketzer angegriffen, die zweifeln, ob der Papst in Rom Befugnisse über die Qualen der
Seelen im Fegefeuer hätte. Wir mögen zuerst den Balken
aus unserem Auge ziehen, danach ziehe man den Splitter
aus des Bruders Auge.[170] Das Ziel des evangelischen Glaubens ist eine Christus würdige Lebensführung. Warum
unterdrücken wir mit Eifer solche Dinge, die den Sitten
nichts anhaben, während wir das vernachlässigen, wodurch, wie durch das Fortnehmen von Säulen, der ganze
Glaube auf einmal zusammenbricht? Wer glaubt uns
schließlich das Kreuz auf dem Mantel und den Evange-
liumsnamen, wenn die ganze Lebensweise in jeder Hinsicht nichts anderes zur Schau trägt als Weltliches? Außerdem hat Christus, in dem nichts unvollkommen war, doch
den rauchenden Docht nicht ausgelöscht und den gebrochenen Stab nicht zertrümmert, nach der Weissagung[171],
sondern, was unvollkommen ist, heilte und ertrug er, bis es
Fortschritte zum Besseren machte. Wir bereiten vor, ganz
Asien und Afrika mit dem Schwert auszulöschen, obwohl
die meisten von denen dort entweder Christen oder Halb-
christen sind. Warum anerkennen wir jene nicht lieber und
unterstützen und bessern sie in sanftmütiger Weise? –
Wenn wir nun trachten, ein Imperium auszudehnen, wenn
wir nach deren Reichtümern stieren, warum bemänteln
wir eine so unheilige Sache mit dem Namen Christi?
Weshalb denn bringen wir, während wir doch jene bloß mit
Menschenwerk angreifen, gleich das Ganze, was uns von
der Welt übrig ist, in akute Gefahr? Ein wie kleiner Winkel
der Welt ist uns überlassen! Eine wie große Menge von
Barbaren fordern wir, die wir nur wenige sind, heraus! Aber
irgendeiner könnte sagen: »Wenn Gott für uns ist, wer ist

gegen uns?« Dies kann mit Recht sagen, wer einzig auf Gottes Hilfe vertraut.[172] Doch was sagt unser Imperator Jesus Christus zu denen, die nach entgegengesetzter Hilfe trachten? »*Wer mit dem Schwert schlägt, wird durch das Schwert umkommen.*«[173] Wenn wir mit Christus siegen wollen, laß uns gürten mit dem Schwert der evangelischen Schriften, laß uns den Helm des Heils nehmen, auch den Schild des Glaubens und die hinterlassene wahrhaft apostolische Rüstung.[174] So wird es sein, daß wir dann ganz besonders siegreich sind, wenn wir besiegt werden.[175] Aber angenommen, die Würfel des Mars fallen günstig für uns, wer sah jemals durch das Schwert, durch Gemetzel, Brandschatzung und Plünderung wahre Christen machen? Es ist weniger übel, ein offener Türke oder Jude zu sein als ein heuchlerischer Christ. »Aber deren Angriff muß von unseren Köpfen abgewehrt werden.« – Warum provozieren wir denn durch Uneinigkeit untereinander deren Angriff auf unsere Köpfe? Sicher würden sie uns, wenn wir einig wären, nicht leicht angreifen, und durch unsere Gefälligkeit würden sie eher zum Glauben bekehrt werden, als wenn man ihnen nach dem Leben trachtet. Mir ist ein wahrer Türke lieber als ein falscher Christ. Es ist an uns, den Samen des Evangeliums zu säen, Christus wird das Gedeihen geben.[176] Die Ernte ist reich, wenn es nicht an Arbeitern fehlt.[177] Nun aber, damit wir einige der Türken zu schlechten und geheuchelten Christen machen, wieviele der guten Christen müßten wir schlecht machen und die schlechten noch schlechter? Was nämlich sonst erzeugt der so große Kriegstumult? Ich möchte nämlich dies nicht annehmen, was doch ach! allzuoft vernommen wird: Man schützt das Gerücht vom Krieg mit den Türken vor, damit das christliche Volk unter diesem Anspruch ausgeplündert werden kann, und damit es, wenn es auf jede Weise unterdrückt und geschwächt ist, die Tyrannei beider Arten von Herrschern[178] fügsamer ertrüge.

Ich möchte nicht gesagt haben, daß ich einen Feldzug gegen die Türken völlig verurteile, wenn sie uns aus freien Stücken angreifen, sondern daß wir einen Krieg, dem wir

Christi Autorität umhängen, mit christlichem Geist und mit den Mitteln Christi führen sollen. Sie sollen sich zum Heil eingeladen fühlen und nicht angegriffen zum Raub. Wir mögen ihnen die dem Evangelium würdigen Sitten entgegenbringen, wenn es an der Sprache fehlt, um ihnen näherzukommen: Auch die Lebensweise selbst wird eine große Beredsamkeit haben. Wir sollten das einfache und wahrhaft apostolische Glaubensbekenntnis vermitteln, nicht ein so sehr mit menschlichen Zusatz-Artikeln beschwertes. Das sollten wir hauptsächlich von ihnen fordern, was uns offen durch die alttestamentlichen Schriften und die Apostelberichte überliefert ist. In wenigem wird leichter Übereinstimmung sein und eher wird Einigkeit bestehen, wenn in den meisten Fällen jeder seiner Meinung freien Lauf lassen darf, solange es keine Streitsucht gibt.]B Aber bedeutend ausführlicher wird man von all diesen Dingen hören, wenn wir das Buch herausgeben, dem wir den Titel ›Antipolemo‹[179] gaben, das wir einst, in Rom lebend, für Papst Julius den Zweiten verfaßten, zu der Zeit als über das Kriegsunternehmen gegen Venedig beratschlagt wurde. Man sollte jenes eher beklagen als widerlegen.

Wenn man die Sache genau erforscht, wird man finden, daß fast alle Kriege der Christen entweder aus Torheit oder aus Bosheit entstanden sind. Manche in den Dingen noch unerfahrene junge Leute[180] – entflammt durch schlechte historische Vorbilder[181], die von Toren aus törichten Schriften hervorgeholt werden, dann aufgewiegelt durch die Ermunterungen von Schmeichlern, aufgestachelt von Rechtsgelehrten und Theologen, unter Zustimmung oder Nachsicht von Bischöfen, vielleicht sogar auf deren Betreiben – unternehmen den Krieg mehr unbesonnen als boshaft; und durch das so große Leid der ganzen Welt lernen sie, daß der Krieg eine auf jede Weise zu meidende Sache sei. Die einen treibt heimlicher Haß, die andern Ehrgeiz, wieder andere eine wilde Wesensart zum Krieg. Ja, auch unsere Ilias enthält nichts außer dem Ungestüm törichter Könige und Völker.[182] Es gibt einige, die aus keinem andern Grund Krieg entfachen, als daß sie dadurch auf ihre Untertanen leichter eine Gewaltherrschaft ausüben können. Denn in Friedenszeiten vermögen der Einfluß des Senats, die Würde des Magistrats und die Kraft der Gesetze einiges zu verhindern, wodurch dem Herrscher nicht alles erlaubt ist, was ihm beliebt. Aber mit Kriegsbeginn fällt sogleich der Oberbefehl über alle Angelegenheiten der Willkür einer Minderheit zu. Emporgebracht werden die, welchen der Herrscher wohlwill, verdrängt die, denen er ungnädig ist. Es wird beliebig viel Geld eingetrieben. Wozu viele Worte? Dann erst fühlen sie sich als wahre Monarchen.[183] Mitunter stecken die Führer[184] unter einer Decke, solange bis sie das unglückliche Volk bis zur Wurzel benagt haben. Die solch eine Gesinnung haben, meinst du wohl, daß die lange zögern, wenn nur immer sich eine Kriegsgelegenheit bietet?

Alsdann bemänteln wir unsere Krankheit mit ehrenvollen Titeln.[185] Ich trachte nach dem Reichtum der Türken und spanne die Verteidigung der Religion vor. Ich diene der Ehrsucht, folge dem Zorn, wilde und zügellose Leidenschaft reißt mich fort, und ich gebe als Grund einen gebrochenen Vertrag, ein verletztes Freundschaftsbündnis, das Übergehen ich weiß nicht welches von den Punkten eines Verlobungstrakts oder etwas ähnliches an. Wie schon gesagt, ist es erstaunlich, wie wenig selbst von dem erreicht wird, was sie erlangen möchten; und während sie doch diesem oder jenem Übel töricht zu entgehen suchen, geraten sie in ein anderes oder gar in dasselbe viel tiefer hinein. Denn wenn der Ruhm sie reizt: nicht weniger großartig ist es, zu bewahren als zu vernichten, viel schöner ist es, eine Stadt aufzubauen als zu zerstören. Alsdann, wenn die Sache von Mars auch glückreich geführt wird, ein wie geringer Anteil des Ruhms fällt dem Herrscher zu, weil das Volk, mit dessen Geld die Sache zustande gebracht ist, einen großen Teil sich zuschreiben möchte, ein größerer Teil geht meistens auf die Legionäre und die Söldner, ein beträchtlicher auf die Feldherren, der größte auf das Glück, das schon in allen Angelegenheiten, besonders aber im

Krieg sehr viel wert ist. Wenn ein nach Größe begehrender Sinn zum Krieg anspornt, sieh bitte, wie wenig recht du auf diese Art und Weise für dich sorgst. Während du einem nicht nachgeben willst, z. B. einem benachbarten Fürsten, vielleicht einem Verwandten, der sich möglicherweise einst wohlverdient machte, wie sehr erniedrigst du dich zum Bittsteller, da du doch den Beistand von Barbaren erbittest, [und was schmachvoller ist, von mit Verbrechen aller Art besudelten Menschen, wenn man derartige Bestien noch Menschen nennen soll,]B [186] da du Frauenschändern, Mördern und Räubern, mit deren Hilfe ja der Krieg hauptsächlich geführt wird, Versprechungen machst, sie umschmeichelst und umstreichelst. Denn während du gegen Deinesgleichen trotzig sein willst, bist du gezwungen, dich dem letzten Abschaum der Menschheit zu unterwerfen. Und während du im Sinn hast, irgendeinen Nachbarn von seinem Sitz zu vertreiben, mußt du das verderbteste Gesindel von Taugenichtsen auf deinem Wohnsitz zulassen. Du traust nicht dem Angehörigen, und vertraust dich dem bewaffneten Pöbel an? Wieviel sicherer könnte dich die Eintracht machen!

Wenn Gewinn dich zieht, kalkuliere richtig.[187] Krieg mag gefallen, wofern du dir nicht vor Augen führst, daß der Verlust nicht abzuschätzen ist und der erwünschte Vorteil nicht nur weit geringer, sondern obendrein ungewiß ist. Aber du bist auf das Staatswohl bedacht? Doch geht das Staatswohl auf keinem anderen Wege schneller und hoffnungsloser verloren als durch Krieg. Ehe du anfängst, hast du deinem Vaterland schon mehr geschadet, als du mit deinem Sieg nutzen könntest. Du erschöpfst den Wohlstand der Bürger, versetzt die Familien in Trauer und füllst alles mit Wegelagerern, Dieben und Schändern. Dies nämlich sind die Hinterlassenschaften des Krieges.[188] Und obwohl dir vorher ganz Gallien offenstand, schließt du dich selbst aus vielen Gebieten aus. Wenn du die Deinen[189] wirklich liebst, weshalb kommt dir nicht folgendes in den Sinn: »Warum soll ich diese so blühende Jugend allem Übel aussetzen? Warum werde ich so viele Ehefrauen ihrer

Männer, so viele Kinder ihrer Väter berauben? Warum soll ich ich weiß nicht welchen Titel und zweifelhaften Rechtsanspruch mit dem Blut der Meinen sichern?« Wir sehen, daß Krieg unter Vorschützung der Verteidigung der Kirche unternommen wird, um durch häufige Zehntabgaben die Priester so auszuplündern, daß kein Feind feindlicher sein könnte. Und so, während wir auf törichte Weise einer Grube entgehen wollen, stürzen wir uns auf der anderen Seite selbst in eine Fallgrube. Während wir eine leichte Ungerechtigkeit nicht dulden können, tun wir uns selbst die höchste Schmach an. Während man sich schämt, einem Fürsten gegenüber willfährig zu erscheinen, werden wir Bittsteller bei den niedrigsten Charakteren. Während wir unklug nach Freiheit[190] streben, verfangen wir uns selbst in der drückendsten Sklaverei. Während wir einen winzigen Vorteil erjagen wollen, fügen wir uns und den Unseren unermeßlichen Schaden zu. Ein kluger Mensch sollte dies bei sich erwägen; ein Christ müßte, wenn er nur ein wahrer Christ wäre, eine Sache, die so höllisch, so fern von dem Leben wie auch der Lehre Christi ist, auf alle Weise meiden, verwünschen und verbannen.[191]

Wenn es sich nun, wegen der Unredlichkeit der Menge, durchaus nicht vermeiden läßt, wenn du nichts unversucht gelassen hast, nachdem du im Bemühen um den Frieden jeden Stein umgedreht[192] hast, dann sieh mindestens zu, daß die böse Sache von den Bösen getragen wird und mit möglichst geringem Verlust an menschlichem Blut beendigt wird. [Denn]^C wenn wir uns bemühen, wirklich das zu sein, wofür wir gelten wollen, heißt dies, daß wir nichts bewundern, nichts begehren mögen, was von dieser Welt ist; wenn wir alles tun, daß wir möglichst bereit von hier scheiden können, wenn wir mit aller Anstrengung nach dem Himmlischen[193] streben, wenn wir unser höchstes Glück allein in Christus setzen, wenn wir glauben, daß alles was wahrhaft gut, wahrhaft herrlich, wahrhaft erfreulich ist, einzig in ihm gelegen sei[194], wenn wir die Überzeugung haben, daß ein frommer Mensch von niemandem verletzt werden kann[195], wenn wir überlegen, wie nichtig und flüchtig das Blendwerk der menschlichen Dinge ist, wenn wir uns innerlich klarmachen, eine wie schwierige Sache es sei, einen Menschen gewissermaßen in einen Gott[196] zu wandeln, und auf Erden so durch unermüdliche Meditation von den Einflüssen dieser Welt zu reinigen, daß er einmal nach Abwerfen der Körperhülle in die Gemeinschaft der Engel[197] eingeht; kurz, wenn wir uns durch diese Dreiheit[198] auszeichnen, ohne die keiner die Christenbezeichnung verdient: die Unschuld, daß wir rein seien von Lastern, die Nächstenliebe, daß wir, soweit es sich machen läßt, allen Gutes tun, die Geduld, daß wir die Übeltäter ertragen und, wenn möglich, das Unrecht mit Wohltaten überwinden, – ich frage, wie könnte zwischen uns um Nichtigkeiten Krieg entstehen? Wenn Christus eine Fabel ist, warum verwerfen wir ihn nicht offen? Warum rühmen wir uns mit dessen Namen? Wenn er aber wahrhaft »*der Weg und die Wahrheit und das Leben*«[199] ist, warum widerspricht unser ganzes Verhalten diesem Vorbild so sehr? Wenn wir Christus als Autorität anerken- nen, der die Liebe ist, und nichts lehrte, nichts empfahl außer Liebe und Frieden, wohlan, laßt uns dies nicht durch Namen und Abzeichen, sondern durch unser Tun und Leben zum Ausdruck bringen. Laßt uns den Friedenseifer ins Herz schließen, damit Christus wiederum die Seinen erkennen kann. In diesem Sinne mögen Päpste, Fürsten und Staaten ihre Beschlüsse fassen.[200] Genug Christenblut ist bis jetzt vergossen worden.[201] Genug Schauspiele haben wir den Feinden des christlichen Namens geboten. Wenn nun das Volk nach seiner Art Tumult macht, soll es von den Herrschern gezügelt werden, denen es gebührt, im Staate das zu sein, was das Auge am Körper ist, was in der Seele die Vernunft. Umgekehrt, wenn die Herrscher Un- ruhe stiften, kommt es gewiß dem Papst zu, kraft seiner Klugheit und seiner Autorität den Aufruhr zu besänftigen. Laßt uns wohl endlich, der so langen Kriege überdrüssig, von der Sehnsucht nach Frieden bewegt sein![202] Das Un- heil selbst drängt dazu, [die von Leid erschöpfte Welt fordert es[203],]C Christus lädt dazu ein, dazu ermahnt Papst

Leo[204], der zehnte seines Namens, der für den wahren Salomo und Friedensstifter [Jesus Christus]ᶜ auf Erden steht[205], [ein Lamm an Schuld, ein grimmiger Löwe gegen alles, was der Frömmigkeit feind ist,]ᶜ dessen ganzes Wünschen, Raten und Bemühen dahin geht, daß die, welche der gemeinsame Glaube vereint, auch durch Eintracht verbunden wären.[206] Er ist darauf bedacht, daß die Kirche nicht durch Reichtum oder Macht, sondern vielmehr durch die ihr eigenen Gaben aufblühe. Die schönste Pflicht fürwahr, und durchaus würdig einem solchen Ehrenmann, den berühmten Medici entsprossen, deren Staatsklugheit es erreichte, daß die bekannte Stadt der Florentiner durch langdauernden Frieden die blühendste wurde, deren Haus ein Hort aller guten Wissenschaften war. Er selbst, begabt mit einem milden und friedlichen Naturell, wurde »von Kindesbeinen an«[207], wie man sagt, in die Werke menschlicher Gelehrsamkeit und auch in die schönen Musen eingeführt und zwischen den gelehrtesten Menschen[208] gleichwie im Schoße der Musen erzogen; er brachte ein unbescholtenes Leben und Renommee, das selbst in der freiesten Stadt Rom niemals mit irgendeinem Makel übler Nachrede behaftet war, für das höchste Pontifikat mit. Zu diesem Amt drängte er sich nicht, sondern, nichts weniger als das wünschend, wurde er namentlich – wie durch eine göttliche Stimme – dafür herangezogen, damit er sich der in langen Kriegsstürmen darniederliegenden Sache der Menschheit annähme. Möge Julius im Besitz des Kriegsruhmes bleiben[209]; soll dieser seine Siege für sich haben; soll er doch seine großartigen Triumphe haben. Ob das sich für einen christlichen Pontifex ziemt, kommt meinesgleichen nicht eben zu, öffentlich zu beurteilen. Ich möchte nur dies sagen, daß dessen Ruhm, wie er auch beschaffen sei, mit dem Tod und dem Schmerz vieler Menschen verbunden war. Weit mehr wahren Ruhm verschafft ein der Welt wiedergegebener Friede unserem Leo, als dem Julius noch so viele heftig angefachte oder erfolgreich geführte Kriege auf der ganzen Erde erworben haben.
Aber länger als angemessen scheinen wir bei dieser Ab-

schweifung denjenigen zu verweilen, die lieber etwas über Sprichwörter als über Frieden und Krieg hören wollen.

Annotationes

Anmerkungen zu dem Essay des Erasmus von Rotterdam:
»Süß scheint der Krieg den Unerfahrenen«

Meiner Übersetzung ist der lateinische Text des Adagiums
3001 der Leidener Gesamtausgabe ›Erasmi Opera Omnia‹
von 1703–1706 zugrunde gelegt (Bd. II, Spalte 951 B – 970
E); zusätzlich verwendete ich die sehr gut aufgeschlüsselte
Neuausgabe dieses lateinischen Textes von Remy und
Dunil-Marquebreucq (s. Einleitg. Anm. 29). Den beiden
belgischen Wissenschaftlern ist die Kenntlichmachung aller nach 1515 von Erasmus vorgenommenen Veränderungen des Textes zu danken, die auch Mrs. Mann Phillips bei
ihrer englischen Übersetzung berücksichtigte, und die ich
ebenfalls mit eckigen Klammern und Sigeln (analog der
belgischen Ausgabe) herausheben möchte, da dadurch einmal die utopische Ausgabe von 1515 rekonstruierbar ist
und andererseits die Ergänzungen für die Arbeitsweise des
Erasmus aufschlußreich sind. – Im ganzen wuchs das Werk
zwischen 1515 und 1533 von 1000 auf 1229 Zeilen. – Ich
zog außerdem die Varnbüler-Übersetzung von 1519 zum
Vergleich heran, die eigentlich dem Textumfang von 1515
entsprechen müßte. Mehrere Sätze, die man für nachträglich eingeschoben hielt, hatte Varnbüler jedoch schon
übersetzt. Ich könnte mir das nur so erklären, daß hier ein
bereits bearbeitetes Separat im Spiel war.

Sigel A   entspricht der Edition von 1515 bei Joh. Froben
           in Basel und den Neuauflagen von 1517/18 und
           1520.

Sigel B   ≙ der Ed. von 1523 bei Froben

Sigel C   ≙ der Ed. von 1526 u. einem Nachdruck v. 1528
           bei Froben

Sigel D   ≙ der Ed. von 1533 u. der Ausgabe v. 1536 bei
           Froben.

Die antiken Autoren, die Erasmus zitiert oder auf die er

anspielt, sind hier mit Text-Zitaten aus modernen Über-
setzungen belegt, um das Werk auch dem interessierten
Laien transparent zu machen. Es wurden außerdem zum
Vergleich passende Texte aus späteren Epochen bzw. aus
gegenwärtiger Sicht dazugestellt.
Für die biblischen Belegstellen wurde Martin Luthers deut-
sche Übersetzung in der Ausgabe der Privileg. Württemb.
Bibelanstalt Stuttgart, 1953, verwendet. Da Luther seiner
Verdeutschung Erasmus' textkritische Neuausgabe des
Neuen Testaments von 1516/1519 zugrunde legte, kommt
diese Bibelübersetzung dem Textverständnis des Erasmus
am nächsten.

1 Der zitierte Satz »Nec confidas satis, si tiro proelium
cupit, inexpertis enim dulcis est pugna.« befindet sich in
Kap. XII (nicht XIV) des 3. Buches von Flavius Vegetius
Renatus ›Fünf Bücher über Kriegswissenschaft und Kriegskunst der Römer‹: »Traue jedoch nicht zu sehr, wenn ein
militärischer Neuling sich eine Schlacht wünscht; denn
aus Mangel an Erfahrung träumt er sich dieselbe ganz
angenehm und lustig; ...« (Deutsch: von Felix Joseph Li-
powsky/ königlich bayerschem wirklichem Centralrathe/
Sulzbach 1827).
Nach dem von Vegetius um 400 n. Chr. verfaßten Handbuch des Militärwesens wurde bis in die neueste Neuzeit
hinein praktiziert. – Es scheint fast wie eine Ironie, daß
Erasmus aus dem Vegetius ein so treffendes Argument
gegen den Krieg zog, das mit seinem Leitmotiv ›Dulce
bellum inexpertis‹ übereinstimmt. – Denn bis heute lautet
die angebliche Vernunftsparole der Politik: ›Si vis pacem,
para bellum‹ – ›Wenn du Frieden willst, bereite Krieg‹ (nach
der Vorrede zum dritten Buch des Vegetius: »Um daher den
Frieden zu erhalten, muß man zum Kriege sich rüsten; will
man siegen, so muß man zum Siege-Erkämpfen die Soldaten bilden.«) Während des 1. Weltkrieges wurden Bedenken laut, daß die Vegetius-Parole ein Wahn sein könnte
und die vernünftige Version lauten müßte: »Wer den Frie-

den will, bereite den Frieden«. Folgende Sätze, die Lipowsky in der Vorrede zu seiner deutschen Übersetzung am 4. Nov. 1825 schrieb, dürften uns im Hinblick auf die heutige Situation nachdenklich stimmen:

»So gewiß indessen dieses ist, so zuverlässig ist aber auch, daß die völlige Ausbildung der Kriegswissenschaft erst nach Erfindung der Feuerwaffen, wo stehende Heere an die Tagesordnung kamen, ihre Existenz erhalten habe, indem man im 16ten Jahrhundert anfieng, in Büchern zu lehren: ›was zu thun sey, wenn durch Spieß und Muskette man Recht haben oder Recht behalten wolle‹; indem man des Vegetius Kriegslehren in das Deutsche übersetzte, und bei Knopp zu Erfurt i. J. 1511 durch den Druck bekannt machte;[4] [Fußnote 4: Eine deutsche Übersetzung dieses Werkes kam auch zu Frankfurt im Jahre 1616 heraus, welche von den Heer-Anführern während des 30jährigen Krieges benützt worden ist.] ...
Diese und andere Schriften veranlaßten und bewirkten das Studium der Kriegswissenschaft, die Theorie gieng bald in praktische Uebung über, wurde selbst im Felde angewendet, und so geschah es denn, daß sie sich von Zeit zu Zeit ihrer möglichsten Vervollkommnung mit mächtigen Schritten näherte, und jene ehrenvolle Höhe erreichte, auf der wir sie heut zu Tage erblicken und bewundern. Immer waren des Vegetius Kriegslehren hievon die Grundlage, und blieben es zum Theil noch in neuern Zeiten, ...«
2 Erasmus schrieb diesen Text selbstverständlich mit griechischen Buchstaben. (»Γλυκύ δὲ πόλεμος ἀπείροισιν, ἐμπείρων δέ τις ταρβεῖ προσιόντα νιν καρδίᾳ περισσῶς«).
Um ihn auch für Nicht-Gräzisten mindestens sprechbar zu machen, gab ich die griechischen Zitate in der Übersetzung nur phonetisch wieder.
Die lateinische Version des griechischen Pindar-Textes lautet bei Erasmus: »Dulce bellum inexpertis, at expertus quispiam horret, si accesserit cordi, supra modum«. –
»Süß dünkt der Krieg nur die Unerfahrenen; doch, wenn er nahet,/ Über die Maßen erschrickt das Herz/ Des, der ihn kennt ...«

(Deutsch: Ludwig Wolde, Wiesbaden 1958)

Dieses Fragment (Hyporchemata VII = Fragmente 110) des griechischen Nationaldichters und Chorlyrikers Pindaros aus Theben (518–446 v. Chr.) gehört, wie Wolde anmerkt, »zu Gedichten, in denen Pindar sich beim Einrücken der Perser in Griechenland für ein Nachgeben seiner Vaterstadt ausgesprochen haben soll«.

3 Epistulae, I, 18, 86/87 des römischen Dichters Horaz (65–8 v. Chr.): »Dulcis inexpertis cultura potentis amici,/ Expertus metuit.« »Wer's nicht erprobt, denkt leicht den Verkehr mit dem mächtigen Freunde. Wer's erprobt hat, der bangt.«

(Q. Horatius Flaccus, Satiren und Briefe. Lateinisch u. deutsch, übersetzt v. Rudolf Helm, Zürich u. Stuttgart 1962).

4 Hier steht im lateinischen Text ein für Erasmus typisches Wortspiel: »quantum *amori* insit *amari*« (»wieviel die *Liebe* an *Bitterkeit* enthält«). Eine deutsche Entsprechung dieser einprägsamen Alternanz wäre wohl: »wieviel die *Lieb* an *Leid* enthält«.

5 Aristoteles (384–322 v. Chr.), Rhetorik II, 12.9–II, 13,7.: »Junge Leute sind in ihrer Art begehrlich und darauf aus,/ zu tun was sie begehren … die älteren Leute/ mißtrauisch aber sind sie aus Erfahrung«.

(Deutsch: Paul Gohlke, Paderborn 1959).

6 Diese Redewendung »frigidam suffundunt« – »sie gießen kaltes Wasser« hatte Erasmus im Adagium 951 erläutert: Dies bedeutet »heimliches Anreizen« und leitet sich von der Methode her, mit der man bei den Olympischen Spielen die Pferde für die Wagenrennen scharf machte. (Auch in Anspielung auf das Wassergießen beim Schmiedefeuer wird diese Redensart mitunter verstanden.)

7 Als in der Sache unerfahren erwies sich ein Kritiker, der zu den Naturbeispielen des Erasmus schrieb: »Er sieht zunächst im Krieg ein Verbrechen gegen die gesunde Natur. Die Argumente, die er hier vorbringt, sind wirklichkeitsfremdes rhetorisches Pathos. Auf festem Boden steht er erst, als er den schroffen Widerspruch aufzeigt, der

zwischen der christlichen Weltanschauung und der kriegerischen Praxis der Völker Europas besteht.« (Rudolf Ko-
moß, Sebastian Franck und Erasmus von Rotterdam, Berlin
1934). – Was wir inzwischen aus der vergleichenden Verhaltensforschung wissen, gibt eher Joseph Heckmanns
recht, der schon 1916 schrieb, daß Erasmus in einer Geschichte der Tierpsychologie nicht mehr übergangen werden darf (›Beiträge zur Geschichte der Philosophie‹, 13.
Heft, S. 113–206).

Erasmus wählte für seine Antikriegstexte (›Dulce bellum‹
und ›Querela Pacis‹) die Natur-Beispiele vorwiegend aus
Schriften der Stoa und zeigte dabei, wenn man es vom
heutigen Standpunkt betrachtet, eine äußerst sichere
Hand. – Da Erasmus längere Zeit bei seinem Freund Thomas Morus wohnte, hatte er Gelegenheit, dessen vielfältige Privat-Menagerie zu studieren, und er hat davon an
anderer Stelle auch einige Beobachtungen skizziert. – Die
Fragen nach der außermenschlichen Natur waren für ihn
keineswegs nur rhetorisches Beiwerk. Ihre ethische Rele-
vanz wird bis heute sehr unterschiedlich beurteilt. Doch
zeichnet sich immer mehr ein Verständnis im Sinne der
erasmischen Sicht ab.

8 Daß er hier aus Plinius schöpfte, brauchte Erasmus seinen gebildeten Zeitgenossen nicht erst zu sagen.
In der ›Naturkunde‹ (›Naturalis historiae‹), dem umfangreichen Sammelwerk von C. Plinius Secundus d. Ä. (23–79
n. Chr.), Buch VII, 2 (›Anthropologie‹) findet man als Paral-
lelstelle: »alle anderen versah sie [die Natur] in mannigfa-
cher Weise mit Bedeckungen, mit Schalen, Rinden, Leder-
häuten, Stacheln, zottigen Haaren, Borsten, Haarfäden,
Flaum, Federn, Schuppen, Wolle, Stämme und Bäume sogar mit einer Rinde …: nur den Menschen setzt sie am
Tage seiner Geburt nackt und auf der bloßen Erde sogleich
dem Wimmern und Weinen aus.«
(Deutsch: Roderich König, München 1975)
9 Wie zutreffend das – manchen vielleicht komisch anmu-
tende – Beispiel ist, daß bei den Tauben durch Schnelligkeit für die Unversehrtheit gesorgt sei, läßt sich erst durch

die Beobachtungen unseres Altmeisters der modernen Verhaltensforschung richtig einschätzen. Konrad Lorenz, Er
redete mit dem Vieh, den Vögeln und den Fischen, Wien
1949, Kap. ›Moral und Waffen‹, S. 212: Es ging um ›Soziale
Hemmungen‹, z. B. die angeborene Augenhackhemmung
beim Kolkraben, die Halsbeißhemmung beim Hund, und
generell um die stammesgeschichtliche Herausbildung
dieser Hemmungen bei waffentragenden Jagdtieren. Als
Gegenbeispiel dienten die – zum Friedenssymbol erhobenen – Tauben, die K. Lorenz einmal das Bild entsetzlicher
Zerfleischung geboten hatten, allerdings unter Käfigbedin-
gungen. »Die Lachtaube *braucht* eine derartige Hemmung
nicht, weil das Tier nur in geringem Ausmaße zu verletzen
vermag, dagegen *seine Fähigkeit zu fliehen* so gut entwik-
kelt ist, daß sie ausreicht, den Vogel vor solchen Feinden
zu bewahren, die ganz andere Waffen besitzen … Nur
unter den unnatürlichen Bedingungen enger Käfighaft, die
der besiegten Taube die Möglichkeit zu rascher Flucht
nehmen, kommt es überhaupt zum Ausdruck, daß die
Lachtaube keinerlei Hemmungen hat, die ein Verletzen
und Martern von Artgenossen verhindern.«
10 Im Stil der ›allten heldenpücher‹ hatte Kaiser Maximilian I. (1459–1519) eine autobiographische Dichtung – mit
ihm selbst als »loblichen, streitbaren und hochberümbten«
Titelhelden Ritter Teuerdank – verfaßt und für die Holz-
schnitt-Illustrationen namhafte Künstler beauftragt, für
den Textteil allerdings nur einen durchschnittlichen Sekretär. Das Werk erschien in Prachtausgabe erstmals i. J.
1517. Im fragmentarisch gebliebenen Schlußkapitel zeigt
er augenscheinlich eine Reaktion auf das kurz vorher er-
schienene Dulce-bellum-Adagium des Erasmus: »Mani-
cher über Gott den Herrn klagt,/ Wie er hab die Menschheit geplagt,/ Daß er si habe beschaffen/ Nacket, bloß, on
alle Waffen,/ Damit si möchten weren sich,/ Und doch
allen Tiern mildiglich/ Hab geben jedem nach seiner Art,/
Dem Ochsen große Horner hart,/ Dem Löben Sterk in sein
Klauen,/ Wie das ein jeder mag schauen,/ Damit si werden
geboren/ Und widersteen eins andern Zorn,/ Auch fristen

damit ir Leben;/ Und denken nit, was er hat gebn/ Uns
dagegen für ein Genad,/ Daß ein jeder Mensch an im hat/
Vernunft und sindlichen Verstand;/ Daraus er mag machen
zuhand/ Gar leichtlichen Litz [= Geschoß] und auch
Weer,/ Mit denen er ein jedem Tier/ Sein Leben heimlich
nemen mag./ … «
Der waffenstolze Kaiser hat jedenfalls den bei Erasmus

Abb. 7: Kaiser Maximilian I. im Schwerterkreis. Wie eine Beschwö-
rungsszene sieht das letzte Bild zum »Teuerdank« aus – dem Helden-
mythos, das Kaiser Maximilian I. zu seiner eigenen Verherrlichung in
Auftrag gegeben hatte. Im ›Teufelskreis der Waffen‹ stand und steht
pseudochristliche Politik.

aufgezeigten wichtigen Unterschied zwischen angeborenen, natürlichen Waffen und der monströsen ersonnenen Waffen-Technik eines gar nicht dafür geborenen Lebewesens (das sich auf seine wahre Natur zurückbesinnen muß) so nicht begreifen wollen. Das letzte Bild zeigt den kühnen Helden ›Teurdank‹ mit bombastischem Helmbusch in einem Kreis von Schwertern.
(Kaiser Maximilian I., ›Teuerdank‹, Hg. Helga Unger, München 1968, S. 298.)

11 Bei Plinius, Naturkunde VII,5 (vgl. annot. 8) findet sich auch diese Gegenüberstellung der Tatsache, daß die übrigen Lebewesen gleich ihre natürliche Veranlagung fühlen ..., »daß aber der Mensch nichts ohne Unterweisung versteht, weder zu sprechen noch zu gehen, noch zu essen, kurz, daß er von Natur aus nichts anderes kann als weinen!«

12 *Benevolentia.* »Hier ist offensichtlich, warum alles, was das gegenseitige *Wohlwollen* betrifft, als *menschlich* bezeichnet wird, ...« heißt es in der ›Querela Pacis‹ (›Klage des Friedens‹) von 1517.

Der Mensch in seinem Selbstverständnis als ›unvollkommenes Wesen‹ muß, so sieht es Erasmus, nicht verzweifeln, sondern darin gerade seine Verwirklichungsmöglichkeit entdecken. Bis in die Gegenwart haben Existenz-Philosophen am Fatum der menschlichen Unvollkommenheit gelitten (da der Mensch aufgrund seiner Endlichkeit seinem Anspruch nach universeller Selbstverwirklichung nie genügen kann).

»Wir alle können nicht alles«, holt Erasmus aus dem Vergil; oder »Kein Sterblicher ist zu jeder Stunde weise«, sagt er in einem andern Adagium. Der menschlichen Vernunft und der individuellen Entfaltungsmöglichkeit sind Grenzen gesetzt. Es besteht jedoch kein Grund, das deprimierend zu finden. Erasmus bewertet – im Gegenteil – die menschliche Unvollkommenheit ganz und gar positiv: als eine naturgemäße Bestimmung zum Füreinander, zum ergänzenden Ausgleich, zum Beistand, zum freundschaftlichen Miteinander. In der ›Querela Pacis‹ bringt Erasmus auf diesem Hintergrund eine Definition des Wortes *Humanität* im Sinne einer Menschenwürde, die zur wohlwollenden Pluralität und zur Wertschätzung des einzelnen verpflichtet. Gegenseitiges Wohlwollen ist das Prinzip der Humanität.

(Erasmus von Rotterdam, Die Klage des Friedens, hg. u. übersetzt v. Brigitte Hannemann, München/Zürich 1985, S. 51)

12a Auch die moderne vergleichende Verhaltensforschung muß eben dasselbe, was Erasmus hier hervorhebt, als Besonderheit des Menschen gelten lassen:

»Die *sprachliche Kommunikation* stellt eine Bindung zwischen Einzelmenschen her, die enger ist als jede, die je vorher zwischen Lebewesen bestand. Das gemeinsame Wissen und Können führt oft zu einem gemeinsamen Wollen, zu einer Ähnlichkeit und zu einer Bundesgenossenschaft zwischen zwei Menschen, die größer und fester ist als die zwischen Brüdern.«

(Konrad Lorenz, ›Kommunikation bei Tieren‹, in dem Sammelband ›Der Mensch und seine Sprache‹, Frankfurt a. M. 1979, S. 176)

13 Diese laut der belgischen Untersuchung erst 1523 hinzugefügte Passage ist bei Varnbüler (1519) schon übersetzt: »auch yederman das heilig ancker ist«.

Den Begriff ›heiliger Anker‹ hat Erasmus im Adagium 24 erklärt: ›Sacram ancoram solvere‹ – ›den heiligen Anker lösen‹: Der stärkste und wichtigste Anker blieb stets in Reserve für äußerste Gefahr; jener ›letzte Anker‹ wurde daher bei den griechischen Seeleuten ›heiliger Anker‹ genannt.

14 Einen anschaulichen Feldbericht hatte Erasmus von dem ihm befreundeten Andrea Ammonio erhalten, der als römischer Legat auf englischer Seite an der sog. Sporenschlacht zu Guinegate (16. Aug. 1513) teilnahm. Am 1. Sept. 1513 antwortete Erasmus: »So gut führst du einem das Wiehern, das Geschrei, das Sichaufbäumen, das Lärmen der Trompeten, das Krachen und Donnern der Kanonen, das Ausspeien der Verwundeten und Seufzen der

Sterbenden vor Augen! Du bist wirklich glücklich, wenn
du zu uns unversehrt zurückkehrst!«
(Deutsch: bei Willehad Paul Eckert, Erasmus von Rotterdam I, Köln 1967, S. 162)

15 »Wo der Krieg hinkam, war keine Barmherzigkeit gegen
Alte und Junge, gegen Mann und Weib, mit Hauen, Schlagen, Knebeln, Foltern, Würgen, Schänden« – berichtete
eine oberrheinische Chronik aus dem 30jährigen Krieg.
(Als Zitat in: Ernst W. Zeeden, Europa vom Ausgang des
Mittelalters bis zum Westfälischen Frieden 1648, Stuttgart
1981, S. 121). Dies unterstreicht, wie präzis das von Erasmus gezeichnete Kriegsbild ist.

16 Nach griechischer Sage hauste in dem See von Lerna,
einer sumpfigen Kloake allen Unrats (geortet in der Gegend
von Argolis), die siebenköpfige Schlange Hydra, der für
jedes abgeschlagene Haupt zwei neue Köpfe nachsprossen.
(Erst Herkules machte ihr den Garaus, indem er die Wun-
den ausbrannte).
Erasmus hatte das Lernäische Ungeheuer bereits im Adagium 227 ›Lerna malorum‹ – ›Ein Lerna an Übeln‹ vorgestellt. Wie er schreibt, ist das Sprichwort bei Strabon (›Geographie‹, Buch 8) erwähnt; der Hydra-Mythos geht auf
Hesiod zurück.

17   »cui nomina mille,
         Mille nocendi artes«
zitiert Erasmus mit einer kleinen Variation (cui statt tibi)
den römischen Dichter Vergil (70–19 v. Chr.): Aeneis, VII,
337–338. Angesprochen war bei Vergil Allekto, die Un-
heilsmacht, Tochter der Nacht, die für das Blutbad in Troja
vom Sitze der Furien aus höllischem Dunkel heraufgeholt
wurde:
»der liegen am Herzen/ gramvolle Kriege, Tücke und Groll
und giftiger Vorwurf./ Haßt doch Pluto selbst, der Vater,
hassen doch auch die/ höllischen Schwestern das Scheusal:
es lebt unter so vielen Fratzen,/ grausig stets die Gestalt,
sproßt schwarz von üppigen Nattern.«
Zur Rächung der gekränkten Ehre ihres Namens hat dann
Juno diese schlimmste der Furien aufgehetzt:

»Du kannst Brüder, ein Herz, eine Seele, hetzen zum Hader,/ Häuser stürzen durch Haß, du trägst unter friedliche Dächer/ Schläge und Mord und Brand, *verfügst über tausend Namen,/ tausender Tücken Gewalt;* schütt aus die Früchte des Herzens,/ reiß auseinander vereinbarten Bund, schaff Anlaß zum Kriege,/ Waffen soll wollen und fordern zugleich und ergreifen die Jugend.«
(Deutsch: Johannes Götte, München 1979[4])

18 *tartarisch:* Adj. zu Tartarus, griech. Tartaros, Unterwelt, Hölle.

19 Die römische Kriegsgöttin *Bellona* mit der blutigen Geißel ist die grausame Begleiterin des Mars.

20 Inzwischen haben sich die Philologen darauf geeinigt, daß *bellum* von *duellum = Zweikampf* hergeleitet ist.
(vgl. Georges, Ausführliches Handwörterbuch Latein/ Deutsch, Basel 1962[11] u. Der kleine Pauly / Lexikon der Antike, Stuttgart 1964)

Das germanische Erbwort *Krieg* hatte nach Ansicht der Philologen die Ausgangsbedeutung *Halsstarrigkeit.*
(Friedrich Kluge, Etymologisches Wörterbuch d. deutschen Sprache, Berlin 1963[19])

Die französische Vokabel für Krieg *guerre* hat (ebenso wie das italienische Wort ›guerra‹) sprachgeschichtlich etwas mit dem althochdeutschen Wort *werre = Verwirrung,* Unordnung, zu tun. Unser Adjektiv ›wirr‹ stammt gleichfalls aus dieser Wurzel. Man kennt auch die Zusammensetzung *Kriegswirren.*
(Im Duden allerdings folgt auf ›Kriegsversehrte‹ gleich ›Kriegswirtschaft‹).

Zum Begriff des antiken ›bellum‹ ist es vielleicht noch interessant, auf das allbekannte Heraklit-Wort »*Der Krieg ist der Vater aller Dinge*« (»polemos pater pántōn«) einzugehen. Es fehlt natürlich nicht in der Adagiensammlung des Erasmus (Adagium 2436 ›Bellum omnium pater‹); und zwar führt Erasmus diesen Satz spaßeshalber als Zitat im Zitat vor – als Kommentar des Satirikers Lukian ›Zum Wesen der Geschichtsschreibung‹: »So gab es bei uns lauter Thukydides, Herodots und Xenophontes, daß jener

Spruch bewahrheitet scheint, ›Der Krieg ist der Vater aller Dinge‹, da er doch auf einen Schlag so viele Schreiber hervorbrachte.«

Erasmus leitet dann das Sprichwort ab: »weil der Krieg alle Dinge verändert, scheint es, daß aus ihm die ganze Welt entstanden sei. Wenn man es nicht lieber der Lehrmeinung einiger Philosophen zuschreiben will, die sagen, alle Dinge sind aus dem Streit [e lite] erzeugt.« – Mit diesem Schluß nahm Erasmus wohl auf ein weniger bekanntes Fragment des Heraklit (ca. 550–480 v. Chr.) Bezug: »Man muß wissen, daß der Krieg etwas Allgemeines ist, daß das Recht auf dem Streit beruht und daß alles aus dem Streit und aus der Notwendigkeit entsteht.« (Heraklit, Fragmente, 80, bei K. Heinemann; in: Karl Peltzer, Das treffende Zitat, Thun 1955)

Und gewiß hatte Erasmus auch eine Stelle des Hesiod (Erga 24) im Auge, die er selbst einmal in einem seiner Briefe zitiert (EE IX, 2529, S. 333, Zeile 33): »Dieser Streit [Eris] ist für die Menschen gut« wird in bezug auf den gegenseitigen Ansporn wetteifernder Nachbarn gesagt.

Der klassische Heraklitspruch liest sich im ursprünglichen Kontext allerdings etwas anders: nämlich wie eine Kurzformel antiken Kriegsdenkens: »Der Krieg ist der Vater aller Dinge und der König aller. Die einen macht er zu Göttern, die andern zu Menschen, die einen zu Sklaven, die andern zu Freien.« (Fragmente, 53, bei K. Heinemann, s. oben). – Sklavenfang, Beutemacherei und Imperialgelüste waren und blieben die Triebfedern der antiken Kriege. – Dem Mars und der Bellona baute man Tempel; sie gestatteten den Siegern das ›feine Leben‹.

21 Ein Paradebeispiel von Antiphrase fand ich bei Georg Büchmann, Geflügelte Worte, Berlin 1972[32], S. 574/575:
<Der aus Spanien stammende röm. Lehrer der Beredsamkeit ... Quintilian, um 35–95 n. Chr., fragt in seinem Alterswerk ›De institutione oratoriá ... I,6, 34: »... müssen wir nicht auch zugeben, daß einige Worte sich sogar von ihrem Gegenteil ableiten, wie z. B. ›lucus‹, der Wald, den der Schatten so verdunkelt, daß er eben nicht licht ist.«

100

Wir zitieren danach das im Deutschen kaum wiederzuge-
bende Wortspiel
Lucus a non lucendo.
Wald wird ›lucus‹ genannt, weil es darin nicht licht ist
(lucere = licht sein).>
22 *Erinyes* griech. (lat. Furiae) waren die unerbittlichen
Rachedämonen aus der Unterwelt (vgl. annot. 17); zu ihren
Attributen gehörten Schlangen, Fackeln und die wahnsinnig machende Peitsche. Um sie nicht zu reizen, nannte
man die Erinyen ›Eumeniden‹ (die Wohlwollenden) oder
›Semnai‹ (Ehrwürdige). – Diese Art der mildernden Umbe-
zeichnung von unerquicklichen Dingen heißt *Euphemis-
mus.* – In der Tragödie des Aischylos ›Die Eumeniden‹
wurden die gefürchteten Rächerinnen schließlich versöhnt
und zu ›wohlgesinnten‹ Hüterinnen des Rechts.
23 Auch hier verwendet Erasmus wieder Angaben aus dem
Plinius (vgl. annot. 8 + 11), Naturkunde VII, 5:
»Schließlich: die übrigen Tiere leben innerhalb ihrer Artgenossen redlich; wir sehen, wie sie sich zusammenscha-
ren und fest gegen fremde Arten stehen: der Löwen Wildheit kämpft nicht gegen ihresgleichen, der Schlangen Biß
richtet sich nicht auf Schlangen, und selbst des Meeres
Ungeheuer und die Fische wüten nur gegen fremde Gattungen. Dem Menschen jedoch, beim Herkules, erwachsen die
meisten Übel vom Menschen. (Deutsch: R. König)
24 Hören wir uns zu den ›angeborenen Waffen‹ im Vergleich noch einmal Konrad Lorenz an: Er redete mit dem
Vieh, … (vgl. annot. 9), Kap. ›Moral und Waffen‹,
S. 219–220:
»Wenn eine Tierart im Laufe ihrer Stammesgeschichte
eine Waffe entwickelt, die einen Artgenossen mit einem
einzigen Schlage zu töten vermag, so muß sie parallel zu
der Waffe eine soziale Hemmung entwickeln, die einen
Gebrauch verhindert, der den Bestand der Art gefährden
kann. Nur wenige Raubtiere leben so ungesellig, daß sie
derartiger Hemmungen im allgemeinen entraten können.
… Solche Einsiedler sind der Eisbär und der Jaguar, … Das
System der arteigenen, ererbten Triebe und Hemmungen

und der Bewaffnung, die einer sozialen Tierart von der Natur mitgegeben wurde, bilden eine Ganzheit, die sorgfältig ausgewogen ist und sich selbst reguliert. ... denn der Bauplan des Körpers und der Leistungsplan der arteigenen Verhaltensweisen einer Tierart sind nur Eines.«

25 Der römische Sittenkritiker Decimus Junius Juvenal (ca. 58–127 n.Chr.) ist bekannt für seine »grauenerregende Realistik des Abscheulichen« (Otto Hiltbrunner). Bei ihm findet sich in der 15. Satire (die Erasmus gern heranzog) u.a. auch eine Schilderung kannibalischer Kriegspraktiken.

26 Die Frage nach der Natur des Menschen ist heute, einige Generationen nach Darwin, mehr denn je aktuell.

»Is Man a Fighting Animal?« heißt ein spezieller Abschnitt eines umfangreichen – ganz ausgezeichneten – Artikels zum Stichwort ›Peace‹ in der ›Enzyclopedia Americana‹, Ausgabe 1974, verfaßt von dem Friedensnobelpreisträger 1959, Philip Noel-Baker. Ich versuche hier die Verdeutschung jenes Abschnittes »Ist der Mensch ein kämpfendes Tier?«:

⟨Der britische Biologe Sir Wilfried Le Gros Clark lehnte diese Annahme in seiner Präsidentschafts-Ansprache vor der Britischen Vereinigung zur Förderung der Wissenschaften [British Association for the Advancement of Science] im Jahre 1961 rundweg ab. Der Mensch, sagt Sir Wilfrid, ist durch einen Evolutionsprozeß über Millionen Jahre zur dominanten Tierart zwischen Hunderttausenden anderer Arten geworden. Er wurde dies, nicht weil er ein Kämpfer ist, sondern im Gegenteil, weil er eine Gabe von ›Altruismus‹ und eine Fähigkeit zur ›Kooperation‹ hat, wie sie keine andere Spezies besitzt. Sir Wilfrid betonte nachdrücklich, daß ›Altruismus‹ und ›Kooperation‹ die treibenden Kräfte für den fabelhaften Fortschritt des Menschen sind und das Geheimnis seines Erfolges.

Ein anderer bekannter Biologe, Sir Julian Huxley, schrieb: »Der Biologe verneint nachdrücklich, daß es menschliche Kriegsinstinkte gibt, weder um in einer bestimmten Weise Krieg zu machen, noch um überhaupt Krieg zu machen.«

Er stellte weiter fest: »Der Biologe ist in der Lage, mit Sicherheit zu sagen, daß Krieg kein allgemeines Lebensgesetz ist, sondern ein äußerst seltenes biologisches Phänomen.«〉

27 Die Baumeisterin Natur soll in ihrer Rede noch einmal aktuellen Nachdruck kriegen, aus Konrad Lorenz, Er redete mit dem Vieh, ... (Vgl. annot. 9), Kap. ›Moral und Waffen‹, S. 220/221:

»Nur *ein* Wesen hat Waffen, die nicht an seinem Körper gewachsen sind, von denen deshalb auch der Leistungsplan seiner angeborenen arteigenen Verhaltensweisen nichts weiß, für deren Gebrauch es keine entsprechend machtvolle Hemmung bereitliegen hat: dieses Wesen ist der Mensch. Unaufhaltsam wächst die Furchtbarkeit seiner Waffen, wächst innerhalb von wenigen Jahrzehnten um ein Vielfaches. Angeborene Triebe und Hemmungen aber brauchen zu ihrem Entstehen Zeiträume wie Organe sie brauchen, Zeiträume von einer Größenordnung, in der Geologe und Astronom zu rechnen gewohnt sind, nicht Historiker. Die Waffen haben wir nicht von der Natur mitbekommen: wir haben sie in freier Tat geschaffen. Was wird uns leichter fallen, die Schaffung der Waffe oder die des Verantwortungsgefühls, der Hemmung, ohne die unser Geschlecht an seiner eigenen Schöpfung zugrundegehen muß? Auch diese Hemmung müssen wir uns in freier Tat erschaffen, denn auf unsere Instinkte können wir uns ja eben nicht *verlassen*.«

28 Zwischen der Rede der Baumeisterin Natur, die den kriegerischen Menschen nicht als den von ihr geschaffenen erkennt, und der nachfolgenden Betrachtung über eine mögliche Evolution menschlichen Kriegsverhaltens stellt Erasmus die Frage »Wodurch wurde dem Menschen dieser Wahn zuerst ins Herz geflößt?« Dies erinnert an die ersten Zeilen einer *Elegie* des römischen Lyrikers *Tibull* (ca. 50–17 v. Chr), 1. Buch, X:

»Wer war der erste, der einst die entsetzlichen Schwerter erfunden?/ Ach wie roh war er doch, wahrlich von eiserner Art!/ Damals begann das Gemetzel der Menschheit, begannen die Schlachten:/ Damals wurden dem Tod kürzere Wege gebahnt./ Oder verschuldet' er nichts und kehrten nur wir es zu unsrem/ Unheil, was er ersann gegen das wilde Getier?/ Das ist der Fluch des lockenden Goldes: es gab keine Kriege/ Als noch der Becher von Holz stand bei dem einfachen Mahl./ Burgen und Schanzen gab es noch nicht, und inmitten der Herde/ Scheckiger Schafe getrost legte sich schlafen der Hirt./ Hätt ich damals gelebt, so wüßt' ich nichts von des Heeres/ Waffen, vernähme auch nicht bebenden Herzens das Horn./ Jetzt aber zwingt man zum Kriege mich: es trägt vielleicht schon die Lanze/ Irgendein Feind, die mir bald tödlich die Flanke durchbohrt./ [Zeile 1–14] ...

Welch ein Wahnsinn, den finsteren Tod durch Kriege zu rufen!/ Droht er doch so schon und naht heimlich mit lautlosem Schritt.« [Zeile 33/34].

Zum Schluß jener X. Elegie besingt Tibull die Fruchtbarkeit und den Segen der ›Pax alma‹, der sehnsüchtig gerufenen Hore des Friedens.

(Deutsch: Wilhelm Willige, München 1960)

29 »Nemo siquidem fuit repente turpissimus« zitiert Erasmus den römischen Satiriker Juvenal, Satiren II, 83.

Das ›siquidem‹ = ›wenn nämlich‹ i. S. von ›wenn überhaupt‹ hat Erasmus hinzugefügt.

»Niemand wurde auf einmal verdorben!« liest sich diese Stelle in der metrischen Verdeutschung von Wilhelm Plankl (München 1958).

30 Die erste von den zwölf schweren Arbeiten des Herkules (griech. Herakles) war die Tötung des Löwen von Nemea; Keule und Löwenfell wurden zu charakteristischen Trophäen des Herkules. In der antiken Mythologie wird der sagenhafte Held, Sohn des Zeus und der sterblichen Amphitryon-Gattin Alkmene, schließlich im Olymp aufgenommen.

31 Von jenem eigenartigen Brauch der Verwandtenverspeisung berichtet der griechische Geschichtsschreiber Herodot (ca. 484–425 v. Chr.) in seinen ›Historien‹, 1. Buch, 216:

›Über die Sitten der Massageten‹: »... Obwohl den Greisen kein bestimmtes Lebensalter gesetzt ist, wird doch der Hochbejahrte von seiner Verwandtschaft, die sich vollständig versammelt, mit anderen Opfertieren zugleich geschlachtet, das Fleisch gekocht und gegessen. Darin sehen sie ein hohes Glück; denn wer an einer Krankheit stirbt, wird nicht verzehrt, sondern begraben, und man hält es für ein Unglück, daß er nicht dazu gelangt ist, geschlachtet zu werden.«

(Deutsch: A. Horneffer, Stuttgart 1955)

Weiter sind im Buch III, 38 u. 99 und im Buch IV, 26 Anthropophagiegewohnheiten (u. a. das Verzehren kränkelnder Freunde bei gewissen Nomadenstämmen) erwähnt – als Beispiele für ›andere Länder, andere Sitten‹.

32 Im Adagium 301 ›Es ist nicht jedermanns Sache Korinth anzusteuern‹ referiert Erasmus aus Strabons ›Geographie‹ (8, 6.20), daß in dem verrufenen Hafen von Korinth im Tempel der Venus mehr als 1000 Mädchen der Göttin als Prostituierte geweiht wurden.

33 ›Wo es *Brauch* ist, legt man die Kuh ins Bett‹ – dieses Sprichwort aus der Schweiz sagt überspitzt genau das, was Erasmus uns hier zur Reflexion der eigenen Gebräuche vor Augen führen will.

(Eberhard Puntsch, Zitatenhandbuch, München 1978[7], Stichwort: Sitte)

34 ›Viscera in viscera condere‹ zitiert Erasmus; ›in viscera viscera condi‹ lautet diese Stelle in Ovids ›Metamorphosen‹ XV, 88: und der ganze Satz:

»Welch ein Frevel, weh! wenn *Geweid in Geweide gestopft wird/* und ein gieriger Leib einen Leib verschlingend sich mästet,/ ein Beseeltes lebt vom Tod eines andern Beseelten!«

Dies steht als Ausruf des Pythagoras aus Samos (um 500 v. Chr.), jenes großen Naturergründers und Lehrers einer mystischen Ethik:

»... Er rügte zuerst, daß Beseeltes/ aufgetischt werde als Mahl, er löste zuerst den gelehrten/ Mund, dem doch Wenige nur geglaubt, zu solcherlei Reden./ ›Sterbliche

schändet nicht mit verruchtem Mahl eure Leiber!/ Feldfrüchte gibt es, gibt Äpfel, die schwer und lastend die Zweige/ nieder zu Boden ziehn, gibt an Reben schwellende Trauben./ Süße Kräuter gibt es, gibt solche, die durch das Feuer/ mild können werden und zart. Man nimmt euch die Labe des Milchtranks/ nicht und den nach der Blüte des Thymians duftenden Honig./ Reichtum häuft verschwendend und milde Gerichte die Erde,/ bietet in Mengen euch Speisen, die frei von Mord u. von Blut sind.‹«
(Metamorphosen XV, 72–82).
(Deutsch: Erich Rösch, München 1952)
Pythagoras vertrat die orphische Seelenwanderungslehre, wonach Menschenseelen auch in Tieren Wohnung finden. Tiertötung gestattete er nur zum Abwenden eines Schadens, nicht aber für Nahrungszwecke und Opferriten.
35 Noch einmal zitiert Erasmus aus dem Pythagoras-Abschnitt in Ovids Metamorphosen ›Animal sine fraude doloque‹ (›animal sine fraude dolisque‹, Metam. XV, 120).
»Was habt ihr Rinder getan?/ *Ihr Geschöpf ohne Listen und Tücke*«, heißt es dort in Entsetzen über die Dankvergessenen, die den arbeitswunden Bebauer ihres Ackers zu schlachten vermögen. – Von den Schafen, auf die Erasmus diesen Ausspruch bezieht, war ein paar Zeilen davor die Rede. – Das Ganze steht auch bei Ovid als pythagoräische Betrachtung über den fortschreitenden Frevel der Tierschlachtung. Der gierige Bauch schuf dem Verbrechen Bahn: »Vielleicht ist am Blut eines Raubtiers, das man erlegt hat, zuerst erwarmt das besudelte Eisen.« (Zeile 106/ 107). Denn anfangs, im goldenen Zeitalter, lebte der Mensch von den Früchten des Bodens in Eintracht mit der beseelten Kreatur. (»Ohne Verrat und ohne Furcht vor Arglist war alles da und des Friedens voll«/ Zeile 102/103).
Das Fazit ist des Pythagoras Warnruf über den Menschen: »O, wie gewöhnt er sich schlimm, wie bereitet er ruchlos auf Mord an/ Menschen sich vor, der die Kehle des Kalbes durchschlägt mit dem Messer,/ ... Wieviel ist's, was da fehlt zum/ vollen Verbrechen, wohin wird so die Bahn nicht bereitet?« (Zeile 463– ... 469).

(Deutsch: E. Rösch, vgl. annot. 34)

36 Nicht zu den zwölf Herkules-Arbeiten, sondern zu den
Nebenverdiensten rechnet man dem Herkules das Beseiti-
gen der gefürchteten Unholde Cacus und Busiris. – Der
Ägypterkönig Busiris schlachtete alle Fremdlinge, die in
sein Land kamen, und brachte sie auf dem Iupiteraltar dar.
– Der Vulcansohn Cacus war ein gefräßiger, feuerspeiender
›Böser‹ (was sein Name im Griechischen auch bedeutet).
Der Kirchenvater Augustinus (354–430 n. Chr.) widmet
diesem ungeselligen mordenden Ungeheuer im ›De Civitate Dei‹ (›Gottesstaat‹), XIX, 12, eine Art psychologische
Betrachtung. Dieser Halbmensch von einzigartiger
Schlechtigkeit, dessen einsame grausige Höhle stets von
frischem Blut dampfte, kannte außer der ›Befriedung‹ seiner unheilstiftenden Gier keinerlei Verlangen nach Frieden
mit anderen, kein Gespräch. Niemandem gab er etwas,
dafür raubte er, was er wollte. – »Vielleicht wütete er gar
nicht aus dem Verlangen, Unheil zu stiften, sondern nur
aus Lebenszwang?« psychologisiert Augustin weiter und
kommt dann zu dem Schluß: »Es hat ihn wohl gar nicht
gegeben oder, was glaubhafter ist, er war nicht so, wie ihn
die Erfindung der Dichter beschreibt; denn würde nicht
Cacus über die Maßen getadelt, könnte man Herkules zu
wenig preisen. Darum sage ich, man glaubt besser, daß es
einen solchen Menschen oder Halbmenschen nie gegeben
hat wie so viele andere Erfindungen der Dichter auch.
Denn selbst die wildesten Raubtiere, von deren Wildheit er
ja etwas hatte (man nannte ihn ja auch einen Halbwilden,
Vergil, Aen. 8,267), bewahren ihre eigene Art durch einen
gewissen Frieden; ...«
(Deutsch: Carl Johann Perl, Paderborn 1979, S. 469/471)

37 *Fetiales*, ein röm. Collegium von 20 Priestern, dem die
Sorge für das Völkerrecht oblag. Die Kriegserklärung wurde
vollzogen, indem der zum Pater Patratus bestimmte Fetia-
lis eine blutige Lanze ins Feindesland schleuderte.
Die vom F. dabei auszusprechenden Formeln: Livius I,32.
(Otto Hiltbrunner, Kleines Lexikon der Antike, Bern/Mün-
chen 1964[4])

[38] Man spricht z. B. vom *agonalen* (= wettkampfmäßigen) Geist der Hellenen. Helmut Berve wies darauf in seiner 1966 vor der Bayerischen Akademie der Wissenschaften gehaltenen Festrede hin, daß etwa z. Zt. des 5. vorchristlichen Jahrhunderts statt Aufnahme eines Krieges oder auch zu seiner Beendigung häufig von beiden Kontrahenten ein hochangesehener Schiedsrichter angerufen wurde. ...

»Wurde aber eine Lösung verschmäht und die Entscheidung gleich bei den Waffen gesucht, so trug der agonale Sinn der griechischen Adelsgesellschaft doch wenigstens dazu bei, daß *wilder Kampfeswut gewisse Schranken gesetzt* waren. Jede Fehde hatte durch einen unverletzlichen Herold angesagt zu werden; während eines Götterfestes in einer von zwei sich bekämpfenden Gemeinwesen ruhten die Waffen; zur Zeit der großen Olympischen Spiele stand ganz Hellas im Zeichen eines Gottesfriedens. Und vor allem: die kriegerische Auseinandersetzung vollzog sich möglichst in einer einzigen Schlacht ohne Verfolgungen, Belagerungen und Verwüstungen. Als Gewinner des Krieges galt unbestritten, wer auf dem Schlachtfeld das Siegeszeichen errichten konnte, doch sollte dieses aus vergänglichem Material bestehen, damit es nicht dauernde Erbitterung und Rachsucht der Unterlegenen erwecke.«
(Helmut Berve, Friedensordnungen in der griechischen Geschichte, München 1967)

[39] Aus Cicero, ›Vom rechten Handeln‹ (›De officiis‹), Erstes Buch 35–37:
»Ich bemerke auch Folgendes: weil der, der mit eigentlichem Namen *Feind* wäre, *Fremder* geheißen wurde, ist durch die Milde des Wortes die Schärfe der Sache gelindert worden.« (Deutsch: Karl Büchner, Zürich 1953, S. 36)

[40] Auch Juvenal schließt seine 15. Satire, in der er die Abscheulichkeiten barbarischer Kriegsgewohnheiten auftischt (vgl. annot. 25), mit den Worten:
»Was würde *Pythagoras* sagen, oder wohin wohl fliehen, wenn jetzt die Greuel er sähe, der, als wären es Menschen, sich jeglicher Tierkost enthalten, und dem Magen vergönnt hat nicht jedwedes Gemüse?«

(Deutsch: Wilhelm Plankl, München 1958)

41 Den als Addition von 1523 vermuteten Satzteil findet man bei Varnbüler (1519) schon übersetzt: So lautet dort der ganze Satz: »Aber das wirdet von etlichen unsern groben edlen disser Zeit als kinder oder schülerwerck verspott/ *die on die figur und gestalt nichts menschliches an in haben/ wiewol sy sich selber Götter sein beduncken lassen.*«

42 ›Populus cum populi‹ wurde hier sinngemäß durch ›Untertan mit Untertan‹ verdeutscht; denn ›Volk mit Volk‹ war in diesem Erasmus-Satz schon als ›gens cum gente‹ vergeben.
Generell aber gibt es bei Erasmus den Begriff ›Untertan‹, der von dem lateinischen ›imperi subiectus‹ hergeleitet ist, nicht. – Die Beziehung des Regenten zu den Regierten, so wie Erasmus sie den Fürsten seiner Zeit ans Herz legen will, drückt er allgemein mit der Familienbezeichnung ›die Seinen‹ aus, die auch für die Beziehung von Christus zu seinen Jüngern steht.

43 Die bekannte Redewendung ›*Öl ins Feuer gießen*‹ stammt aus den Satiren des Horaz und ist bei Erasmus als Adagium 109 ›Oleum camino addere‹ kurz erläutert: »dies entspricht, einem Übel noch einen Wärme-Umschlag und gleichsam Nahrung zu verschaffen, damit es mehr und mehr wachse.«

44 Ps 91: Erasmus nennt ihn den »mystischen Psalm«.
Bei der Versuchung Jesu (Mt 4,6) wird der 91. Psalm als Prophetie auf den Messias verstanden. – Der Psalm ist ein Zuspruch, daß für den, der auf Gottes Namen traut, der Allmächtige Schutz und Zuflucht bietet – selbst in äußerster Gefahr.

45 Wahrscheinlich spielt Erasmus hier auf den greisen kriegführenden Papst Julius II. an, der selbst als schwertschwingender Oberbefehlshaber seine Truppen antrieb und während seines Heiligen Amtes (1503–1513) 30 italienische Ortschaften und Städte in Besitz nahm; er ersparte der sich ergebenden Stadt Mirandola nicht einmal die Plünderung, »damit seine Soldaten nicht arm blieben«. Noch im

Winter 1511, als schwerkranker, gichtbrüchiger Achtund-
sechzigjähriger, stand der Papst persönlich im Schlachtfeld. Ein ›Papa terribile‹, hatte er sich nach dem Vorbild
Julius Caesar seinen Namen gewählt und wollte sich zum
Machthaber der Welt aufschwingen. Er war es, der 1506 die
Schweizer Garde einberief, und das nicht nur zur Zierde. –
Erasmus erlebte bei seinem Italienaufenthalt im Novem-
ber 1506 Papst Julius' triumphalen Einzug in das vorher
belagerte Bologna – und war schockiert.
(Informations-Quelle über Papst Julius II.: Friedrich Gontard, Die Päpste und die Konzilien, Wien/München/Basel
1963, S. 340–350)
46 »Wir haben die *Arbeit des Teufels* getan!« soll Robert
Oppenheimer, der Vater der Atombombe, nach dem Einsatz der neuen Waffe gesagt haben.
47 1 Kor 6,1 ff.
48 Die *Karer* (griech.: Kares), ein umherziehendes kleina-
siatisches Inselvolk, waren im Altertum sprichwörtlich für
ihre ›feile, treulose, sklavische Gesinnung‹ (s. Georges,
Ausführliches Handwörterbuch Latein/Deutsch, Basel
1962[11]).
Im Adagium 165 beleuchtete Erasmus die verächtliche
Einstellung der Griechen gegenüber den Karern, da diese
für Geld jedermanns Diener wurden.
49 Auch dieser vermeintliche Einschub von 1523 ist bei
Varnbüler (1519) schon übersetzt und liest sich im Kontext
so: »Mir ist unverborgen was mir alsbald dieselben Cares
und waegheiß entgegen sagen werden/ *dero schnitt dan
von gemeinem schaden ist.* Ja wir kriegen nit gern/ wir
werden aber durch die mißthat der andern darzu zwungen/
wir verfolgen unser gerechtigkeit.«
50 Ein Vergleich mit Friedensüberlegungen in unserem
Jahrhundert soll hervorheben, wie methodisch richtig Erasmus vorgegangen ist: »Unter Frieden versteht man im
allgemeinen das Aufhören des Krieges; aber dieser negative
Begriff trifft nicht das Wesen des Friedens. Dieser Friede –
als Endziel des Krieges verstanden – stellt statt des wahren
Friedens eher einen letzten und dauernden Triumph des

110

Krieges dar. ... Wie himmelweit ist der Unterschied zwischen solch einem Frieden des Grabes und dem, der sich Gesundheit nennt! ... Man muß also *zuerst den tiefen Unterschied*, die gegensätzliche moralische Einstellung *von Krieg und Frieden klären*. Sonst werden wir wie Geblendete, wenn unsere geistige Vision den Frieden sucht, nichts als Waffen findet. Der wahre Friede wird wieder der Triumph der Gerechtigkeit und Liebe unter den Menschen sein, er wird eine Welt voll Harmonie schaffen. Der grundlegende Unterschied zwischen Krieg und Frieden kann nur der Ausgangspunkt der Forschung sein.«

Maria Montessori (ital. Ärztin und Pädagogin, 1870–1952): ›Der Frieden und die Erziehung‹ (in ›Blätter der internationalen Montessori-Gesellschaft, 2. Heft 1932, Stuttgart, S. 2–22).

51 Das deutsche Wort *Friede* oder Frieden, von dem es übrigens keinen Plural gibt, leitet sich aus der germanischen Wurzel ›fri‹ und der indogermanischen ›pri‹ *lieben* her (ebenso wie frei, freien und Freund, angels. friend). Friede bezeichnet also ursprünglich einen Zustand der *Freundschaft und Schonung.*

(s. Friedrich Kluge, Etymologisches Wörterbuch d. deutschen Sprache, Berlin 1963[19])

Wie Hans Wilhelm Haussig im ›Wörterbuch der Mythologie‹ (Bd. II, Stuttgart 1973) mitteilt, war ›Friede‹ bei den Germanen ein *Begriff des Gemeinschaftsdenkens*, ursprünglich auf den Kreis der Sippe bezogen, bezeichnete er »die Kraft, die die germ. Gemeinschaft im aufrichtigen Verhältnis der einzelnen untereinander bindet«.

Das lateinische Wort für Friede: ›pax‹ wird allg. von ›paciscor‹/Passiv: ›pactus‹ (ein Übereinkommen treffen, einig werden, sich verloben) mit der Wurzel ›pax‹ ›flechten, binden‹ abgeleitet. Nach anderer Auffassung kommt ›pax‹ von ›pangere‹ ›befestigen, eine Einfriedung machen, verabreden‹ und auch ›verloben‹); daher kommt ›pagus‹: der ›Dorffrieden, Gau, Bezirk, Gemeindeverband‹.

Das semitische Friedenswort ›Salom‹ heißt ›wohlgeneigt sein, gnädig sein, sich versöhnen‹. Das zugehörige Verb

›slm‹ bedeutet: ›etwas heilmachen‹. Die vorherrschende Grundbedeutung dieses Friedensbegriffs ist ›Heil‹.
(s. Theodor Klauser (Hg.), Reallexikon für Antike u. Christentum, Bd. 8, Stuttgart 1972/ und Georges, Ausführliches Handwörterbuch Latein/Deutsch, Basel 1962[11])
Macht man sich den in Vergessenheit geratenen ›friend‹-Wortsinn von ›Frieden‹ klar, muß es eigentlich einleuchten, wenn Walter Jens sagt: »Frieden gibt es nur dort, wo der ›andere‹ nicht der ›Böse‹ ist, nicht der ›Jud‹ und ›Ivan‹ und ›Bolschewik‹. Frieden befördert die argumentreiche Auseinandersetzung mit dem Gegner und setzt die Vernichtung des Feindes außer Kraft.« (In: W. Filmer u. H. Schwan (Hg.), ›Was heißt für mich Frieden?‹, Oldenburg 1982)
Erasmus traf wohl den Kern, indem er ›Frieden‹ als ›eine Freundschaft vieler untereinander‹ interpretierte.
[52] Zur Etymologie von ›Krieg‹ s. annot. 20. Im Sinne von ›bellum = duellum‹ faßte auch der wirksamste Kriegstheoretiker Carl von Clausewitz (1780–1831) den Begriff des Krieges auf. In dem Hinterlassenen Werk des Generals ›Vom Kriege‹ findet sich im 1. Band und 1. Buch ›Über die Natur des Krieges‹ im 1. Kapitel die Überschrift ›Was ist Krieg?‹ Nach kurzer Einleitung steht: 2. ›Definition‹: »Wir wollen hier nicht erst in eine schwerfällige publizistische Definition des Krieges hineinsteigen, sondern uns an das Element desselben halten, an den Zweikampf. *Der Krieg ist nichts als ein erweiterter Zweikampf.* Wollen wir uns die Unzahl der einzelnen Zweikämpfe, aus denen er besteht, als Einheit denken, so tun wir besser, uns zwei Ringende vorzustellen. Jeder sucht den anderen durch physische Gewalt zur Erfüllung seines Willens zu zwingen; sein nächster Zweck ist, den Gegner niederzuwerfen und dadurch zu jedem ferneren Widerstand unfähig zu machen.
Der Krieg ist also ein Akt der Gewalt, um den Gegner zur Erfüllung unseres Willens zu zwingen.
Die Gewalt rüstet sich mit den Erfindungen der Künste und Wissenschaften aus, um der Gewalt zu begegnen.

Unmerkliche, kaum nennenswerte Beschränkungen, die sie sich selbst setzt unter dem Namen völkerrechtlicher Sitte, begleiten sie, ohne ihre Kraft wesentlich zu schwächen. Gewalt, d. h. die physische Gewalt (denn eine moralische gibt es außer dem Begriffe des Staates und Gesetzes nicht), ist also *das Mittel*, dem Feind unseren Willen aufzudrängen, *der Zweck*. Um diesen Zweck sicher zu erreichen, müssen wir den Feind wehrlos machen, und dies ist dem Begriff nach das eigentliche *Ziel* der kriegerischen Handlung. Es vertritt den Zweck und verdrängt ihn gewissermaßen als etwas nicht zum Kriege Gehöriges.«
(Neuaufl.: Carl von Clausewitz, Vom Kriege, Berlin 1957)
Diese knallharte Kriegsdefinition muß noch durch einen Zusatz ergänzt werden, der die Konsequenz des besagten Kriegsziels verdeutlicht und von dem Clausewitz-Zeitgenossen und preußischen Napoleon-Kompagnon Graf Yorck von Wartenburg ausgesprochen wurde: »Aus dem Einsatz der Massen ergibt sich notwendigerweise ein anderer *Grundsatz*: dem *Krieg* als *wesentlichstes Ziel* die *Vernichtung der feindlichen Masse* zu setzen«.
(Volkmar Regling (Hg.), Handbuch zur deutschen Militärgeschichte 1648–1938, Bd. IX, Grundzüge der militärischen Kriegsführung, München 1979, S. 252/53)
Graf Yorck umreißt damit die von Napoleon eingeführte ›Niederwerfungs- oder Vernichtungsstrategie der feindlichen Masse‹, die die Strategie der beiden Weltkriege wurde und sich in der Rüstungsstrategie zum 3. Weltkrieg nicht geändert hat. Geändert hat sich nur das Vernichtungspotential.
53 Ein Lerna an Übeln, s. annot. 16.
54 Als Erläuterung zur »*res publica*«: »*Republik* vom lat. res publica, d. h. öffentliche Sache, allgemeine Angelegenheit = Gemeinwesen: ein Wort, dessen Grundbedeutung nicht hoch genug eingeschätzt werden kann, wird doch damit nicht weniger ausgesagt, als daß der Staat nicht res regis, d. h. Sache des Königs sei, sondern res populi, d. h. eine Angelegenheit des ganzen Volkes. (Engl. republic, fr. république, russ. respublika).«

(Carl Vossen, Latein/Muttersprache Europas, Düsseldorf 1979[2], Kap. ›Wörter enthüllen ihre Herkunft‹, S. 137 f.)

[55] Erasmus zitiert aus Horaz ›Kehre heim!‹, Oden IV, 5,23: »Laudantur simili prole puerperae«; »Müttern dienen als Zier Kinder, dem Vater gleich«, lautet eine deutsche Nachdichtung. (Hg. Hans Färber, Horaz/Sämtliche Werke. Lateinisch u. deutsch, München 1957)

[56] ›Florent boni, minus peccant mali‹ scheint keine nachträgliche Zufügung zu sein; denn bei Varnbüler steht dieser Satz schon an entsprechender Stelle: »*die guten die grünent/ die bösen vollbringen weniger übels.*«

[57] Bei allem Pershing-Horror dürfen wir uns nicht davor verschließen, daß auch die sog. konservative Kriegsführung Menschen durch unsagbare Greueltaten zu Unmenschen werden läßt und eine Flut von Leid hervorruft. Ein reiner Atom-Pazifismus ist eine Halbheit.

In einem ›besinnlichen‹ Kartentext der Arzneifirma Georg A. Brenner wird anläßlich einer Besichtigung des alten Hohenzollern-Schlosses in Sigmaringen sinniert: »Die Waffenhalle, eine Rüstkammer aus dem Mittelalter, ist wieder eine andere Welt. Sieht man die etwa 3000 Schutz- und Trutzwaffen aus dem 15.–19. Jahrhundert und denkt an die ›Rüstkammer‹ unseres 20. Jahrhunderts, dann scheint es damals doch so etwas wie eine ›gute alte Zeit‹ gewesen zu sein.«

Erasmus konnte die Kriege seiner Zeit nicht als Idylle sehen, obwohl er die großen Religionskriege nicht mehr erlebte. Wer will den Dreißigjährigen Krieg, in dem 3/5 der deutschen Bevölkerung umkamen, als ›gute alte Zeit‹ annehmen?

Wenn Ernst W. Zeeden (vgl. annot. 15, S. 119) für das von Kriegen heimgesuchte Europa des 16. und 17. Jahrhunderts feststellt: »Über den *Krieg als Problem* wurde nicht reflektiert«, hatte er Erasmus von Rotterdam vergessen.

Daß er mit seiner Moralkritik keine offenen Türen einrennt, war Erasmus klar. – Thomas Morus läßt den Raphael Hythlodeus, dem er deutliche Züge seines Freundes Erasmus gab, sagen: »Meine Rede aber kann für Leute, die entschlossen sind, auf einem ganz anderen Wege kopfüber davonzustürmen, nicht angenehm klingen, da sie ja warnt und auf Gefahren hinweist. Aber was enthielt sie denn sonst, was nicht überall gesagt werden sollte oder müßte? Wenn man allerdings alles als ungewöhnlich und widersinnig beiseiteschieben müßte, was die Verkehrtheit der Menschen abwegig erscheinen läßt, dann müßten wir vor den Christen das meiste verheimlichen, was Christus gelehrt und was er uns so entschieden zu verheimlichen verboten hat, daß er sogar das, was er selbst seinen Jüngern nur in die Ohren geflüstert hatte, öffentlich von den Dächern zu predigen befahl. Das meiste davon steht zu den heutigen Sitten in noch größerem Widerspruch als meine Rede, nur daß die Prediger, schlau wie sie sind, offenbar deinem Rate folgen: da nämlich die Menschen ihre Sitten nur ungern der Vorschrift Christi anpassen ließen, glichen sie seine Lehre wie ein bleiernes Richtmaß den Sitten an, damit beide wenigstens auf irgendeine Weise zusammenpaßten. Ich sehe aber darin keinen Nutzen, außer daß die Schlechten sorgloser sein können.«

Hythlodeus (= Feind leerer Worte) ist der Berichterstatter von Utopia. Morus hatte das Buch im Jahre 1515 beim Zusammensein mit den Freunden Peter Gilles und Erasmus in Antwerpen ersonnen; die vorangestellte gesellschaftskritische Diskussion zwischen Morus und Hythlodeus, der das Zitat entnommen ist, entstand erst 1516, also nach Erscheinen des Dulce-bellum-Essays.
(Thomas Morus, Utopia, übersetzt v. Klaus J. Heinisch, in: ›Der utopische Staat‹, Reinbek 1975, S. 43)

58 »Weil offenbar ist, ein wie furchtbares Übel ein Krieg in unserer Zeit ist, darf nichts unversucht bleiben, ihn zu verhindern. Insbesondere muß dies noch aus einem ethischen Grunde geschehen. Wir haben uns in den letzten beiden Kriegen *grausiger Unmenschlichkeit schuldig gemacht* und würden es in einem kommenden noch weiter tun. Dies darf nicht sein. ...

Die Erkenntnis, die uns heute not tut, ist die, daß wir miteinander der Unmenschlichkeit schuldig sind. Das furchtbare gemeinsame Erlebnis muß uns dazu aufrütteln, alles zu wollen und zu erhoffen, was eine Zeit heraufführen kann, in der Kriege nicht mehr sein werden. Dieses Wollen und Hoffen kann nur noch darauf gehen, daß wir durch einen neuen Geist die höhere Vernünftigkeit erreichen, die uns von dem unseligen Gebrauch der uns zu Gebote stehenden Macht abhält.

Der erste, der es wagte, rein ethische Erwägungen gegen den Krieg geltend zu machen und eine durch ethisches Wollen geleitete höhere Vernünftigkeit zu fordern, war der große Humanist Erasmus von Rotterdam (1469–1539). Er tat es in seiner 1517 gedruckten lateinischen Schrift Querela Pacis (Klage des Friedens). In ihr läßt er den Frieden redend auftreten und Gehör verlangen. Er fand auf seinem Wege wenig Nachfolger. Es galt als Utopie, von der Geltendmachung einer ethischen Notwendigkeit etwas für die Sache des Friedens zu erwarten. ...

Ich bin mir bewußt, in dem, was ich über das Problem des Friedens gesagt habe, nichts wesentlich Neues gebracht zu haben. Ich bekenne mich zu der Überzeugung, daß wir es nur lösen können, wenn wir *den Krieg* aus dem ethischen Grunde, *weil er uns der Unmenschlichkeit schuldig werden läßt, verwerfen.* Schon Erasmus von Rotterdam und einige nach ihm haben dies als die Wahrheit, die es einzusehen gilt, verkündet. ...

So manche Wahrheit ist lange oder ganz unwirksam geblieben, allein deshalb, weil die Möglichkeit, daß sie Tatsache werden könne, nicht in Betracht gezogen wurde.

Nur in dem Maße, als durch den Geist eine Gesinnung des Friedens in den Völkern aufkommt, können die für die Erhaltung des Friedens geschaffenen Institutionen leisten, was von ihnen verlangt und erhofft wird.«

Auszüge aus der Rede von Albert Schweitzer, die er zum Empfang des Friedensnobelpreises 1952 hielt: ›Das Problem des Friedens in der heutigen Welt‹.

(In: Die Lehre von der Ehrfurcht vor dem Leben / Grundtexte aus 5 Jahrzehnten im Auftrag des Verfassers hg. von Hans Walter Bähr, München 1966, S. 113–128)

Zu den bei Schweitzer angegebenen Lebensdaten des Erasmus ist zu korrigieren: das Todesjahr ist 1536. Über sein Geburtsjahr ließ Erasmus die Welt im unklaren; man hat sich auf 1469 geeinigt.

59 Man nimmt an, daß Erasmus außer Plinius noch Werke des Galen und Hippokrates für seine Beispiele aus dem Medizinbereich zu Rate zog. Erasmus, der äußerst vielseitig interessiert war, hatte im Jahre 1510 eine ›Deklamatio zum Lobe der Medizin‹ verfaßt und die kleine Schrift später (1518) zur Veröffentlichung gegeben.

60 Ein verwandtes Motiv findet man bei dem hervorragenden römischen Rhetoriker Marcus Tullius Cicero (106–43 n. Chr.) in seinem Werk ›De officiis‹/›Vom rechten Handeln‹ (vgl. annot. 39). Erasmus hatte bereits 1501 eine mit Anmerkungen versehene Herausgabe dieser Cicero-Schrift besorgt.

»Und wie wir gewaltigen Nutzen erlangen durch verschworene Einmütigkeit der Menschen, so gibt es kein noch so abscheuliches Verderben, das dem Menschen nicht vom Menschen entstünde. Es gibt ein Buch des Dikaiarch, des großen und wortgewaltigen Peripatetikers, über den Tod der Menschen. Hier sammelt er die übrigen Gründe wie *Überschwemmung*, Pest, Verödung, auch plötzliche Mengen von Tieren, durch deren Ansturm bestimmte Arten von Menschen dahingerafft wurden, wie er uns belehrt, und vergleicht dann, wieviel mehr Menschen durch den Angriff der Menschen vernichtet worden sind, das heißt in Kriegen oder inneren Zwistigkeiten, als durch jegliches andere Unheil.«
(Deutsch: Karl Büchner, Zürich 1953, 2. Buch, 15–17, S. 95)

61 Hier holte Erasmus seine Beispiele aus Plinius' ›Naturkunde‹ (vgl. annot. 8) Buch VII, 44:
»... du, dessen Geist an die Herrschaft denkt, du, der du dich, von irgendeinem Erfolg aufgebläht, für einen Gott hältst – so billig hättest du vernichtet werden können! Und du vermagst dies heute noch leichter, vom ach so kleinen Zahn der Schlange gebissen, oder auch wie der Dichter

Anakreon, *am Kern einer* getrockneten *Weinbeere*, wie der Prätor Fabius Senator, *beim Milchtrinken an einem Haar erstickt.* Schließlich wird nur der das Leben mit gerechter Waage prüfen, welcher stets der menschlichen Hinfälligkeit eingedenk ist.«

Für den Tod durch plötzliche Freude wird bei Plinius (Buch VII, 119) der Spartaner Cheilon (einer der ›Sieben Weisen‹) als Beispiel aufgeführt: »Seine Leichenfeier beging sogar ganz Griechenland, als er *aus Freude* über den Sieg seines Sohnes zu Olympia verschied.«

62 Homer (im 8. Jh. v. Chr.), Ilias XVII, 446–447: »Denn kein anderes Wesen wirklich ist mehr zu bejammern/ Als der Mensch von allem, was atmet und kriecht auf der Erde.« (Deutsch: Hans Rupé, München 1961)

63 »Kadmos, der Ahnherr der Thebaner, Sohn des Phoinix, zog von Phönizien aus, um seine von Zeus geraubte Schwester Europa zu suchen. Einem Orakel folgend, gründete er in Boiotien die Burg *Kadmeia.* Athena befahl ihm, die Zähne des erlegten Drachen zu säen, aus denen bewaffnete Männer aufwuchsen, die Sparten. *Sie kämpften gegeneinander, bis nur noch 5 überlebten.*«

Wir kennen statt ›*Kadmeiischer Sieg*‹ jetzt eher die Redewendung ›*Pyrrhos-Sieg*‹, was einander im Sinn entspricht:

Der Diadochenkönig Pyrrhos (319–272 v. Chr.) war ein unaufhaltsamer, ehrgeiziger Eroberer, der es Alexander d. Gr. nachmachen wollte. »Aber die beiden Siege bei Herakleia (280) und Ausculum (279) kosteten so viel Blut, daß P. ausgerufen haben soll: ›*Noch ein solcher Sieg, und ich bin verloren!*‹«

(Beide Zitate aus Otto Hiltbrunner, Kleines Lexikon der Antike, Bern u. München 1964[4])

›Cadmea victoria‹, den ›Kadmeiischen Sieg‹, der selbst für den Sieger unglücklich ist, hatte Erasmus im Adagium 1734 erläutert. Abschließend machte er die Bemerkung: »Auch die Mediziner nennen es einen Kadmeiischen Sieg, wenn die Krankheit so vertrieben wird, daß der Kranke durch die Arznei eingeht, indem die Natur unterliegt.«

[64] Eines der eindringlichsten Kriegsgedichte in deutscher Sprache hinterließ uns Matthias Claudius (1740–1815); er beschwört ganz im Sinne des Erasmus das *Schuldigwerden durch den Krieg* und die *moralische Unmöglichkeit von Siegerstolz*:

»s'ist Krieg! s'ist Krieg! o Gottes Engel wehre
Und rede Du darein!
s'ist leider Krieg – und ich begehre
Nicht schuld daran zu sein!
    Was sollt' ich machen, wenn im Schlaf mit Grämen
    Und blutig, bleich und blaß
    Die Geister der Erschlagnen zu mir kämen
    Und vor mir weinten, was?
Wenn wackre Männer, die sich Ehre suchten,
Verstümmelt und halbtot
Im Staub sich vor mir wälzten und mir fluchten
In ihrer Todesnot?
    Wenn tausend Väter, Mütter, Bräute,
    So glücklich vor dem Krieg,
    Nun alle elend, alle arme Leute,
    Wehklagen über mich?
Wenn Hunger, böse Seuch' und ihre Nöten
Freund, Freund und Feind ins Grab
Versammelten, und mir zu Ehren krähten
Von einer Leich herab?
    Was hülf' mir Kron und Land und Gold und Ehre?
    Die könnten mich nicht freun!
    s'ist leider Krieg und ich begehre
    Nicht schuld daran zu sein!«   (1779).

[65] Auch dieser als Addition von 1523 vermutete Satz ist bei Varnbüler (1519) schon eindeutig zu identifizieren – und sei hier im Zusammenhang mit dem vorhergehenden Satz wiedergegeben: »Wer möcht das groß ungemach des lebens nur zellen/ so die nerrischen/ dorrechten kriegsleut im leger leyden/ *sy sind aber noch vylmer unruhe werdt/ dweil sy es gern leyden*«.

Als kleine Sprachlektion: Die ›*stultissimi milites*‹, wie Erasmus die Söldner bezeichnete, kann man in allen Übersetzungen verstehen: ich hab's mit ›äußerst törichte Soldaten‹ verdeutscht, Varnbüler mit ›die nerrischen dorrechten kriegsleut‹; im Französischen heißt es: ›soldats stupides‹, im Englischen: ›these military idiots‹.

66 Hierzu sei die Anmerkung von Remy und Dunil-Marquebreucq übersetzt: »Die *Ochsen von Cypern* galten als bes. ekelerregende Wesen: sie sollen sich von menschlichen Exkrementen ernährt haben (Plinius glaubt, daß sie damit ein Heilmittel gegen Koliken suchten).«

67 »Frid ist besser dan krieg,
Dieweil ungewiß ist die sig.« – Dieser Reimspruch aus dem 16. Jh. klingt wie ein kurzer Merksatz zu Erasmus' *Warnung vor dem falschen Glücksspiel des Mars*. (In ›Spruchwörterbuch‹ von Franz Freiherrn von Lipperheide, 1. Aufl. 1907, unveränderter Nachdruck 1962⁴, Berlin)

68 Gal 4,6–7: »Weil ihr denn Kinder seid, hat Gott gesandt den Geist seines Sohnes in eure Herzen, der schreiet: Abba, lieber Vater!/ Also ist nun hier kein Knecht mehr, sondern eitel Kinder; sind's aber Kinder, so sind's auch *Erben* Gottes durch Christum.«

»Wie absurd ist es, daß die fast ununterbrochen miteinander Krieg führen, die *ein Haus* haben ...« – das ist der Auftakt eines eindringlichen Satzes; die Berufung »zur selben Erbschaft« bildet den Schlußakkord.

Man beachte in diesem Satz über die vereinenden Bande Christi die auffällige Anreihung der Wörter »gemeinsam« und »der-, die-, dasselbe«; *communis* und *idem* laufen wie ein Band durch die ganze Passage: ein Band der Gemeinsamkeit, das uns binden soll! Erasmus macht das mit sprachlicher Suggestion deutlich. – Es war Otto Herding, der auf dieses Phänomen in der ›Querela Pacis‹ des Erasmus bes. hinwies. Dort wird an einer Stelle mit einem »zehnmaligen idem in all seinen Formen« als »durchgehende Linie« die Voraussetzung für menschliche Eintracht aufgezeigt: In Geburt, Altern und Sterben machen uns die Gesetze der Natur gleich; im Kontrast dazu ist die Gleichheit, die aus dem Erlösungswerk Christi fließt, keine un-

persönliche Gesetzlichkeit, sondern ist vermittelt von einem Stifter und Redemptor – dem Princeps der Christengemeinschaft.
(Desiderius Erasmus Roterodamus, Opera omnia Bd. IV, 2, Amsterdam/Oxford, 1977, S. 27).
Im Vergleich zu dieser sinnreichen sprachlichen Erschließung menschlicher Gemeinsamkeit mache man sich für die Gegenwart einmal bewußt, welch ein Sprachmißbrauch es ist, anläßlich eines Programms zum ›Krieg der Sterne‹ von einem »denkbaren europäischen Zimmer im gemeinsamen Haus der SDI« zu sprechen. Obendrein: Ein so ›gemütlicher Militarismus‹ scheint sich (lt. Regierungserklärung/BRD) aus der »Wertentscheidung für das Europa des Christentums« zu ergeben. Lingua quo vadis?
Das SDI-Zitat, als Beispiel für Ausgeburten des ›double speech‹, findet sich bei Walter Höllerer: ›Die Leute von Serendip erkunden die Giftfabrik‹, in: ›Sprache im Technischen Zeitalter‹ Heft 97, Berlin, März 1986, S. 5.
[69] Joh 13,34–35: »Ein neu Gebot gebe ich euch, daß ihr euch untereinander liebet, wie ich euch geliebt habe, auf daß auch ihr einander liebhabt./ Dabei wird jedermann erkennen, daß ihr meine Jünger seid, so ihr Liebe untereinander habt.«
Joh 15,12: »Das ist mein Gebot, daß ihr euch untereinander liebet, gleichwie ich euch liebe.«
1 Joh 4,16.19–21: »Und wir haben erkannt und geglaubt die Liebe, die Gott zu uns hat. Gott ist Liebe; und wer in der Liebe bleibt, der bleibt in Gott und Gott in ihm./ Lasset uns lieben; denn er hat uns zuerst geliebt./ So jemand spricht: ›Ich liebe Gott‹, und hasset seinen Bruder, der ist ein Lügner. Denn wer seinen Bruder nicht liebt, den er sieht, wie kann er Gott lieben, den er nicht sieht?/ Und dies Gebot haben wir von ihm, daß, wer Gott liebt, daß der auch seinen Bruder liebe.«
[70] Lk 24,36: »Da sie aber davon redeten, trat er selbst, Jesus, mitten unter sie und sprach zu ihnen: Friede sei mit euch!«
s. auch Joh 20, 19.21.26.

[71] Joh 14.27: »Den Frieden lasse ich euch, meinen Frieden gebe ich euch. Nicht gebe ich euch, wie die Welt gibt. Euer Herz erschrecke nicht und fürchte sich nicht.«

[72] Joh 17

[73] 1 Chr 22,8: [David zu Salomo]: »Aber das Wort des Herrn kam zu mir und sprach: Du hast viel Blut vergossen und große Kriege geführt; darum sollst du meinem Namen nicht ein Haus bauen, weil du so viel Blut auf die Erde vergossen hast vor mir.«

[74] Mt 5,44: »Ich aber sage euch: Liebet eure Feinde; segnet die euch fluchen; tut wohl denen, die euch hassen; bittet für die, so euch beleidigen und verfolgen.«

[75] Lk 2,14: »Ehre sei Gott in der Höhe und Friede auf Erden . . .«

[76] Ps 76,3: »Zu Salem ist sein Gezelt, und seine Wohnung zu Zion.« – Ein Psalmlied Asaphs (des ›Sängers mit hellklingenden ehernen Zimbeln‹ unter König David, der später an Salomos Tempeleinweihung teilnahm).

In der Lutherübersetzung dieses prophetischen Psalms wurde für ›Frieden‹ das hebräische ›Salem‹ gewählt (vgl. annot. 51 ›Salom‹). Man denke an die symbolische Bedeutung des Palmeinzugs Jesu in Jerusalem: uru-salim = ›Gründung des Friedens‹/›Friedensstadt‹; Zion, der Ost-Hügel Jerusalems weist ebenfalls auf diese Stadt. Namenssymbolisch ist vielleicht auch der Quellort nahe bei Salim, wo Johannes der Täufer taufte (Joh 3,23). Und der ›ewige Friedepriester‹ Melchisedek, der den Segen über Abraham sprach, und als Sinnbild des Messias angesehen wurde, war König von Salem, d. h. ›König des Friedens‹.

[77] Mt 13,22: »Das aber unter die Dornen gesäet ist, das ist, wenn jemand das Wort hört, und die Sorge dieser Welt und der Betrug des Reichtums erstickt das Wort, und er bringt nicht Frucht.«

Mt 16,26: »Was hülfe es dem Menschen, so er die ganze Welt gewönne, und nähme doch Schaden an seiner Seele? Oder was kann der Mensch geben, damit er seine Seele wieder löse?«

Joh 16,33: »Solches habe ich mit euch geredet, daß ihr in

mir Frieden habet. In der Welt habt ihr Angst; aber seid getrost, ich habe die Welt überwunden.«

[78] Mt 11,29: »Nehmet auf euch mein Joch und lernet von mir; denn ich bin sanftmütig und von Herzen demütig; so werdet ihr Ruhe finden für eure Seelen.«

[78a] Hebr 11,8–10. 13–16: »Durch den Glauben ward gehorsam Abraham, da er berufen ward, auszugehen in das Land, das er ererben sollte; und ging aus und wußte nicht, wo er hinkäme./ Durch den Glauben ist er ein Fremdling gewesen in dem verheißenen Lande als in einem fremden und wohnte in Hütten mit Isaak und Jakob, den Miterben derselben Verheißung;/ denn er wartete auf eine Stadt, die einen Grund hat, deren Baumeister und Schöpfer Gott ist./ ... Diese alle sind gestorben im Glauben und haben die Verheißung nicht empfangen, sondern sie von ferne gesehen und sich ihrer getröstet und wohl genügen lassen und bekannt, daß sie Gäste und Fremdlinge auf Erden wären./ Denn die solches sagen, die geben zu verstehen, daß sie ein Vaterland suchen./ Und zwar, wo sie das gemeint hätten, von welchem sie waren ausgezogen, hatten sie ja Zeit, wieder umzukehren./ Nun aber begehren sie eines bessern, nämlich eines himmlischen. Darum schämt sich Gott ihrer nicht, zu heißen ihr Gott; denn er hat ihnen eine Stadt zubereitet.«

Ps 39,13: »Höre mein Gebet, Herr, ... denn ich bin dein Pilgrim und dein Bürger wie alle meine Väter.«

Ps 119,19: »Ich bin ein Gast auf Erden; verbirg deine Gebote nicht vor mir.«

[79] Mt 5,1–12 (Anfang der Bergpredigt: Seligpreisungen).

Mt 5,44–48: »Ich aber sage euch: Liebet eure Feinde; segnet die euch fluchen; tut wohl denen, die euch hassen; bittet für die, so euch beleidigen und verfolgen,/ auf daß ihr Kinder seid eures Vaters im Himmel; denn er läßt seine Sonne aufgehen über die Bösen und über die Guten und läßt regnen über Gerechte und Ungerechte./ Denn so ihr liebet, die euch lieben, was werdet ihr für Lohn haben? Tun nicht dasselbe auch die Zöllner?/ Und so ihr euch nur zu euren Brüdern freundlich tut, was tut ihr Sonderliches?

Tun nicht die Zöllner auch also?/ Darum sollt ihr vollkommen sein, gleichwie euer Vater im Himmel vollkommen ist.«

[80] Mt 5,39: »Ich aber sage euch, daß ihr nicht widerstreben sollt dem Übel; sondern, so dir jemand einen Streich gibt auf deinen rechten Backen, dem biete den andern auch dar.«
s. auch Lk 6,27–35.

[81] 1 Kor 4,21: »Was wollt ihr? Soll ich mit der Rute zu euch kommen oder mit Liebe und sanftmütigem Geist?«
s. auch 1 Petr 2,21–25; 1 Petr 3,9.

[82] Gal 5,6. 14: »Denn in Christo Jesu gilt weder Beschneidung noch unbeschnitten sein etwas, sondern der Glaube, der durch die Liebe tätig ist./ Denn alle Gesetze werden in *einem* Wort erfüllet, in dem: ›Liebe deinen Nächsten wie dich selbst.‹« Röm 12,14.17–21; Röm 13,8–10; Röm 14,19; Röm 15,33; 1 Kor 13,1–7; 2 Kor 13,11; Eph 4,1–6; Phil 2,1–4; Phil 4,7–9; Kol 3,12–15; 2 Tim 2,22–26.

[83] 1 Joh 2,9–10; 1 Joh 4,7.20–21.

[84] 1 Petr 3,11: »Er wende sich vom Bösen und tue Gutes; er suche Frieden und jage ihm nach.«

[85] Joh 15,5: »Ich bin der Weinstock, ihr seid die Reben. Wer in mir bleibt und ich in ihm, der bringt viele Frucht, denn ohne mich könnt ihr nichts tun.«

[86] Röm 12,4–5: »Denn gleicherweise als wir in *einem* Leibe viele Glieder haben, aber alle Glieder nicht einerlei Geschäft haben,/ also sind wir viele *ein* Leib in Christo, aber untereinander ist einer des andern Glied.«
s. auch 1 Kor 10,16–17; 1 Kor 12,4–6.11–27; Eph 4,15–16; Kol 1,18.

[87] 1 Petr 2,9–10: »Ihr aber seid das auserwählte Geschlecht, das königliche Priestertum, das heilige Volk, das Volk des Eigentums, daß ihr verkündigen sollt die Tugenden des, der euch berufen hat von der Finsternis zu seinem wunderbaren Licht;/ die ihr weiland nicht ein Volk waret, nun aber Gottes Volk seid, und weiland nicht in Gnaden waret, nun aber in Gnaden seid.«

[88] In einer der Fußnoten zum ›Dulce bellum‹ von Remy

und Dunil-Marquebreucq heißt es bezüglich Empedokles:
»Wir haben nirgends eine Stelle gefunden, die uns wie
Erasmus versichert: ›Empedokles bewohnt Mondstädte‹«.
– Voilà: man findet sie im ›Ikaromenippus‹ des glänzenden
Satirikers Lukianos aus Samosata (ca. 120–180 n. Chr.).
Erasmus hatte diese Schilderung des ersten Mondfluges
(mit köstlichen Persiflagen gewisser Philosophien) vom
Griechischen ins Lateinische übersetzt und sie im
Nov. 1511 an den ihm befreundeten Humanisten Andrea
Ammonius geschickt. Zusammen mit anderen Lukian-
übersetzungen war diese Schrift 1514 (also unmittelbar vor
dem ›Dulce bellum‹) im Druck erschienen.
Und hier ist der Bericht, den Menippus einem Freunde von
seiner ersten Mondaussicht gibt: »Wie ich die Erde selbst
zwar zu erkennen anfing, von allem übrigen aber wegen der
großen Tiefe und weil mein Gesicht nicht so weit reichte
nichts unterscheiden konnte, befand ich mich in keiner
geringen Verlegenheit und kränkte mich so sehr darüber,
daß ich beinahe zu weinen angefangen hätte. Auf einmal
sah ich eine Gestalt hinter mir stehen, die so schwarz wie
ein Kohlenbrenner, mit Asche bedeckt und am ganzen
Leibe wie gebraten aussah. Ich kann nicht leugnen, ich
fuhr über diesen Anblick zusammen und glaubte irgendeinen mondlichen Dämon zu sehen: aber die Gestalt ließ
mich ein Herz fassen. ›Beruhige dich, Menippus‹, sagte sie,
›wahrlich ich bin kein Gott und keinem Unsterblichen
ähnlich, ich bin der bekannte Naturforscher Empedokles,
den als er sich in den Krater des Ätna stürzte, der aufstei-
gende Rauch mit sich emporzog und hierher führte. Seit
dieser Zeit wohne ich in dem Monde, wo ich mich von
bloßem Tau nähre und mir die Zeit mit Luftreisen ver-
treibe. Ich wurde gewahr, wie du dich darüber grämtest,
daß du die Dinge der Erde nicht deutlich erkennen kannst,
und ich komme, dir aus der Verlegenheit zu helfen.‹ . . .«
(Deutsch: Christoph Martin Wieland, 1788, Neuauflage:
Zürich 1967, S. 21/22)
›Der Mond habe Einwohner‹ geht auf eine pythagoräische
Meinung zurück. Der Pythagoräer Empedokles (ca.

482–425 v. Chr.) postulierte die göttliche Natur und eine Prä- und Postexistenz der Seele. Er soll durch Sturz in den Ätna ums Leben gekommen sein.

[89] Joh 17,21: »auf daß sie alle eins seien, gleichwie du, Vater, in mir und ich in dir; daß auch sie in uns eins seien, auf daß die Welt glaube, du habest mich gesandt.«

[90] Allen voran war es der sizilianische Dominikaner Thomas von Aquin (1225–74), der die christliche und aristotelische Ethik vermengte. In seiner unvollendet gebliebenen ›Summa theologica‹ errichtete er ein gigantisches philosophisch-theologisches Denkgebäude mit 3000 Artikeln. Sein Werk bildet den Höhepunkt der mittelalterlichen Scholastik. Thomas von Aquin hat den von seinem Kölner Lehrer Albertus Magnus (1207–80) begründeten Aristotelismus »konsequent durchgestaltet« (Bertholet). Es ging dabei zuerst um eine Abwehr des Aristoteles-Kommentators Averroës (1126–98), der die Philosophie über die Religion gestellt hatte. Thomas wollte die Philosophie zur Magd der Religion erklären. Im ›Wörterbuch der Religionen‹ (begründet von Alfred Bertholet, Stuttgart 1962²) steht u. a. beim Stichwort »Thomas von Aquin«: »In der Abwehr des Averroismus (Siger von Brabant) und in Auseinandersetzung mit älteren Platonikern und Augustinisten suchte Th. das augustinische Erbe aristotelisch zu ordnen.«

Franz Brentano (1838–1917) bemerkte zur ›Ethik‹ des Thomas von Aquin: »*Eigentümlich, daß er, ein Christ, von Aristoteles das Glückseligkeitsprinzip [übernimmt].*«

(Franz Brentano, Geschichte der mittelalterlichen Philosophie im christlichen Abendland / Aus d. Nachlaß hg. u. eingeleitet von Klaus Hedwig, Hamburg 1980, S. 59 f./ In eckigen Klammern stehen Hedwigs Ergänzungen zu dem Nachlaßtext). Über die ›Zeitgenossen des Thomas‹ sei noch folgendes aus dem obengenannten Werk des Philosophen Brentano zitiert (S. 65 f.): »Weiter [ging man] 1286 [als] allen Mitgliedern des Ordens die Verteidigung und Verbreitung der Lehre des hl. Thomas zur Pflicht [gemacht wurde]. Wer nicht folgte, [verfiel der] Suspension von jeder amtlichen Verrichtung; ...

Die Spekulation im Domonikanerorden [wurde] ganz unfruchtbar; der Verfall der mittelalterlichen Wissenschaft [leitet sich nicht zum wenigsten von den damaligen Beschlüssen her]. Nachgeahmt von anderen Ordensgenossenschaften, [gaben sie] Anlaß zu unseligen Spaltungen und Parteigezänk. [Es begann ein] langjähriger Kampf der früher befreundeten Orden, [nicht selten wurde die] Liebe verletzt; *statt Streben nach Wahrheit Rechthaberei.*«

Thomas von Aquin wurde 1323 heilig gesprochen, 1567 zum ›Doctor ecclesiae‹ und 1879 zum ›Normaltheologen‹ der röm.-kath. Kirche erklärt; er verkörpert somit die offizielle Kirchenphilosophie.

91 Im Original beginnt der Satz: »Nam si quid *ille* dixit ...«; der Deutlichkeit halber wurde in der Übersetzung ›*Christus*‹ für ›*jener*‹ gesetzt.

92 Folgendermaßen beschrieb Aristoteles in der ›Rhetorik‹ (vgl. annot. 5) die *Glückseligkeit* (I, 1360 b/S. 48):

»Glückseligkeit besteht also im rechten, aus Tugend entspringenden Handeln oder in der Selbstgenügsamkeit des Lebens oder im Gedeihen des Besitzes und in der Gesundheit des Körpers verbunden mit der Möglichkeit, solches alles zu bewahren und zu verwerten. Eines oder mehreres von diesem etwa ist nach allgemeiner Meinung die Glückseligkeit. Wenn also die Glückseligkeit von dieser Art ist, dann müssen ihre Teilbedingungen sein: edle Abstammung, großer Kreis tüchtiger Freunde, Wohlstand, wohlgeratene und zahlreiche Kinder, angenehmes Alter, ferner die körperlichen Vorzüge wie Gesundheit, Schönheit, Kraft, Größe, Gewandtheit im Wettkampf, weiter Ansehen, Ehrung, Glück, Tugend oder auch ihre Abarten, Besinnung, Tapferkeit, Gerechtigkeit und Mäßigung.

Danach nämlich genügt ein Leben am ehesten sich selbst, wenn es im Besitz der inneren und äußeren Güter ist. Denn andere gibt es nicht außer diesen. Die inneren Güter sind die der Seele und des Leibes, die äußeren die Geburt, Freunde, Wohlstand und Ehrung. Hinzukommen muß nach unserer Auffassung noch Einfluß und Glück, da so erst das Leben recht gesichert ist. ...«

[Man beachte, daß »Glückseligkeit« εὐδαιμονία (eudaimo-nia) – und »Glück« τύχη (tyche) im Griechischen verschie-dene Worte und Begriffe sind; tyche entspricht dem For-tuna- oder Zufallsglück. Die »Glückseligkeit« mit ihrem zugehörigen Güterkomplex ist Ausdruck des »begehrens-wertesten Lebens«].

Ergänzend soll hier noch die Aristotelische Erläuterung des Wohlstandsbegriffs wiedergegeben werden: Abschnitt 61 a: »... Der *Reichtum* besteht in der Fülle des Geldes, des Landes, im Besitz von Gebäuden, die durch Menge, Größe und Schönheit sich auszeichnen, ferner im Besitz von Hausrat und in der Fülle besonders schöner *Sklaven* und Haustiere, all dies als Eigentum zu sicherer Verfügung und freiem, nützlichem Gebrauch. ...«

93 »*Wasser und Feuer mischen*« (Aquam igni miscere) fin-det sich unter den Adagien als Nummer 3294. Erasmus erklärt diesen auf Plutarch zurückgehenden Inbegriff einer inkompatiblen Mischung: »Denn das Wasser ist der Feind des Feuers und löscht es immer aus.«

Erasmus erkannte sehr richtig die prinzipielle Verschie-denheit und Unvereinbarkeit der Glückseligkeits-Vorstel-lungen des Aristoteles und der Seligpreisung Christi. (Die ›christlichen‹ Nationen, die bald auch vor schlimmstem Sklavenhandel nicht zurückschreckten, stierten jedoch nach dem ›goldenen Kalb‹; und der heidnische Glücksbe-griff kam ihnen zupaß.)

Mit einigen ausgewählten Bibelstellen möchte ich hier den Kontrast zum aristotelischen Glückseligkeitsideal (s. an-not. 92) zeigen:

Ps 73,12.15: »Siehe, das sind die Gottlosen; die sind glück-lich in der Welt und werden reich./

Ich hätte auch schier so gesagt wie sie; aber siehe, damit hätte ich verdammt alle deine Kinder, die je gewesen sind.«

Jak 5,11: »Siehe, wir preisen selig, die erduldet haben. Die Geduld Hiobs habt ihr gehört, und das Ende des Herrn habt ihr gesehen; denn der Herr ist barmherzig und ein Erbar-mer.«

2 Petr 3,15: »und die Geduld unsers Herrn achtet für eure Seligkeit, ...«

Lk 19,10: »Denn des Menschen Sohn ist gekommen, zu suchen und selig zu machen, was verloren ist.«

Mt 5,3–10; Lk 6,20–22: Seligpreisung.

1 Kor 1,18–24: Torheit des Kreuzes – Predigt zur Seligkeit.

94 »At hae permittunt *vim vi repellere*« – »Aber sie [die römischen Gesetze] gestatten, Gewalt mit Gewalt abzuwehren«: Das läßt sich mit den Weisungen der Bergpredigt jedenfalls nicht in Einklang bringen. Mt 5,38–40: »Ihr habt gehört, daß da gesagt ist: ›Auge um Auge, Zahn um Zahn.‹ Ich aber sage euch, daß ihr nicht widerstreben sollt dem Übel; sondern, so dir jemand einen Streich gibt auf deinen rechten Backen, dem biete den andern auch dar.«

Bereits das »Aug' um Auge, Zahn um Zahn« war ein Gebot zur Mäßigung; denn erfahrungsgemäß will der Rachenehmende dem anderen noch eins mehr auswischen.

»Ihr sollt nicht wähnen, daß ich gekommen bin, das Gesetz oder die Propheten aufzulösen« (Mt 5,17), hatte Jesus davor gesagt: »Ich bin nicht gekommen aufzulösen, sondern zu erfüllen.«

Die Disziplin der eingeschränkten Rachwut führt Jesus nun so weit, dem Übeltuenden zu zeigen, daß er keine Rachenahme herausfordern kann. »Bittet für die, so euch beleidigen« (Mt 5,44) ist der Weg zur Vollkommenheit vor Gott.

Die christliche Ethik in diesem Punkt stellt der Philosoph und Kirchenvater Augustinus (354–430) besonders klar heraus. Er sieht das ›Habet Geduld mit allen‹ als Heilmittel gegen die ererbte Kainsschuld:

»Deshalb wird den Guten, die voranschreiten und aus dem Glauben leben, auf der irdischen Wanderschaft das Wort zugerufen: ›Traget gegenseitig eure Lasten, und so werdet ihr das Gesetz Christi erfüllen‹; und an anderer Stelle: ›Weiset zurecht die Unruhigen, tröstet die Kleinmütigen, nehmet euch der Schwachen an, habet Geduld mit allen; sehet zu, daß nicht einer dem andern Böses mit Bösem vergelte‹; ...

Deshalb sind auch über die Pflicht gegenseitiger Verzeihung viele und dringende Vorschriften erlassen zur Erhaltung des Friedens, ohne den niemand Gott wird schauen können. Hierher gehört jenes schreckliche Gleichnis, wonach der Knecht die zehntausend Talente Schulden zu zahlen hat, die ihm bereits erlassen worden waren, weil er seinem Mitknecht eine Schuld von hundert Talenten nicht erließ; und an dieses Gleichnis knüpfte der Herr Jesus die Worte: ›So wird auch mein himmlischer Vater mit euch verfahren, wenn ihr nicht, ein jeder seinem Bruder, von Herzen verzeihet.‹ Auf solche Weise werden sie geheilt, die hienieden pilgernden und nach dem Frieden des himmlischen Vaterlandes seufzenden Bürger des Gottesstaates.«
(Augustinus, Bekenntnisse und Gottesstaat / Sein Werk ausgewählt v. Joseph Bernhart/ Stuttgart 1951[5], S. 295. Der hier wiedergegebene Abschnitt findet sich im ›Gottesstaat‹, 15. Buch, 6. Kapitel; der Übersetzer ist Alfred Schröder.)

96 Noch zwischen den Weltkriegen mußte Max Scheler (1874–1928), der Ethiker und Philosoph des ›liebenden Seins‹ – ›ens amans‹: »der Mensch das Wesen, das betet«, über den christlichen Pazifismus feststellen: »Ein voller positiver christlicher Pazifismus ist schon darum unmöglich, da er gegen die Lehre von Fall und Erbsünde verstößt; da er ferner gegen die Lehre von Thomas von Aquino verstößt, der den ›gerechten‹ Krieg (Verteidigung) zuläßt.« (Max Scheler, Die Idee des Friedens und der Pazifismus, Bern/München 1974[2])

97 Thomas von Aquin (vgl. annot. 90), der meinte, sich auf Augustin und auf Röm 13,4 berufen zu können, ›ordnet‹ den gerechten Krieg (bellum iustum) folgendermaßen: (Nach eingänglichen Bedenken, daß Kriegführen scheinbar immer Sünde sei) »*Ich antworte:* Dazu, daß ein *Krieg gerecht* ist, wird dreierlei erfordert. Zuerst einmal die *Gewaltsame des Oberhauptes,* auf dessen Gebot hin Krieg zu führen ist. Es fällt nämlich nicht in den Bereich einer Privatperson, einen Krieg in Bewegung zu setzen; denn sie kann ihr Recht beim Gericht der Obrigkeit verfolgen.«

Thomas von Aquin gesteht den Beschluß zum Kriegführen dann nicht nur dem Kaiser, sondern jedem Stadt- und Provinzoberhaupt, also allen Fürsten, als Schutzmaßnahme zu.

Die weiteren Erfordernisse für einen ›gerechten Krieg‹ sind ›iusta causa belli‹ und ›recta intentio‹: »Zweitens wird eine *gerechte Ursache* erheischt: d. h. daß jene, die bekriegt werden, die Bekriegung wegen einer Schuld verdienen. ...«

»Drittens ist erforderlich, daß die *Absicht* der Kriegführenden *rechtschaffen* ist: in ihr soll nämlich erstrebt werden, daß Gutes gefördert oder Übles verhütet wird. ...«

(Zitate aus: Thomas von Aquin, Summe der Theologie; zusammengefaßt, eingeleitet und erläutert von Joseph Bernhart, 3. Band, 40. Untersuchung, 1. Artikel/Stuttgart 1954², S. 188 f.)

Der Übersetzer Wilhelm Hohn, der für die 1. Auflage als NS-Verfolgter ungenannt bleiben mußte, bescherte die Thomas-Artikel in fremdwortlosem – und dadurch teilweise etwas ungewöhnlichem – Deutsch. ›Gewaltsame des Oberhauptes‹ bedeutet ›Vollmacht des Fürsten‹; im Original steht: »*auctoritas principis*, cuius mandato bellum est gerendum«.

Die Thomas-Kriterien für einen ›gerechten Krieg‹ (Obrigkeits-Autorität, gerechter Grund, gerechtes Ziel) bekam seinerzeit sogar der deutsche Nationalsozialismus zum 2. Weltkrieg von führenden Theologen bescheinigt (was zu denken geben müßte):

1. »Wenn die gesetzmäßige *Obrigkeit* zum Einsatz des Lebens aufruft, dann darf sich dem niemand entziehen, und sein Einsatz ist auf Grund des guten Glaubens und des besten Willens auf alle Fälle vor Gott wertvoll und pflichtgemäß.«

2. »Nach zwei Jahrzehnten des Friedens hat der Führer unseres Volkes die deutschen Männer zu den Waffen gerufen, um ein auf unserem Land und Volk schwer lastendes *Unrecht* des Versailler Friedensdiktates zu beseitigen, den Bestand unseres Reiches zu sichern und unsere nationale Ehre zu verteidigen, ...«

Zwar verurteilte der Vatikan den Überfall auf Polen, aber:

3. »Nach dem Beginn des Krieges gegen Rußland fällt es offensichtlich den Bischöfen leichter, mit Überzeugung die Soldaten im Kampfgeist zu bestärken, da es um die *Abwehr des ›gottlosen Bolschewismus‹* geht.«
(Zitate aus: Paulus Engelhardt, ›Die Lehre vom gerechten Krieg in der vorreformatorischen u. katholischen Tradition‹, in: Der gerechte Krieg: Christentum, Islam, Marxismus, Frankfurt a. M. 1980, S. 103 f.)

98 »*Bis zu beiden Ohren vollfüllen*« – der Ausdruck kommt aus Suidas, dem umfangreichsten griechischen Lexikon (um 1000 n. Chr.) und bedeutet: sich über die Maßen vollaufen lassen. – Nach Erasmus, Adagium 1227, ist die Metapher von den Vasen (zweihenkligen Amphoren) hergeleitet, die man bis zu den Henkeln füllte.

99 Die von Erasmus ›aufgespießte‹ »Ordnung der Nächstenliebe« findet sich in der ›Summa theologica‹ des Thomas von Aquin (vgl. annot. 97, Bd. III, 26.4,5/ S. 127 f.):

4. Artikel: »Gebührt sich für den Menschen, aus Teuerliebe sich selber lieber zu haben als den Nächsten?
Aus der Abhandlung. *Aber dagegen* [drei Einwände] spricht, was Lev. 19,18 und Mt 22,39 steht: ›Du sollst deinen Nächsten lieben wie dich selbst‹: woraus man sieht, daß die Selbstliebe beim Menschen als das Vorbild des Liebens da ist, das man zu einem anderen hat. Das Vorbild ist aber wertvoller als das Nachbild. Also soll der Mensch aus Teuerliebe sich lieber haben als den Nächsten.
. . .
5. Artikel: Soll der Mensch den Nächsten lieber haben als den eigenen Leib? . . .
2. *Ferner*, der Mensch soll die eigene Seele mehr lieben als den Nächsten, wie es (vor. Art.) hieß. Nun ist aber der eigene Leib unserer Seele näher als der Nächste. Also sollen wir den eigenen Leib lieber haben als den Nächsten.«
[Teuerliebe = caritas = Nächstenliebe]

100 Das »sagen sie« (»inquiunt«) ist bei Varnbüler nachzu-

weisen: »Zum letzten *sagen sy/* warumb wolt ich die reichtumb ausschlagen/ so sy mir one betrug zuhanden steen?«

101 Xerxes, Perserkönig 486–465 v. Chr., Sohn und Nachfolger des Dareios, setzte die Politik seines Vaters gegen die Griechen fort. 480 zog er nach langen, großen Vorbereitungen gegen die Griechen, wurde jedoch geschlagen, 480 bei Salamis. Ein neuer Zug kam nicht zustande. X. wurde von Adligen, die sich gegen ihn verschworen hatten, ermordet.
(Hans Lamer, Wörterbuch der Antike, Stuttgart 1956[4])

Nach Herodot VII, 186,2 und Plutarch ›Moralia‹ 305 d betrug die Zahl der Teilnehmer am Xerxeszug fünf Millionen.

Der griechische Tragödiendichter Aischylos (ca. 525–456 v. Chr.), der selbst in den Perserkriegen gekämpft hatte, läßt in seinem Stück ›Die Perser‹ den Chor singen:
»Denn schwer stöhnt ja nun die Erde weithin
Asiens auf, männerleer und öd:
Xerxes entführte sie – ach!
Xerxes vertilgte sie – weh!
Xerxes schuf alles dies uns sinnverstört.«
(Aischylos, Tragödien und Fragmente; übertragen v. Johann Gustav Droysen, durchgesehen u. eingeleitet v. Walter Nestle, Stuttgart 1957, S. 36).

102 Athos, östl. Vorgebirge der Chalkidike. Xerxes ließ 480 v. Chr. die A.-Halbinsel mit einem Kanal durchstechen, um den 1935 m hohen Berg nicht umschiffen zu müssen; denn 492, unter Dareios I., war dort die Perserflotte gescheitert.
(Otto Hiltbrunner, Kleines Lexikon der Antike, Bern/München 1964[4])

Herodot (ca. 484–425 v. Chr.), ›der Vater der Geschichtsschreibung‹, berichtet (Historien, 7. Buch, 22. Kap.): »Weil die erste Flotte am Athos Schiffbruch erlitten hatte, wurde seit drei Jahren am Durchstich des Athos gearbeitet. In Elaius auf der Chersonesos lag die Flotte. Von dort aus fuhr sie nach Athos, und die ganze Mannschaft wurde abwech-

selnd unter Geißelhieben zum Graben gezwungen. Auch die Bevölkerung am Athos mußte graben helfen.«
(Herodot; Historien; übersetzt v. A. Horneffer, Stuttgart 1959[2])

103 Herodot, Historien (7. Buch, 33. Kap. ff., vgl. annot. 102):
»Dann rüstete er [Xerxes] sich zum Weiterzug nach Abydos. Man schlug indessen eine Brücke über den Hellespontos, die Asien und Europa miteinander verband. Auf der Chersonesos, zwischen den Städten Sestos und Madytos befindet sich ein breiter Küstenvorsprung, Abydos gegenüber. ...
34. Von Abydos zu diesem Küstenvorsprung hinüber wurden die Brücken von den damit beauftragten Leuten geschlagen. Die Phoiniker bauten die eine Brücke mit Hilfe einer Hanfart, die Ägypter die andere mit Hilfe von Papyrosbast. Die Strecke zwischen Abydos und dem anderen Ufer ist sieben Stadien lang. Als die Brücken fertig waren, kam ein gewaltiger Sturm, der das ganze Werk zerstörte und zunichte machte.
35. Als Xerxes das hörte, ergrimmte er und befahl, den Hellespontos durch dreihundert Geißelhiebe zu züchtigen, auch ein Paar Fußfesseln ins Meer zu versenken. Ja, man berichtet, daß er auch Henkersknechte geschickt habe, um dem Hellespontos Brandmale aufzudrücken. Sicher ist nur so viel, daß er Auftrag gegeben hat, den Hellespontos mit Ruten zu peitschen und die rohen gottlosen Worte zu sprechen:
›Du bitteres Wasser! So züchtigt dich der Gebieter, weil du ihn gekränkt, der dich doch nie gekränkt hat. König Xerxes wird über dich hinweggehen, ob du nun willst oder nicht. Wie recht geschieht dir, daß kein Mensch dir Opfer bringt, dir schmutzigem, salzigem Strome!‹ So ließ er das Meer züchtigen, und den Aufsehern des Brückenbaus wurde der Kopf abgeschlagen.«

104 »Xerxes was mad, ... Alexander the Great was mad.« übersetzte Margaret Mann-Phillips diese Passage. Ebenso hört sich das im Französischen an: »Il était fou. Xerxès, ... Il était fou, le fameux Alexandre le Grand.«

Erasmus hatte die Irrsinns-Attribute der beiden historischen Kriegsgrößen noch etwas differenziert: »Insaniebat Xerxes, ... Furebat Alexandre ille Magnus.« – was sich im Deutschen auch zum Ausdruck bringen läßt.

So nüchtern wie bei Erasmus wurden und werden die alten Helden selten beurteilt. In einem Leistungskurs Geschichte (1. Halbjahr 1982)/ ›Alexander der Große‹ steht unter ›Wirkung‹ folgende Eintragung: »Ausbreitung griechischer Kultur nach Kleinasien (Hellenismus)/ Begründung eines neuen Herrscherideals (Einzelpersönlichkeit)«; und unter der Rubrik ›Biographisches‹: »Jugendlichkeit → Risikofreude/ Aristoteles als Lehrmeister → Bestreben, sich als echter Grieche zu erweisen«.

Der Makedonen-König Alexander (356–323 v. Chr.) trug von seiner Mutter Olympias (s. Hiltbrunner, Kl. Lex. d. Antike) her offenbar eine Anlage zu enormer, keine Grausamkeit scheuender Herrschsucht. Er verfügte über einen kriegserfahrenen Generalstab und eine gewaltige Kriegsmaschinerie als Hinterlassenschaft seines Vaters. Zum großen Vorbild nahm Alexander sich den Ilias-Helden Achill. Die Kriegstheorie seines Lehrers Aristoteles war auch nicht gerade als Gegengewicht zu Alexanders ›Weltherrschaftsgedanken‹ geeignet; denn Eroberungszüge und Sklavenfang waren damals nicht verpönt: »Wenn nun die Natur nichts unvollständig und auch nichts umsonst macht, so muß sie sie [die animalischen Wesen] alle um des Menschen willen gemacht haben. Daher wird auch die Kriegskunde in gewissem Sinne von Natur eine Erwerbskunde sein. Denn die Jagdkunst ist ein Teil von ihr, und sie kommt teils gegen die Tiere, teils gegen solche Menschen zur Anwendung, die von Natur zu dienen bestimmt sind, aber nicht freiwillig dienen wollen, so daß ein solcher Krieg dem Naturrecht entspricht.«

(Aristoteles, Politik, 1. Buch, 8. Kap./1256 b/ Übersetzt von Eugen Rolfes, Hamburg 1981, S. 16/17).

105 Wie kam es zu dem ›Halbgott‹? Nach der Eroberung Ägyptens zog Alexander durch die Wüste nach Libyen, um das Orakel des Ammon zu befragen (332 v. Chr.).

Strabon (ca. 64 v.–19 n. Chr.) 17, 1.43. (17 Bücher ›Geographie‹): »Die Orakelsprüche erfolgten aber nicht, wie in Delphi ... durch Worte, sondern zum größten Teil durch Winke und Zeichen ... Folgendes aber habe der Priester mit ausdrücklichen Worten zum Könige gesagt, *er sei des Zeus Sohn.*« (nach A. Forbiger)

Plutarch (46–120 n. Chr.) ›Alexander‹ 27 f. (in ›Biographien‹): »... Manche erzählen auch, der Hohepriester habe ihn aus Höflichkeit griechisch begrüßen wollen: O Paidon (Liebes Kind)! Am Ende des Wortes aber habe er sich in seiner fremden Aussprache versprochen und ein ›s‹ genommen. So habe sein Gruß denn O Pai Dios (Lieber Sohn des Zeus)! gelautet. Alexander habe diese falsche Aussprache mit Freuden aufgenommen, und so sei das Wort in die Lande gegangen, der Gott habe ihn Pai Dios, Sohn des Zeus, begrüßt.«

[Auf Alexander selbst hat der Glaube an seine Göttlichkeit keinen tiefen Eindruck gemacht.] »... Freilich als Mittel, die Menschen zu unterwerfen, lehnte er ihn offenbar nicht ab.« (W. Ax)

(Zitate aus ›Geschichte in Quellen‹/›Altertum‹; bearbeitet von Walter Arend/ München 1978[3], S. 334/335)

106 Alexander wird zur Umkehr gezwungen (326 v. Chr.) – Arrian (im 2. Jh. n. Chr.) ›Anábasis Alexándru‹ (= Alexanders Marsch) 5,24, 8 ff.: »Er selber zog mit dem Heer weiter zum Hyphasis, um auch die Inder jenseits des Stromes zu unterwerfen. Er dachte überhaupt noch gar nicht an ein Ende des Krieges, solange es noch irgendwo einen Feind gab ...« (W. Capelle)

Aus ›Geschichte in Quellen‹ (vgl. annot. 105), S. 338.

107 Seneca, ›De ira‹ (›Über den Zorn‹), III, 14–22.

Im selben Sinne führt Edward Berwick Alexander den Großen als Beispiel an: »In den Vereinigten Staaten wird unseren Kindern schon lange in Staatsschulen gelehrt, daß der Krieg gerade so verbrecherisch ist wie jeder gemeine und barbarische Mord – daß Alexander der Große eher den Galgen verdient als Ruhm. Und dieser Unterricht erzeugt durchaus keine feige Furchtsamkeit. Unsere Bürger begegnen täglich und überwinden mannhaft Mühen und Gefahren so groß wie Mühen und Gefahren des Krieges. Unsere Farmer haben zu kämpfen gegen Wald und Frost, gegen Feuer und Flut in bitterem, täglichen Kampf und sind daraus sieghafter denn Eroberer hervorgegangen. Und dazu ist mehr erforderlich als Soldatenmut.«

(In ›Friedensstimmen‹, Eine Anthologie, hg. v. Leopold Katscher, Leipzig 1894)

[108] Z. B.: »Quintus Fabius Maximus Cunctator, d. h. der ›Zauderer‹, der besonders durch seine abwartende Haltung Hannibal gegenüber 217 v. Chr. nach der Schlacht beim Trasimenischen See berühmt ist. Damals war er schon ein älterer Mann (1. Consulat 233 v. Chr.) und zweimal Consul, Dictator und Censor gewesen und hatte triumphiert. Er vermied jede Schlacht, blieb aber Hannibal auf den Fersen, als dieser plündernd und raubend Unteritalien durchzog. Sehr bald regte sich in Rom die Opposition gegen ihn (›Cunctator‹ wohl ursprünglich Spottname); doch zeigte die Schlacht bei Cannae (216), wie richtig er geurteilt hatte. Sein Verhalten wurde nunmehr hoch gefeiert; er hieß der ›Schild Roms‹, und Ennius schrieb den berühmten Vers: Unus homo nobis cunctando restituit rem = ein Mann hat uns durch Zaudern den Staat wiederhergestellt.«

(Hans Lamer, Wörterbuch der Antike; vgl. annot. 101)
Näheres bei Plutarch: ›Biographien‹.
S. Julius Frontinus berichtet in seiner Beispielsammlung ›Kriegslisten‹ (um 100 n. Chr.), 4. Buch, 6. Kap. ›Über Gefühl und Milde‹: »Als Quintus Fabius von seinem Sohn aufgefordert wurde, einen strategisch wichtigen Ort unter Aufopferung weniger Männer zu nehmen, sagte er: ›Willst du selbst unter jenen wenigen sein?‹ — ›Visne‹, inquit, ›tu ex illis paucis esse?‹«

(Frontin, Kriegslisten, Latein/Deutsch, Übers. Gerhard Bendz, Darmstadt 1963)

[109] Hier bezieht sich Erasmus auf Ciceros Schrift ›De officiis‹ (vgl. annot. 39). — Ciceros Begriff vom ›gerechten Krieg‹ war seit Augustin sehr von Einfluß auf das christli-

che Theorem vom ›gerechten Krieg‹. Einige Ausführungen aus Ciceros ›Vom rechten Handeln‹ sollen die für einen römischen Denker sicher fortschrittlichen Überlegungen zum Kriegsrecht darlegen. S. 35/36: »Und in der Politik ist besonders das Kriegsrecht zu halten. Denn da es zwei Arten des Entscheidens gibt, die eine durch Auseinandersetzung, die andere durch Gewalt, und da jene dem Menschen eigentümlich ist, diese den Tieren, darf man zum zweiten erst seine Zuflucht nehmen, wenn man die erste nicht anwenden kann. Deshalb sind Kriege darum zu unternehmen, daß man ohne Behelligung in Frieden leben kann; wenn aber der Sieg errungen ist, muß man die schonen, die im Krieg nicht grausam, nicht unmenschlich gewesen sind, ... Meiner Ansicht nach muß man immer für einen Frieden sorgen, der nichts Hinterhältiges hat. Wenn man hierin auf mich gehört hätte, hätten wir zwar nicht das beste, aber doch überhaupt ein Gemeinwesen, das es jetzt nicht gibt. Und sowohl um die muß man sich kümmern, die du mit Gewalt besiegt hast, als vor allem die aufnehmen, welche nach Niederlegung der Waffen in den Schutz des Feldherrn fliehen, wenn auch der Widder die Mauer durchstoßen hat. Hierbei wurde bei unseren Vorfahren so sehr Gerechtigkeit geübt, daß diejenigen, die im Krieg besiegte Staaten und Völker in ihren Schutz genommen hatten, nach der Sitte der Vorfahren ihre Beschirmer waren. Und Gerechtigkeit im Krieg ist aufs unverletzlichste durch das *Fetialrecht* des römischen Volkes niedergeschrieben worden. Daraus läßt sich ersehen, daß kein Krieg gerecht ist außer dem, der entweder geführt wird, nachdem man Genugtuung gefordert hat, oder vorher angekündigt und angesagt worden ist.«

S. 37: »Wenn aber um die Herrschaft gestritten und im Krieg Ruhm gesucht wird, müssen doch auf jeden Fall dieselben Gründe vorliegen, von denen ich kurz vorher gesagt habe, es seien gerechte Kriegsgründe.«

[110] Die Fetialen (vgl. auch annot. 37). Genauere Ausführungen finden sich in dem Werk über die römische Geschichte von Titus Livius (59 v.–17 n. Chr.) 1,24,4 ff.:

»Ein pater patratus wird zum Vollzug des Eides, d. h. zur Bekräftigung des Bündnisses ernannt; er vollführt dies mit vielen Worten, die in einem langen, rhythmisch gegliederten Text vorgetragen werden. ...«

[Als Versicherung, daß das römische Volk diesen Eid nicht zuerst verletzen würde, wurde vom pater patratus folgende zeremonielle Rede und Handlung erbracht]:

»›Verletzt es ihn zuerst auf Staatsbeschluß mit Vorsatz, dann sollst du, Jupiter, das römische Volk so treffen, wie ich hier und heute dieses Ferkel treffe, und um soviel mehr treffen, als du stärker und mächtiger bist.‹ Nach diesen Worten erschlug er das Ferkel mit einem Kiesel.« (nach K. Latte)

[Auch die Form der Kriegserklärung war festgelegt (Livius 1,32,6 ff.). Wurden die Forderungen des Gesandten nicht erfüllt, so mußte in einer vorgeschriebenen Frist – von 33 Tagen – der Krieg mit festgesetzten Worten und dem Schleudern einer blutigen Lanze angekündigt werden.]

Zitate aus: ›Geschichte in Quellen‹/›Altertum‹ (vgl. annot. 105), S. 394.

111 »Quintus Fabius Maximus Rullianus [der Beiname bedeutet ›Grobian‹. Dieser Fabius ist ein Vorfahre des ›Zauderers‹. Die Fabier waren ein sehr altes römisches Patriziergeschlecht], 325 v. Chr. Magister equitum des Dictators L. Papirius Cursor, der ihn, weil er gegen seinen Befehl gekämpft hatte, trotz dem Siege hinzurichten befahl. Das Volk begnadigte ihn (Livius 8, 30 ff.).«

(Otto Hiltbrunner, Kleines Lexikon der Antike; vgl. annot. 102).

112 Dieses Beispiel ist auch bei Cicero erwähnt in ›Vom rechten Handeln‹ (vgl. annot. 39) S. 36.

113 Die Landsknechte macht Erasmus auch in einigen seiner späteren ›Colloquia‹ (das sind fiktive Gesprächs-Szenen aus den verschiedensten Lebensbereichen) zum Thema. In ›Militis et Cartusiani‹ (›Der Kartäuser und der Soldat‹) gibt es ein gegenseitiges Kopfschütteln über den eingeschlagenen Lebensweg des andern. Folgenderweise nimmt der Ordensmann den Soldaten aufs Korn:

»Der Kartäuser: ... Nun sage auch du mir bitte, was für Beweggründe dich geleitet haben und wohin die guten Ärzte sich verzogen hatten, als du dein junges Weib und deine Kinder zu Hause sitzen ließest und in den Krieg zogst, und für einen elenden Sold und unter Leib- und Lebensgefahr dich dazu hergabst, Menschen abzuschlachten. Denn du zogst ja nicht gegen Pilze oder Mohnköpfe ins Feld, sondern gegen bewaffnete Gegner. Und was ist nach deiner Meinung schlimmer, einen Christen, der dir nichts zuleide getan hat, wegen einer erbärmlichen Löhnung umzubringen, oder selbst mit Leib und Seele ins ewige Verderben zu fahren?

Der Soldat: Einen Feind darf man umbringen.

Der Kartäuser: Vielleicht, wenn er dein Vaterland überfällt. Dann mag es recht sein, für Weib und Kind, für Eltern und Freunde, für Haus und Hof und für die Sicherheit des Vaterlandes zu kämpfen. Was hat das aber mit deinem Reislaufen zu tun? Nicht eine taube Nuß hätte ich für deine Seele gegeben, wenn du in diesem Krieg gefallen wärest.«

[Erasmus von Rotterdam, Vertraute Gespräche; übertragen u. eingeleitet v. Hubert Schiel, Köln 1947]

114 Die Wirkgeschichte des sog. ›Heiligen Krieges‹ wird von Eberhard Orthbandt in einem besonderen Kapitel beleuchtet: »Seit anderthalb Jahrtausenden besteht die europäische Geschichte im wesentlichen aus solchen heiligen Kriegen ...«

Nach dem Prinzip der gottgewollten Herrschaftsgewalt wurde bereits vor ca. 3700 Jahren bei den Assyrern Politik betrieben: gnadenloser Krieg gegen ›sündige‹ Fremdvölker entsprach religiöser Rechtsordnung.

Das assyrische Vorbild wurde dann um 622 v. Chr. für Judas Freiheitskampf maßgebend, und zwar gegen Assur. Die Schriftstellen für den heiligen Krieg sind: 5 Mose (Dtn) 13,12 ff.; 5 Mose 20; Jes 14,25; 1 Sam 15,2 f.

Orthbandt schreibt: »Allerdings hat der Staat Juda solche heiligen Kriege, wie das Deuteronomium sie vorschreibt, niemals geführt. Das soeben angeführte Zitat aus dem

Samuel-Buch könnte um 600 v. Chr. nachträglich in ältere Berichte eingefügt worden sein. Denn das Samuel-Buch gehört zum ›deuteronomistischen Geschichtswerk‹, das damals aus vielen Quellen jüdisch-israelischer Überlieferung zusammengetragen und im Sinne des neuen Deuteronomiums redigiert worden ist. Als eine Zutat des Bearbeiters erscheint jene Stelle deshalb, weil sie nebst dem Kontext einesteils von König Saul erzählt und sich anderernteils auf Regeln des heiligen Krieges bezieht, die es zu Lebzeiten Sauls – er regierte ungefähr 400 Jahre früher – in Israel-Juda wohl noch nicht gab. An seinem Beispiel wird nun gezeigt, daß Jahve denjenigen straft, der sich nicht genau an diese Regeln hält. . . .«

»Dennoch haben die Kriegsvorschriften des Deuteronomiums eine Wirklichkeit von weltgeschichtlichem Ausmaß zur Folge gehabt, denn ihnen gehorchte man im christlichen Europa.«

Die Musterbeispiele heiliger Kriegführung in Europa, die Orthbandt anführt, zeugen von einer unvorstellbaren Ekstase am Greuel.

(Eberhard Orthbandt, Illustrierte Geschichte Europas, München 1965, Kap. ›Der Heilige Krieg‹, S. 95 ff., Zitate: S. 95, 99, 100).

[115] Zu dieser Stelle aus dem 2. Korintherbrief (2 Kor 3,6) gab Augustinus in seinem Werk ›Geist und Buchstabe‹, das anno 412 entstand, eine ausführliche Erläuterung, die Erasmus sicher kannte: »Ohne den lebendigmachenden Geist ist das Gesetz tötender Buchstabe.

Denn jene Lehre, in der wir das Gebot zu einem enthaltsamen und überhaupt rechten Leben empfangen, bleibt ja tötender Buchstabe, wenn nicht der lebendigmachende Geist hinzutritt. Das Wort der Schrift ›Der Buchstabe tötet, der Geist aber macht lebendig‹ ist nämlich nicht nur in dem Sinn zu verstehen, daß wir eine bildliche Aussage, die in ihrer nächstliegenden Bedeutung sinnlos ist, nicht wörtlich auffassen sollen, sondern mit dem Blick auf die inneren Menschen in einer aus dem Geist erwachsenden Einsicht die richtige Bedeutung herauszufinden suchen.«

(Aurelius Augustinus, Geist und Buchstabe/De Spiritu et Littera, übertragen v. Anselm Forster Obs, Paderborn 1968, 4. Kap., S. 11 f.)

[116] Mt 19,7–8: »Da sprachen sie: Warum hat denn Mose geboten, einen Scheidebrief zu geben und sich von ihr zu scheiden?/ Er sprach zu ihnen: Mose hat euch erlaubt zu scheiden von euren Weibern von eures Herzens Härtigkeit wegen; von Anbeginn aber ist's nicht also gewesen.«

[117] Mt 26,51–52: »Und siehe, einer aus denen, die mit Jesus waren, reckte die Hand aus und zog sein Schwert aus und schlug nach des Hohepriesters Knecht und hieb ihm ein Ohr ab./ Da sprach Jesus zu ihm: *Stecke dein Schwert an seinen Ort!* Denn wer das Schwert nimmt, der soll durchs Schwert umkommen.«

(Die letzte Androhung Jesu entspricht der Gemahnung, die an den geretteten Noah ging, 1 Mose 9,6: »Wer Menschenblut vergießt, des Blut soll auch durch Menschen vergossen werden; denn Gott hat den Menschen zu seinem Bilde gemacht.«)

[118] Remy/Dunil-Marquebreucq und auch Mann-Phillips bemerken, daß Erasmus 1523 (Sigel B) »non decet« (= »es ziemt sich nicht«) für ein »nefas est« (= »es ist Sünde«, »Frevel gegen Gott, eine Ruchlosigkeit«) der 1515-Ausgabe (A) einsetzte.

Allerdings hat Varnbüler 1519 ganz im Sinne von »non decet« übersetzt: »da hatt den christen nit mer gepürt zu streiten«.

In Sebastian Francks ›Kriegbüchlein des Friedes‹ hört sich die gesamte Passage in freier Nacherzählung so an: »Den Juden ist der Krieg wie das Ehescheiden und ein König zugelassen, da sie dergleichen von den Heiden sahen und auch also nachtun und haben wollten. Das ließ Gott ihnen ihrer Hartnäckigkeit wegen zu und ließ dem Kind die Puppen, bis es sich damit überdrüssig und müde spielet und von selbst von sich wirft, so es in Christo die Wahrheit des Friedes und ein besseres erkennet. Daher spricht Erasmus, da Christus das Schwert habe heißen einstecken an seinen Ort, da habe den Christen nit mehr zu streiten

gebührt. Es heißt hier: ›Sufficit, satis pugnam est, consumatum est, hactenus connixit deus.‹ Bisher hat Gott nach der Schwachheit der Zeit durch die Finger gesehen, aber jetzt, da der Tag des Heils und Frieds ist angebrochen, ist der Finsternis Gewalt aus, die Kriege aufgehoben bis zur Welt Ende (Ps 46; Luk 22; Apg 17).«
Sebastian Franck, Das Kriegbüchlein des Friedes, ins Neuhochdeutsche übertragen und herausgegeben v. Siegfried Wollgast, in: Zur Friedensidee in der Reformationszeit, Berlin 1968, (vgl. Anm. 25 zur Einleitung), S. 143 f.

119 Todesfurcht (›metus mortis‹) s. Hebr 2,15: »und erlösete die, so durch Furcht des Todes im ganzen Leben Knechte sein mußten.«
Furchtbare Pestepidemien und der frühe Verlust seiner Eltern hatten bei Erasmus selbst übermäßige Todesängste erzeugt, die er erst im Auferstehungsglauben überwinden konnte. Er bekannte später: »Einst als Jugendlicher pflegte ich bei der bloßen Erwähnung des Wortes Tod zu erschauern«.

120 Jener ›Krieg im übertragenen Sinne‹ wird als ein innerer Kampf, als ein persönliches Ringen um christliche Gesittung verstanden, so auch in Erasmus' berühmtem »Handbüchlein eines christlichen Streiters«. Wer unter dem Fahneneid des Friedefürsten (Christus) steht, darf nicht Verrat an dessen Sache üben.

121 Bereits im ›Lob der Torheit‹ (1511) mokierte sich Erasmus über eine banale Auslegung jener Lukas-Stelle vom Schwertkauf (Lk 22,35–38), die der wahren Aussage (vgl. dazu auch Mt 10) zuwiderläuft. Mit einiger Ausführlichkeit legt Moria, die Torheit, die Sinnverdrehung eines kriegsopportunistischen Theologen offen (hier in der ›ausdrucksvollen‹ Verdeutschung aus dem Jahre 1781): »... hier und da klauben sie [unsere heutigen Theologen] vier oder fünf Wörtchen zusammen, und auch diese, wenn es nöthig ist, drehen sie so lang herum, bis sie dabey ihren Vortheil finden, wenn gleich das Vorhergehende und Folgende nichts dazu hülft, oder ihm wohl gar gerade widerspricht. Dieses thun sie mit einer so glücklichen Unver-

schämtheit, daß oft die Rechtsgelehrten auf die Theologen eifersüchtig werden.

Worin sollt es ihnen jetzt nicht gelingen? Jener grosse Theolog (bald hätt ich ihn wieder genannt, wenn der Esel bei der Leyer mich nicht nochmals abgeschreckt hätte) hat ja aus einigen Worten des Lucas eine Meynung herausgeleiert, die mit dem Sinne Christi so verträglich ist, wie das Feuer mit dem Wasser. Da sich die äußerste Gefahr näherte, eine Zeit, in welcher getreue Anhänger sich am geflissensten erweisen, ihren Gönnern beyzustehen, und nach bestem Vermögen auf ihrer Seite zu streiten, da fragte Christus seine Jünger, die er lehren wollte, sich auf keine solche äusserlichen Vertheidigungsmittel zu verlassen, ob sie je an etwas Mangel gehabt haben, da er sie ohne Reisegeld ausgesandt hatte; da sie weder mit Schuen zur Vertheidigung wider Dornen und Steine, noch mit einem Rciscsack und Nahrungsmittel zur Abtreibung des Hungers, versehen gewesen. Nein, sagten sie, nie hatten wir Mangel. Jetzt aber, sprach er, wer einen Beutel und Sacke hat, nehm ihn; und wer kein Schwerdt hat, kaufe eines, wenn er gleich deswegen seinen Rocke verkaufen müßte. Da Christus stets die Sanftmuth, Verträglichkeit und Verachtung des Lebens einschärfte, so ist hier seine Meynung nicht schwer zu finden; nämlich, um seine Gesandten jetzt noch mehr zu entwaffnen, sagt er ihnen, sie sollten sich nicht nur der Schue und des Sackes entschlagen, sondern auch den Rock wegwerfen, um das evangelische Geschäft desto hurtiger und ungehinderter betreiben zu können; sie sollen sich nichts anschaffen, als ein Schwerdt; nicht ein solches, mit welchem Räuber und Mörder zu würgen pflegen, sondern das Schwerdt des Geistes, das bis in das Innerste der Seele dringt, und daraus alle Leidenschaften so ausrotten, daß nichts als Frömmigkeit in dem Herzen herrscht.

Man sehe aber, wie jener Theolog die Sache zu verdrehen weiß: das Schwerdt erklärt er für die Vertheidigung gegen die Verfolgung; durch den Sack versteht er einen zureichenden Vorrath von Lebensmitteln; als ob Christus seine

Meynung ändernd, weil es das Ansehen haben könnte, er habe seine Gesandten nicht stattlich genug ausgerüstet, über seine vorige Anordnung einen Widerruf thue. Also hätte er seiner vorigen Aussprüche vergessen: sie werden selig seyn, wenn man sie schmähe, schimpfe, peinige; sie sollen den Bösen nicht widerstehen; denn die sanftmüthigen seyen selig, nicht die trotzigen; sie sollen die Vögel und die Lilien zum Beyspiele nehmen; jetzt sollen sie sich wohl hüten, die Reise ohne Schwerdt anzutreten; ehender sollen sie ihre Kleider verkaufen. Wie er also meynt, daß unter dem Worte Schwerdt alles verstanden werde, das zur Abtreibung eines feindlichen Angriffs dienlich seyn kann: also versteht er durch Beutel und Sack alle Lebensbedürfniß.

Also versieht dieser Dollmetscher des Geistes die Apostel mit Ober- und Untergewehr, um soldatenmäßig den Gekreuzigten zu predigen; auch läßt er es ihnen an Reisegepäcke und Mundproviant nicht fehlen, damit sie nicht genöthigt seyen, auch das schlechteste Gasthaus mit hungerndem Magen zu verlassen. Der Mann läßt sichs auch nicht anfechten, daß auf den Befehl, ein Schwerdt zu kaufen, bald ein anderer erfolgte, der das Schwerdt einstecken hieß; auch daß es nie erhört worden, daß die Apostel sich wider Angriffe der Heiligen des Schwerdtes und Schildes bedient haben; etwas, das sie ohne Zweifel gethan hätten, wenn ihnen dazu ein Befehl wäre gegeben worden.«

›Das Lob der Narrheit‹/ aus dem Lateinischen des Erasmus/ Mit Kupfern von Chodowiecky/ Berlin und Leipzig, 1781/ Bey Georg Jacob Decker, Königl. Hofbuchdrucker. S. 212–215. (Der Übersetzer blieb anonym).

122 »cum Christus in hoc ipsum *passus sit* Petrum errare ut, posteaquam ...«

Das Verb »*pati*« bedeutet *dulden, ruhig geschehen lassen.*

Varnbüler übersetzte diesen Satzteil sogar noch prägnanter: »dwyl Christus Petro selbst in dem Stück verhengt zu irren, das darnach ...«

Hat Jesus seinen zum Dreinschlagen eifrigen Jünger aufs

Glatteis geführt, damit die Richtigstellung um so mehr hervorgehoben werde?

Der Lukas-Bericht von den Schwertern steht in einem Kontext, der ganz für die Exegese des Erasmus spricht; er steht nämlich zwischen der Warnung sowie Verleumdungs-Prophezeiung und Gethsemane. – Jesu Worte der Warnung lassen sich sehr gut auch als Warnung vor dem alsdann eindeutig untersagten Gebrauch des blanken Schwertes (Lk 22,49–51) verstehen: »Der Herr aber sprach, Simon, Simon, siehe, der Satanas hat euer begehrt, daß er euch möchte sichten wie den Weizen;/ ich aber habe für dich gebeten, daß dein Glaube nicht aufhöre. Und wenn du dermaleinst dich bekehrst, so stärke deine Brüder.« (Lk 22,31–32).

Das ist der hohe Anspruch christlicher Ethik: Selbst mit einer Waffe in der Hand, im wirklichen Notfall die Stärke zu besitzen, die Waffe nicht anzuwenden.

Ein Politiker, der wußte, wovon er sprach, sagte: »... es genügt nicht, daß man eine große *Kriegsmacht* hat, man zuschlagen kann, sondern es ist notwendig, daß man die *moralische Autorität* hat, um den Krieg zu vermeiden.« Otto von Bismarck [deutscher Reichskanzler v. 1871–1890] in Friedrichsruh (21. Juli 1893); (In ›Spruchwörterbuch‹ v. Franz Freiherrn von Lipperheide, 1907[1])

123 Ich möchte ein Musterbeispiel dafür bringen, wie einige gleichnishaft gemeinte Worte Jesu, in der Art eines tötenden Buchstaben gehandhabt, zur Falschmünzerei wurden: aus Thomas Müntzers ›Fürstenpredigt‹ vom 9. Juli 1524. Um ein Reich Christi auf Erden zu gründen, rief Müntzer zur gewaltsamen Beseitigung der »Gottlosen« auf und berief sich auf die Bibel. Im fanatischen Kampf für soziale Gerechtigkeit (mithin um eine gerechte Sache) verstieg sich der protestantische Prediger in eine eschatologische Reinigungsidee und verlor dabei die Sensibilität für den geistigen Gehalt des Evangeliums: »Denn sie haben euch genarret, daß ein jeder zu den Heiligen schwür, die Fürsten sind heidnische Leute ihres Amts halber, sie sollen nichts andres denn bürgerliche Einigkeit erhalten. Ach,

Lieber, ja, da fällt und streicht der große Stein balde drauf und schmeißt solche vernünftigen Anschläge zu Boden, da er saget, Matth. im 10. [Vers 34]: ›Ich bin nicht kommen, Fried zu senden, sondern das Schwert.‹ Was soll man aber mit demselbigen machen? Nichts anders denn die Bösen, die das Evangelium verhindern, wegtun und absondern, wollt ihr anders nicht Teufel, sondern Diener Gottes sein, wie euch Paulus nennet zu den Römern im 13. [Vers 4]. Ihr braucht nicht zu zweifeln, Gott wird all eure Widersacher in Trümmer schlagen, die euch zu verfolgen unterstehen ... Christus hat befohlen mit großem Ernst, Lucae 19 [Vers 27] und spricht: ›Nehmet meine Feinde und würget sie mir vor meinen Augen.‹ Warum? Ei darum, daß sie Christo sein Regiment verderbet und wollen noch dazu ihre Schalkheit unter der Gestalt des Christenglaubens verteidigen und ärgern mit ihrem hinterlistigen Schand-deckel die ganze Welt. Drum saget Christus, unser Herr, Matth. 18 [Vers 6]: ›Wer da einen aus diesen Kleinen ärgert, ist ihm besser, daß man ihm einen Mühlstein an den Hals hänge und werfe ihn in das tiefe Meer.‹ Das glossiere, wer da will, hin und her. Es sind die Worte Christi. Darf nun Christus sagen, wer da einen von den Kleinen ärgert, was soll man dann sagen, so man einen großen Haufen ärgert am Glauben? Das tun die Erzbösewicht, die die ganze Welt ärgern und abtrünnig machen vom rechten Christenglau-ben ... Wollt ihr nun rechte Regenten sein, so müßt ihr das Regiment bei der Wurzel anheben und wie Christus befoh-len hat. Treibt seine Feinde von den Auserwählten, denn ihr seid die Mittler dazu. Liebe, gebt uns keine schalen Fratzen vor, daß die Kraft Gottes es tun soll ohn euer Zutun des Schwerts, es könnte euch sonst in der Scheide verrosten ... Drum lasset die Übeltäter nit länger leben, die uns von Gott abwenden, Deut. 13 [5. Mos. 13,6]. Denn ein gottloser Mensch hat kein Recht zu leben, wo er die Frommen verhindert. Exodi im 22. Kap. [2. Mos. 22,2] sagt Gott: ›Du sollst die Übeltäter nicht leben lassen‹. Das meint auch Sant Paulus, da er vom Schwert saget der Regenten, daß es zur Rache der Bösen verliehen sei und zu

Schutz der Frummen. Röm. im 13. Kapitel. Gott ist eure Beschirmung und wird euch lehren streiten wider seine Feinde ...«

Th. Müntzer, Schriften und Briefe, hg. v. G. Franz (1968), S. 257 f.; neuhochdt. Version nach O. Brandt (1933).

(In Ernst Walter Zeeden, Europa vom Ausgang des Mittelalters bis zum Westfälischen Frieden 1648; s. annot. 15, S. 175 f.)

Diese Predigt steht stellvertretend für die bis in die Gegenwart reichenden Rechtfertigungsversuche kriegführender Christen (eine Anempfehlung Christi zur Hochrüstung will z. B. der amerikanische Präsident Reagan aus Lk 14,31 herauslesen).

Während des Bauernkrieges gab Luther der Obrigkeit ebenso Rat zu unbarmherzigen Maßnahmen, da die aufständischen Bauern nach seiner Meinung Satansgefolgschaft waren: »Steche, schlage, würge hier, wer da kann!« Die Gleichung konnte nur grauenvoll und blutig aufgehen.

Thomas Müntzer (sein Bauernheer wurde vernichtend geschlagen, er selbst im Mai 1525 hingerichtet) bekannte in seinem letzten Brief: »Das will ich jetzt in meinem Abschied, damit ich die Bürde und Last von meiner Seele abwende, vermeldet haben, keiner Empörung weiter stattzugeben, damit des unschuldigen Blutes nicht weiter vergossen werde.«

(Zitat: Kl. Lexikon der Reformation, München 1983, S. 115).

[124] Zum Thema ›gerechter Krieg‹ soll aus den ›Colloquia‹ des Erasmus ein Ausschnitt der ›Soldatenbeicht‹ (Militis confessio) wiedergegeben werden. Es ist die Unterhaltung eines Kriegsheimkehrers (Thrasymachus) mit einem früheren Freund (Hanno):

Hanno: Womit willst du wieder gutmachen, was du geraubt hast?

Thrasymachus: Das hab ich schon längst wieder zurückerstattet.

Hanno: Wem denn?

Thrasymachus: Den Huren und Schankwirten und denen, die mir's beim Würfelspiel abgenommen haben.

Hanno: Das ist ganz soldatisch gedacht und durchaus in der Ordnung: Übel gewonnen, noch übler zerronnen. – Aber von Kirchenschändung, denke ich, habt ihr euch ferngehalten?

Thrasymachus: Durchaus nicht, in diesem Krieg war nichts heilig. Weder Geweihtes noch Ungeweihtes wurde verschont.

Hanno: Wie willst du das alles wieder erstatten?

Thrasymachus: Es heißt, man brauche nichts wiedergutzumachen, was im Krieg geschieht. Was da vor sich gehe, sei allemal rechtens.

Hanno: Vielleicht meinst du das Kriegsrecht?

Thrasymachus: Ganz richtig.

Hanno: Aber solch ein Recht ist das größte Unrecht. Nicht Liebe zum Vaterland hat dich in den Krieg getrieben, sondern die Hoffnung auf Beute.

Thrasymachus: Zugegeben. Ich bin aber der Meinung, daß wenige mit heiligeren Vorsätzen in den Krieg ziehen.

Hanno: Das nenne ich einen Trost! Sich mit dem großen Haufen zum Narren machen!

Thrasymachus: Der Prediger hat von der Kanzel verkündet, es handle sich um einen gerechten Krieg.

Hanno: Die Kanzel pflegt nicht zu lügen. Aber was für die Fürsten eine gerechte Sache ist, ist es deshalb noch nicht für dich.

Thrasymachus: Ich habe von den Schriftgelehrten gehört, jeder dürfe nach seinem Handwerk leben.

Hanno: Ein feines Handwerk: Häuser in Brand stecken, Kirchen plündern, gottgeweihte Jungfrauen schänden, Arme berauben und Unschuldige niedermachen!

Thrasymachus: Die Metzger werden dafür bezahlt, daß sie das Vieh abschlachten. Weshalb wird unser Handwerk getadelt, wenn wir in Sold genommen werden, um Menschen niederzumachen?

Hanno: Hast du dir keine Gedanken darüber gemacht, wo deine Seele hinfahren würde, wenn du im Krieg umkämest?«

(Übersetzt v. Hubert Schiel, vgl. annot. 113, S. 73 f.)

[125] Mt 6,25–34; Lk 12,22–31 (sorget nicht ...).

[126] Mt 5,44 (tuet wohl ...).

[127] Daß sich an der Exegese des strittigen Christus-Schwertes bis heute die Wege gabeln, zeigt sich sogar bei der Auswertung von Qumrantexten. Herbert Braun vertritt z.B. ganz die Ansicht des Erasmus, wenn er die Deutung von O. Betz kritisiert: »BETZ erklärt zu unserer Stelle: ⟨auch Jesus, der ›Heilige Gottes‹, führt das Schwert⟩. BETZ meint: in dem qumran-analogen Heiligen Krieg; er verweist auf das gebotene Ausrotten abfallender Verwandter in Ex 32,27–29 und auf das Schwert im Munde des Christus der Apokalypse (1,16; 2,12.16; 19,15.21). Als träte der historische Jesus je militant auf, als gäbe es auch nur Ein Wort, das ihn mit einer Waffe in der Hand zeigte! Als handelte es sich in der Apokalypse nicht um den Christus der Parusie, dessen Richtertum durch das symbolische Schwert angezeigt wird!«

»Auch in der Apokalypse kämpfen die Gläubigen nie gegenständlich, wie in Qumran, mit dem Schwert.«

(Herbert Braun, Qumran und das Neue Testament, Bd. 1, Tübingen 1966, S. 62 und S. 308).

[128] Den schmerzlichen Widersinn der ›gerechten Kriege‹ hat schon Augustinus deutlich gemacht. Da man dem Kirchenvater Augustinus allgemein eine Schlüsselrolle bei der Etablierung der (ciceronischen) Theorie vom gerechten Krieg in der christlichen Kirche zuschreibt, soll hier gerechterweise seine weniger beachtete Erläuterung vorgelegt werden, die ganz unter dem Motto des ›widerwillig und betrübt‹ steht. – Erasmus als Augustinerchorherr hat natürlich die berühmte Schrift seines Ordenspatrons gekannt und später auch eine Gesamtausgabe von Augustins Werken besorgt. – Der Anfang des 7. Kapitels (im 19. Buch vom Gottesstaat) handelt von der Entfremdung der großen Erdengesellschaft durch die Verschiedenheit der Sprachen.

»Nun hat gewiß der herrschende Staat es sich angelegen sein lassen, nicht nur sein Joch, sondern auch seine Sprache den unterworfenen Völkern aufzunötigen, und in der so begründeten Friedensgemeinschaft war kein Mangel, sondern sogar Überfluß an Dolmetschern. Das ist schon recht, aber durch wie viele und schreckliche Kriege, durch welche Menschenschlächterei, welches Blutvergießen ward es erreicht! Und als man so weit war, da war das Elend dieser Übel noch immer nicht zu Ende. Denn abgesehen davon, daß es auch jetzt noch auswärtige feindliche Völker gab und gibt, gegen welche immerfort Kriege geführt wurden und geführt werden, hat gerade die Größe des Reiches Kriege schlimmerer Art entfesselt, Bundesgenossen- und Bürgerkriege, von denen das Menschengeschlecht noch jämmerlicher gepeinigt wird, sei es daß man kämpft, um endlich einmal zur Ruhe zu kommen, sei es daß man sich ängstet, die Kämpfe möchten von neuem ausbrechen. Wollte ich all das vielfältige Unheil, all die drängenden und drückenden Notstände im Gefolge dieser Übel so schildern, wie sie es verdienen, wozu ich freilich völlig außerstande bin, wie würde ich damit je zu Ende kommen? *Doch, so sagt man, der Weise wird nur gerechte Kriege führen. Als ob er nicht, wenn er menschlich fühlt, noch viel mehr über die Notwendigkeit gerechter Kriege trauern müßte! Denn wären sie nicht gerecht, dürfte er sie nicht führen, gäbe es also für den Weisen keine Kriege.* Nur die Ungerechtigkeit der gegnerischen Seite zwingt ja den Weisen zu gerechter Kriegführung. Und diese Ungerechtigkeit muß ein Mensch an Menschen betrauern, auch wenn keine Nötigung zu Kriegen daraus erwächst. Wer also diese großen, schauerlichen, verheerenden Übel leidvoll betrachtet, der gestehe, daß sie ein Elend sind. Wer dagegen ohne Seelenschmerz sie über sich ergehen läßt oder auch nur an sie denkt, mag sich immerhin für glückselig halten, aber er ist um so elender, weil er sein menschliches Empfinden verloren hat.«

(Aurelius Augustinus, Vom Gottesstaat; übersetzt von Wilhelm Thimme, Zürich 1955, Bd. II, S. 545 f.; 19. Buch, 7. Kap.)

›De civitate Dei‹, dieses Hauptwerk des Augustinus, entstand in der Zeit von 413–426 n. Chr.

[129] ›Gewalt mit Gewalt abwehren‹ (vgl. dazu auch annot. 94) steht im Gegensatz zur Bergpredigt Jesu: »Ich aber
sage euch, daß ihr nicht widerstreben sollt dem Übel«
(Mt 5,39).
»Auf den allgemein anerkannten und im weltlichen und
kanonischen Recht verankerten Grundsatz ›vim vi repellere licet‹ berief sich z. B. Tommaso Inghirami, Domherr
des Laterans und berühmter ciceronischer Redner, um die
Expansionspolitik von Julius II. zu rechtfertigen. Jenen, die
nach der Besetzung Bolognas durch die Franzosen den
Papst dazu bewegen wollten, die Streitfrage durch Ver-
handlungen zu lösen, entgegnete er: ›Nihil importunius
quam lacessitos iniuria docere quomodo consultare conue-
niat ... vis vi est repellenda, nec subsidia diferenda sunt
ubi non differtur iniuria‹.« [Nichts wäre mißlicher, als sich
mit den Herausforderern des Unrechts auseinanderzuset-
zen oder zu beraten ... Gewalt muß mit Gewalt zurückge-
schlagen werden, Hilfeleistungen, mit denen das Unrecht
nicht zerstreut wird, sind nicht zu gewähren.]
Das Zitat ist den Anmerkungen von Silvana Seidel-Menchi
zum ›Sileni Alcibiadis‹ (Adagium 2201) entnommen (in
Opera Omnia Desiderii Erasmi Roterodami, Bd. II, 5, Am-
sterdam/Oxford 1981, S. 173).
Frau Seidel-Menchi erwähnt, daß Erasmus im Adagium
3001 jenem Prinzip ›Vim vi repellere licet‹ das evangelische Gebot ›malo non esse resistendum‹ entgegenstellt.
[130] Die Stelle vom ›Besitz als Sitz der Seele‹ findet sich bei
dem griechischen Dichter Hesiodos (um 700 v. Chr.) in
›Werke und Tage‹, Zeile 688: »nur schwer entgeht man
dem Unheil, doch pflegen
So die Menschen zu handeln im Unverstande des Herzens;
Sind doch Güter die Seele der elenden, sterblichen Menschen.«
(Hesiod, Sämtliche Werke/Deutsch Thassilio Scheffer, Hg.
Ernst Günther Schmidt, Bremen 1965²)
[131] Mt 5,40. 44.
[132] Röm 12,5; 1 Kor 12,12.27; Eph 1,23; Kol 1,24 (s. annot.
86).

133 Lk 6,23; Lk 10,20; Phil 3,20; Hebr 11,13–16.

134 »Und er tat seinen Mund auf, lehrte sie und sprach: *Selig sind, die da geistlich arm* sind; denn das Himmelreich ist ihr.« – So übersetzte Luther die erste Seligpreisung Jesu in der Bergpredigt (Mt 5,2–3). Im lateinischen Text steht der ›Geist‹ im Ablativ: »Beatos pauperes *spiritu*« und bereitet einige Übersetzungsschwierigkeiten.

Eine ganz interessante Verdeutschung dieser Stelle gelang einem unbekannten Übersetzer aus der Zeit des Frühhumanismus: »Vnd er tet auf seinen munt vnd lert sy sagent./ Selig seint die armen mit dem geist: wann das reich der himmel ist ir.«

(Die Deutsche Literatur/ Texte und Zeugnisse Bd. II/1, ›Spätmittelalter, Humanismus, Reformation‹, Hg. Hedwig Heger, München 1975, S. 159).

In diesem Sinne nimmt auch Jakobus (2,5) auf die erste Seligpreisung bezug: »Höret zu, meine lieben Brüder! Hat nicht Gott erwählt die Armen auf dieser Welt, die am Glauben reich sind und Erben des Reichs, welches er verheißen hat denen, die ihn liebhaben?«

Schalom Ben-Chorin, der Jesus aus jüdischer Sicht interpretiert, sieht in diesem oft mißverstandenen ersten Satz der Bergpredigt ebenfalls kein »Lob der Einfalt«, sondern deutet den Sinn aus einem Begriff der Qumran-Sekte: »Anije Haruach«, »der um des Geistes willen arm Gebliebenen«. (Dies bedeutet ein Besitz-Verzicht, »um sich ganz dem Geiste weihen zu können«).

(Schalom Ben-Chorin, Bruder Jesus, München 1967, S. 70)

135 2 Kor 6,10; 9,8–10.

136 Mt 19,23–24; Lk 12,16–21; Lk 16,19 ff.; Ps 49,17–21.

137 Das naheliegendste Beispiel war für Erasmus Papst Julius II., der während seines Pontifikats (1503–13) ununterbrochen Eroberungszüge für den Kirchenstaat unternahm. Den Triumpheinzug des Papstes in Bologna (am 11. Nov. 1506) hatte Erasmus voll Entsetzen miterlebt. Heeresdienste wurden mit Kardinalshüten belohnt. Eine ›Heilige Kriegsliga‹ unter Julius II. galt den europäischen

Herrschern als Pflicht, die Kirche zu verteidigen. Als der französische König die Zahlung für einen Kreuzzug verweigerte, drohte Julius ihm, als dem ›größten Ungläubigen‹ mit der Exkommunikation (und er hat sie später auch vollstreckt). Denn der Pietas-Vorwand für die päpstliche Eroberungspolitik war die notwendige Mittelbeschaffung für einen geplanten Türkenkrieg. (Vgl. annot. 45).

Aber schon vor Julius II. hatten Päpste zum ›gerechten Krieg‹ getrommelt.

Gregor I. (590–604) hielt (in vergröberter Auslegung Augustins) ein gewaltsames Vorgehen gegen Häretiker für gerecht.

»Schon Gregor VII. plante 1074 einen Kriegszug zur Befreiung des Hl. Grabes, forderte aber den Kriegsdienst für Sankt Peter vornehmlich gegen die inneren Widersacher der Hierarchie.«

(Brockhaus Enzyklopädie/1970, Stichwort ›Kreuzzüge‹).

Urban II. forderte auf dem Konzil von Clermont/ 1095 die Christenheit zum 1. Kreuzzug gegen den Islam auf. Er fanatisierte die Gläubigen mit ›Gott will es!‹.

»Paradox erscheint es, daß die im Frankenreich sich durchsetzende Praxis der Ablösung der Bußverpflichtungen durch Ersatzwerke wie Gebet und Almosen und die daraus sich entwickelnde Ablaßpraxis im 11. Jahrhundert auf die Teilnahme an ›heiligen Kriegen‹ ausgedehnt wird. ›Papst Alexander II. verhieß 1063 den Kämpfern gegen die Mauren in Spanien, Urban II. zu Clermont 1095 den Teilnehmern am ersten Kreuzzug einen vollkommenen Ablaß aller Sündenstrafen.‹« (Paulus Engelhard, ›Die Lehre vom gerechten Krieg‹, s. annot. 97 unten, S. 81)

Die Kreuzzüge währten zwei Jahrhunderte und forderten allein unter der europäischen Eliteschicht 5–7 Millionen Opfer. – Erschütterndstes Kapitel der Verhetzung: ein Kinderkreuzzug im Jahre 1212 unter Innozenz III.

Positive Bilanz der Kreuzzüge (sowohl im Brockhaus wie in Bertholets ›Wörterbuch der Religionen‹): daß das griechisch-orientalische Geistesgut – insbesondere das des Islam – im Abendland bekannt wurde!

138 Paulus Engelhardt umreißt in seinem Beitrag ›Die Lehre vom gerechten Krieg‹ (s. annot. 97 + 137) S. 72 f. die christliche Gewaltlosigkeit in vorkonstantinischer Zeit folgendermaßen: »Es ist kein Zufall, daß es keine unmittelbar im Neuen Testament begründete Lehre vom ›gerechten Krieg‹ gibt. Die Verbindung des Gebotes der Nächstenliebe mit dem Aufruf zum Gewaltverzicht durch Jesus wird im 1. und 2. christlichen Jahrhundert fast durchgehend, im 3. Jahrhundert noch weitgehend pazifistisch ernst genommen.

... Kriege gehörten zu den Kennzeichen einer Welt, von der man sich distanzierte.

Der Aufruf Jesu zum Gewaltverzicht wurde von Kirchenlehrern bis ins 4. Jahrhundert hinein zusammen mit dem fünften Gebot (›Du sollst nicht töten‹) und den prophetischen Visionen vom kommenden Friedensreich als absolutes Tötungs- und Kriegsverbot verstanden.«

Diese radikale Einstellung zur Gewaltlosigkeit kommt in den sog. Canones Hippolyti zum Ausdruck, einer zum Anfang des 3. Jahrhunderts erstellten Zusammenfassung kirchlicher Disziplinarmaßnahmen. Wie es im ›Handbuch der christlichen Ethik‹ heißt, sind die Canones bezüglich des Tötungsverbotes völlig eindeutig, und galten vornehmlich für christlich gewordene Soldaten, die im Dienst verbleiben, aber an Tötungsaktionen nicht teilnehmen dürfen: »Der untergebene Soldat soll niemanden töten. Wenn er einen derartigen Befehl erhält, darf er ihn nicht ausführen. Er soll auch keinen Eid schwören. Wenn er sich nicht daran hält, soll er ausgeschlossen werden.«

(Handbuch der christlichen Ethik, Bd. 3, Hg. Anselm Hertz, Freiburg 1982, 4. Kap.: ›Die Friedensaufgabe der Gegenwart‹, I. Die Lehre vom »gerechten Krieg« als Ethischer Kompromiß, S. 425 ff.).

Die Gesinnungswandlung sei wiederum in der Skizzierung von Paulus Engelhardt (s. oben S. 73) wiedergegeben:

»Die Gesamteinstellung änderte sich z. T. fast schlagartig, z. T. allmählich, nach dem Mailänder Edikt des christenfreundlichen ... Kaisers Konstantin aus dem Jahr 313.

Unmittelbar gab es den Christen und der christlichen Kirche volle Freiheit. Mittelbar bedeutet es den Beginn politischer Macht der Christen und veränderte damit prinzipiell die dem Neuen Testament zugrundeliegende Situation. Überraschend verordnet die von Konstantin einberufene Synode von Arles (314) im Kanon 3: ›In Bezug auf die, die im Frieden die Waffen wegwerfen, gefiel es [der Synode], daß sie sich der Kommunion enthielten.‹ Wahrscheinlich handelt es sich nicht um eine allgemeine Exkommunikation der Wehrdienstverweigerer, sondern um eine Sanktion derer, die ein Mitwirken bei den polizeilichen Funktionen des Heeres verweigerten. Auf jeden Fall eine völlig veränderte Situation gegenüber den Diskussionen um 200, ob ein Christ überhaupt Soldat sein könne.«

139 Origenes aus Alexandrien (ca. 184–254 n. Chr.), der als Begründer der Bibelwissenschaft gilt, wurde von Erasmus sehr geschätzt. (Erasmus hatte noch kurz vor seinem Tode die Absicht geäußert, eine Apologie des Origenes gegen seine Verleumder zu schreiben.) In seinem Werk ›Contra Celsum‹ setzt sich Origenes mit der weltlichen Kritik am christlichen Pazifismus auseinander (in vorkonstantinischer Zeit wohlgemerkt). Origenes zitiert den außerchristlichen »Vorwurf: ›Wenn sich alle so wie ihr (Christen) verhielten, könnte es leicht dazu kommen, daß der Kaiser alleine ohne Waffen dastünde und das ganze Land eine Beute der Barbaren würde.‹ [C. Celsum VIII, 68.] Origenes beantwortete den Vorwurf mit dem Hinweis auf das Friedensgebot Jesu: ›Wir sind gekommen, den Ermahnungen Jesu folgend, die Schwerter zu zerbrechen, mit denen wir einst unsere Meinungen verfochten und unsere Feinde angegriffen haben, und wir verwandeln die Speere, die wir früher im Kampf verwendeten, in Pflugscharen. Denn wir ziehen nicht mehr das Schwert gegen ein Volk und wir erlernen nicht mehr das Kriegshandwerk, nachdem wir durch Jesus Kinder des Friedens geworden sind.‹ [C. Celsum V, 33.] Andererseits betont Origenes die Bereitschaft der Christen, sich durchaus für die Sache des Kaisers zu engagieren, nur nicht in Form des Kriegsdienstes: ›Es

gibt keinen, der für den Kaiser besser streitet als wir. Wir ziehen zwar nicht mit ihm in den Krieg, auch dann nicht, wenn er es befehlen würde, aber wir kämpfen für ihn, indem wir ein eigenes Heer bilden, ein Heer der Frömmigkeit durch unsere Gebete zu Gott.‹ [C. Celsum V, 33.]«

Ebenso betonte Laktanz (der ›christliche Cicero‹) Anfang des 4. Jh. n. Chr. in seinen 7 Büchern ›Divinae Institutiones‹ (Unterweisungen in der Religion) das absolute Tötungsverbot für Christen, das selbst für einen Verteidigungskrieg gilt: »›Wenn Gott das Töten verboten hat, dann hat er nicht nur das Räuberunwesen verboten, das auch durch die staatlichen Gesetze bestraft wird, sondern er weist uns darauf hin, auch das nicht zu tun, was die Menschen ansonsten für erlaubt halten. Und deshalb kann der Gerechte nicht Soldat sein, denn die Gerechtigkeit ist sein Militärdienst. ... Deshalb darf es für dieses göttliche Gebot keine einzige Ausnahme geben, die es erlaubte, einen Menschen zu töten. Gott hat gewollt, daß der Mensch ein heiliges Lebewesen sei.‹ [Inst. VI, 20.]«

(Zitate: Origenes und Laktanz aus dem Hb. d. christl. Ethik, Bd. 3; s. annot. 138, S. 427 f.)

Erasmus besorgte um 1515 gerade die lange vorbereitete Herausgabe der Hieronymus-Briefe, so daß ihm die Friedensmahnungen des Heiligen Hieronymus ganz gewiß präsent waren. Hieronymus (ca. 348–420 n. Chr.) schrieb in einem (vermutlich nach 406 verfaßten) Brief an den jungen Mönch Rusticus: »›Wende dich ab vom Bösen und tue das Gute! Suche den Frieden und jage ihm nach!‹ Wenn wir das Schlimme nicht hassen, können wir das Gute nicht lieben. Noch besser, wir müssen das Gute tun, um dem Bösen aus dem Wege zu gehen. Wir müssen den Frieden suchen, um dem Kriege auszuweichen. Aber es genügt nicht, den Frieden zu suchen. Vielmehr müssen wir ihm, wenn wir ihn gefunden haben und er wieder entfliehen will, mit allem Eifer nachjagen. Denn dieser Friede ist über jeden Begriff erhaben, bedeutet er doch die Innewohnung Gottes nach dem Worte des Propheten, das da lautet: ›Seine Stätte ist bereitet im Frieden‹.«

(Des Heiligen Kirchenvaters Eusebius Hieronymus Ausgewählte Briefe, aus dem Lateinischen übersetzt von Dr.
Ludwig Schade, 1. Briefband; in ›Bibliothek der Kirchenvä-
ter‹, 2. Reihe Bd. XVI, München 1936, S. 229)

140 Erasmus ersetzte eine vorher weniger umschriebene
Aussage durch die etwas vorsichtigere Formulierung ›deni-
que ut parum prudentes au pii‹ (›oder schließlich zu wenig
klug und fromm‹). Mrs. Mann-Phillips merkt zu dieser
Stelle an: »Up to 1526, this ran: ›they were either stupid or
bad‹« – Das kommt in der Varnbüler-Übersetzung von
1519 auch deutlich zum Ausdruck: »Nun sind die päpst
zum ersten ye auch menschen geweßen / darnach mag sein
dz sy eintweders stocknarren oder bößwicht gewesen«.
Sebastian Franck scheint sich hier augenfällig am Varnbü-
ler-Text orientiert zu haben: »Die Päpste sind Menschen
gewesen und mag sein, daß sie entweder Stocknarren oder
Bösewichter gewesen sind.«
Man beachte, daß die Unfehlbarkeit des Papstes zwar
schon von Thomas von Aquin angedeutet war, aber erst
1870 auf dem Vaticanum proklamiert wurde. – Die Päpste
selbst schätzten sich früher menschlich-realistischer
ein.
So »wird von Papst Julius III. (1550–55) erzählt, er habe
einem portugiesischen Mönche, der ihn bemitleidete, weil
er mit der Herrschaft über die ganze Welt belastet sei,
geantwortet: ›Wenn Ihr wüßtet, mit wie wenig Aufwand
von Verstand die Welt regiert wird, so würdet Ihr Euch
wundern.‹«
(Zitat in Georg Büchmann, Geflügelte Worte, Berlin
1972[32], S. 629)

141 Bernhard von Clairvaux (1090–1153), der als hervorra-
gender christlicher Mystiker den Beinamen ›Doctor melli-
fluus‹ (›honigfließender Lehrer‹) bekam, hatte maßgebli-
chen Einfluß auf die weite Verbreitung des Zisterzienseror-
dens. In Bertholets ‹Wörterbuch der Religionen‹ heißt es
von ihm: »Sein Leben schwankt zwischen asketischer
Weltflucht und dem Versuch einer unmittelbaren, relig.
Weltbeherrschung.« Ihm wird nachgesagt, daß er mit sei-

ner Predigt die Könige Frankreichs und Deutschlands zum
2. Kreuzzug (1147–49) drängte. – Im Bericht des Internationalen Bernhardkongresses/ Mainz 1953 fand sich zu dem
Thema nur ein deutschsprachiger Literaturhinweis: »O.
Frhr. v. Taube, Von Kreuzzug, Krieg und den Juden: Zwei
Briefe des Bernhard von Clairvaux (Traktate vom wirklichen Leben 21), München 1948«.

Die von Erasmus angesprochene Abhandlung Bernhards
›De laude novae militiae ad milites templi‹ wird von Ferdinand Geldner erwähnt: »Der heilige Bernhard ist geneigt,
in der weltlichen Militia mehr eine Malitia zu sehen und
prophezeit denen, die dabei umkommen, den ewigen Tod;
die Tempelritter aber ermahnt er mutig zu streiten für den
Glauben, sie sind die Kämpfer Gottes, Christi Ruhm wird
gemehrt durch den Tod eines Ungläubigen ...«
(Ferdinand Geldner, Die Staatsauffassung und Fürstenlehre
des Erasmus von Rotterdam [in ›Historische Studien‹, Heft
191], Berlin 1930, S. 19)

In einem Brief an den Zisterzienserabt Anton von Bergen
hatte Erasmus bereits im März 1514 seine pazifistischen
Überlegungen dargetan. Entschieden am ursprünglichen
Christentum orientiert, stellt er schließlich jede Empfehlung zum Kriege in Frage:

»Wenn Rechte den Krieg gestatten, so sind sie plump und
schmecken nach entartetem Christus. Und billigen sie
denn überhaupt *diese* Kriege?? Freilich sooft im Eifer des
Glaubensschutzes der christliche Friede gegen die Angriffe
der Barbaren verteidigt wird, da sehe ich, wie mitunter
fromme Männer den Krieg nicht verwerfen. Doch warum
kommen solche wenigen Menschenäußerungen mir eher
in den Sinn als die vielen Worte Christi, der Apostel, der
rechtgläubigen und bewährten Väter über den Frieden und
über Duldung der Bösen?«
(Erasmus von Rotterdam, Briefe, verdeutscht u. hg. v. Walther Köhler, Leipzig 1938, S. 100)

142 Sebastian Franck referiert das im ›Kriegbüchlein des
Friedes‹ (vgl. annot. 118) folgendermaßen: »Warum sollte
mich, sagt Erasmus, die Lehre Christi nicht mehr bewegen

denn die Disputatio des Thomas oder das Schreiben von Bernhard, Augustinus etc., die sich selbst nit allenthalben gleich sehen oder tauglich sind?«

Augustinus wird allerdings (und sicher nicht unabsichtlich) bei Erasmus an dieser Stelle nicht erwähnt. – Bemerkenswert, daß auch Margaret Mann-Phillips in ihrer Einleitung zu den Adagien (1964, S. 105) vermutet: »In Opposition zu einigen der [Kirchen-]Väter – besonders St. Augustin – aber in Übereinstimmung mit St. Hieronymus, empfand Erasmus, daß es keine Fälle gibt, in denen Krieg in Harmonie mit dem Evangelium möglich sein könnte.«

Warum Augustin vom eigenen Anspruch her gar nicht in die von Erasmus formulierte Aufzählung passen würde, soll aus einer Tischrede Martin Luthers erhellt werden: »Darum gefällt mir S. Augustinus vor allen andern Lehrern, denn er ist ein großer, trefflicher Doctor, und alles Lobens wert, ob er wohl eine kleine Gemeinde und Kirchspiel gehabt, doch hat er rechtschaffen und rein gelehret und seine Bücher mit christlicher Demut der Heiligen Schrift unterworfen, wie auch in dem Dekret stehet: Nolo meis scriptis etc. Du sollst meinen Büchern nicht wie der Heiligen Schrift glauben, in welcher du finden wirst, was du vorher nicht glaubtest, dasselbe glaub unverzüglich; was du aber in meinen Schriften nicht für gewiß hältst, sollst du gewiß nicht halten, du verstehts denn gewiß. Da protestiert, bezeuget, erkennet, beschließt und zwinget er selbst, der liebe Mann, daß man seinen Schriften nicht größern Glauben geben, noch der Heiligen Schrift gleich setzen, viel weniger vorziehen soll.« (Henri Marrou, Augustinus, Reinbeck 1958; ›Zeugnisse‹ S. 161)

Erasmus hat in seiner ›Ratio‹ ebenfalls auf die von Augustin postulierte Urteilsfreiheit des Lesers hingewiesen.

An dieser Stelle sind vielleicht einige Ausführungen zu Augustin angebracht. Augustinus (354–430) gilt als der maßgebliche Begründer der christlichen Variante vom gerechten Krieg. Im ›Historischen Wörterbuch der Philosophie‹ Bd. 4 (Hg. Joachim Ritter und Karlfried Gründer, Darmstadt 1976) steht beim Stichwort ›Krieg‹ (Artikelau-

tor E. A. Nohn) u. a.: »Während das frühe, nicht staats-
kirchlich organisierte Christentum den Kriegsdienst weitgehend ablehnte, wurde durch Augustin, in Beantwortung
der Frage, ob Krieg Sünde sei, der *justum-bellum-Topos* in
die christliche Philosophie eingeführt. Jedes Kriegführen
will letztlich den Frieden in einem gerechten Zustand.
Wenn ein bestehender Friedenszustand ungerecht ist, so ist
der Krieg, der aus dem Interesse an der Verbindung von
Frieden und gerechtem Zustand geführt wird, unvermeid-
lich.«

Daß Augustins Überlegungen so einfach (und leichtfertig!)
nicht interpretiert werden können, sollte bereits die anno-
tatio 128 belegen.

Augustin gehört zu den großen Denkern des Abendlandes.
Die ›Bekenntnisse‹ und der ›Gottesstaat‹ sind immer noch
interessant zu lesen, gerade weil Augustin uns nicht ein
anonym rationales Welterklärungs-System vorsetzt, sondern eine sehr persönliche Schau darlegt, in die sein reich-
haltiges Wissen, sein tiefes Nachdenken, aber auch pole-
mische Auseinandersetzungen mit seinen Zeitgenossen
einflossen. Löst man seine Erwägungen aus dem Kontext
und gibt den einzelnen Aussagen einen absoluten Wert,
dann braucht man sich über Mißdeutungen nicht zu wundern.

Paulus Engelhardt (s. annot. 97 + 137/138; S. 78 f.)
schreibt: »Zwar hat Augustinus die Überlegungen zum
gerechten Krieg und die zur Gewaltanwendung gegen Häretiker nie zusammengebracht, aber die mittelalterlich-
kirchenrechtliche Vermittlung und die immer lebendige
Tendenz, Kriege auch als ›heilige Kriege‹ zu rechtfertigen,
trugen zu jener verändernden Wirkungsgeschichte bei, die
man gern den ›politischen Augustinismus‹ nennt.«

Um 1140 wurde im ›Decretum Gratiani‹ mit augustini-
schen Reflexionen (leicht verändert und auf Kurzdefinition
gebracht) die Bedingungen für einen gerechten Krieg festgelegt: »Ein gerechter Krieg ist ein solcher, der auf Grund
einer autoritativen Anordnung geführt wird und durch den
Unrecht geahndet wird.« (Zitat aus Engelhardt, S. 83).

Dieses Dekret, das aus einer Vorlesungs-Skripte erwuchs, wurde Grundlage des katholischen Kirchenrechts.

Die in scholastischer Manier gefaßten Ordnungspunkte ›ob Kriegführen Sünde sei‹ und ›was ein gerechter Krieg ist‹, finden sich nirgends bei Augustin, sondern erst bei Gratianus (einem Theologen, der in Bologna Vorlesungen über Kirchenrecht hielt und für sein gesamtes Vorlesungsmanuskript etwa 3800 Texte zusammenbrachte). Beachtet werden muß zudem, daß Gratian vorwiegend eine frühe antimanichäische Schrift Augustins (Contra Faustum XXII 74 f.), nicht aber die tiefergehenden Gedanken zum Problem des gerechten Krieges im ›Gottesstaat‹ berücksichtigte. (Einzelheiten s. P. Engelhardt, S. 76 ff.)

Daher steht Erasmus mit seiner Kritik an der Praxis des gerechten Krieges mehr im Gegensatz zu den Dekretisten als zu Augustinus selbst.

In bezug auf die Theorieentwicklung vom gerechten Krieg im allgemeinen und bei Augustinus im besonderen heißt es im Handbuch der christlichen Ethik (s. annot. 138): »Leitgedanke der Theorie vom gerechten Krieg bildet *das Prinzip*, daß Kriege grundsätzlich nur um des Friedens willen geführt werden dürfen.«

Von einem Zeitgenossen des Erasmus gibt es dazu einen denkwürdigen Schwank – da sich offenbar nur ein Tor über dieses merkwürdige Prinzip Gedanken machen kann:

»*Eyn Narr räth zum frieden vorm krieg*«

»Man zog einmal aus in einen Krieg, mit großer Rüstung, da stand ein Narr da und fragt, was das für ein Leben wär? Man sprach: ›Man zieht in den Krieg.‹ Der Narr fragt, ›Was tut man in dem Krieg?‹ Man antwortet, man verbrenne Dörfer und gewinnt Städte und verdirbt Wein und Korn und schlage einander zu Tode. Der Narr sagt: ›Warum geschieht das?‹ Man antwortet, ›Daß man Frieden mache.‹ Da sagt der Narr: ›Es wär' besser, man machte vorher Frieden, damit solcher Schaden vermieden bliebe. Darum, so bin ich jetzt gewitzter als eure Herrn. Wenn es an mir wäre, so wollt' ich vor dem Schaden Frieden machen und nicht danach, wenn der Schaden geschehen ist.‹«

Dieser frühneuhochdeutsche Text, den ich vorsichtig der Gegenwartssprache angeglichen habe, stammt aus der Schwanksammlung ›Schimpf und Ernst‹ des Elsäßer Franziskaner-Predigers Johannes Pauli (ca. 1455–1530). Als Vorlage diente die Wiedergabe in ›Komische und humoristische Literatur der deutschen Prosaisten des 16. Jahrhunderts‹, Auswahl Ignaz Hub., Nürnberg 1856. – Paulis Schwanksammlung wurde erstmals 1522 in Straßburg gedruckt.

Ganz so närrisch war die Leitidee von Augustin wohl nicht gemeint. Bei einem ›Streifzug‹ durch das berühmte 19. Buch (das Friedenskapitel) des Gottesstaates bekommt Augustins Darstellung vom Friedensprinzip des Krieges nämlich einen etwas anderen Stellenwert. Augustin erwähnt zwar, daß, wenn man so will, letztlich alle bloß den Frieden wollen, sogar die Kriegsführer und Ruhestörer, doch wollte er mit dieser Analyse den moralischen Blickwinkel eher weiten als einengen.

Buch 19,12. (S. 551): »Denn wie es niemanden gibt, der sich nicht freuen wollte, gibt es auch niemanden, der keinen Frieden haben will. Wollen doch *selbst die*, welche Krieg wollen, nichts anders als siegen, trachten also danach, durch Krieg zu ruhmvollem Frieden zu gelangen. Denn was ist Sieg anders als Unterwerfung der Widersacher? Ist das aber erreicht, so ist Friede. Mit Friedensabsicht werden also auch die Kriege geführt, sogar von denen, die durch Kommandieren und Kämpfen die kriegerische Tüchtigkeit üben wollen. Friede ist demnach das erwünschte Ende des Krieges. Denn jedermann erstrebt durch Kriegführen Frieden, keiner durch Friedensschluß Krieg. Auch die, welche den Frieden, in dem sie leben, stören wollen, hassen ja nicht den Frieden als solchen, sondern wollen nur einen anderen, der ihren Wünschen entspricht.«

Das Fazit, das Augustin aus dieser allgemeinen naturgesetzlichen Grundidee des Friedens dann zieht, ist so undifferenziert nicht: (S. 554) »Freilich verdient es der Friede der Gottlosen, wenn man ihn mit dem Frieden der Gerechten vergleicht, nicht Friede genannt zu werden, wie jeder ein-

sehen muß, der Rechtes dem Schlechten und Wohlgeord-
netes dem Verkehrten vorzuziehen weiß.«

Die Leitidee Augustins entsprach bestimmt nicht einer
Empfehlung, den Frieden durch Krieg zu suchen, sondern
muß unter dem Aspekt des ›*selbst die*‹ verstanden werden
(und kann eigentlich nur durch Augustins besondere Philosophie von Gut und Böse richtig geordnet werden).

Auch in der Auseinandersetzung von Gottesvolk und
Weltstaat empfiehlt er den sog. irdischen Pilgern, deren
Friedenssuche auf Gott ausgerichtet ist (S. 560), niemals
einen ›heiligen Krieg‹. (Buch 19,26./S. 584):

»Davon sagen die heiligen Schriften der Hebräer: ›Glückselig das Volk, dessen Herr Gott ist.‹ [Ps. 144,15] Unselig also
ein Volk, das diesem Gott entfremdet ist. Doch liebt auch
solch ein Volk seine Art Frieden, den man nicht schelten
soll. Es wird ihn freilich am Ende nicht mehr besitzen, weil
es vor dem Ende sich seiner nicht recht bediente. Daß es ihn
aber einstweilen in diesem Leben besitze, daran haben
auch wir Interesse. Denn solange die beiden Staaten miteinander vermischt sind, bedienen auch wir uns des Friedens Babylons. Zwar wird das Gottesvolk durch den Glauben von Babylon befreit, doch muß es einstweilen noch bei
ihm als Pilgrim weilen. Deswegen ermahnte auch der
Apostel die Kirche, für seine Könige und Würdenträger zu
beten, und fügte hinzu: ›Auf daß wir ein ruhiges und stilles
Leben führen mögen in aller Gottseligkeit und Liebe.‹
[1 Tim 2,2] Und auch der Prophet Jeremia, der dem alten
Gottesvolk die Gefangenschaft vorhersagte und ihm im
Namen Gottes befahl, gehorsam nach Babylon zu gehen
und durch solche Geduld seinem Gott zu dienen, mahnte
es, für dies Babylon zu beten. Denn, so sagte er, ›ihr Friede
ist auch euer Friede‹ [Jer 29,7], wobei er natürlich nur an
den zeitlichen Frieden dachte, der Guten und Bösen gemeinsam ist.«

(Aurelius Augustinus, Vom Gottesstaat, Bd. II, Vollständige Ausgabe, eingeleitet und übertragen von Wilhelm
Thimme, Zürich 1955)

»Die kirchliche Kriegsethik, wie sie von *Augustin* ausgearbeitet worden ist, und die alle christlichen Großkirchen geerbt haben« (Gollwitzer 1977) – ist von Augustin jedenfalls nie ausgearbeitet worden.

»Der Vater der Lehre vom ›gerechten Krieg‹ ist Augustinus (ausführlich zur ganzen Lehre: Hirtenworte [USA], S. 173 ff.)«, schreibt auch der Rechtsphilosoph Arthur Kaufmann (in ›Gerechtigkeit – der vergessene Weg zum Frieden‹, München 1986) mit vertrauensvoller Selbstverständlichkeit. – »Die Rede vom gerechten Krieg hat im Laufe der Geschichte der katholischen Theologie verschiedene Formen angenommen, aber dieses Verständnis bei Augustinus blieb die zentrale Voraussetzung. ... Wir haben bereits darauf hingewiesen, daß es sich hier um ein zentrales Prinzip für das Verständnis der katholischen Lehre vom Staat und seinen Pflichten handelt«, heißt es in jenem Pastoralbrief der katholischen Bischofskonferenz der USA (in ›Hirtenworte zu Krieg und Frieden‹, Köln 1983, S. 174 f.). – Im Quellennachweis 31 wird Augustin in den Mund gelegt: »›Krieg und Eroberung sind in den Augen grundsatztreuer Männer eine traurige Notwendigkeit; aber es wäre schlimmer, wenn die Übeltäter die Gerechten beherrschen würden‹, De civitate dei, B.IV, C. 15. Aurelius Augustinus, ...« – Die amerikanischen Bischöfe haben damit aber den Vogel abgeschossen; denn in dem besagten Buch IV formulierte Augustin keine moralischen Imperative für das ›gerechte Christenvolk‹, sondern nahm den heidnischen Götterkult, die fragwürdig-glücklichen Großmächte und die sogenannten gerechten Kriege der Römer aufs Korn. »Wozu Jupiter? Victoria würde reichen« hieß es im 14. Kapitel. Und im 15. Kap. des IV. Buches stellt Augustin fest, daß die Römer eine ihrer wichtigsten Göttinnen bisher nicht namhaft machten: »Mögen sie also zusehen, ob es überhaupt für gute Männer schicklich ist, sich über des Reiches Größe zu freuen. Freilich, wenn es gerechte Kriege waren, hat die Schlechtigkeit derer, die man bekriegte, zur Ausdehnung des Reiches geholfen. Es wäre klein geblieben, wenn Ruhe und Rechtlichkeit des Nachbarn durch keinerlei Unbill den Krieg herausgefordert hätte. Dann sähe es besser auf Erden aus, alle Reiche würden klein sein und sich nachbarlicher Eintracht erfreuen, und es gäbe in der Welt eine große Fülle von Völkerreichen, wie in der Stadt eine Menge von Bürgerhäusern. Demnach ist Krieg führen und durch Unterwerfung von Völkern das Reich erweitern nur nach Ansicht böser Menschen ein Glück, nach Ansicht der guten allenfalls eine Notwendigkeit. Immerhin, da es noch ärger wäre, wenn Übeltäter über Gerechte herrschten, kann man auch das mit einigem Recht Glück heißen. Doch ohne Zweifel ist es größeres Glück, mit einem guten Nachbarn in Eintracht zu leben, als einen bösen durch Kriegführen zu unterjochen. Ein übler Wunsch jedenfalls wäre es, wollte man jemanden haben, den man hassen oder fürchten müßte, um ihn dann besiegen zu können. Sollten also die Römer durch lauter gerechte und nicht etwa gottlose und bösartige Kriege ihr großes Reich erworben haben, wäre es dann am Ende angebracht gewesen, die Ungerechtigkeit der andern als Göttin zu verehren? Wir sehen doch, daß sie viel zur Ausbreitung der Herrschaft beigetragen hat; denn sie war's, die die Leute ungerecht machte, so daß gegen sie gerechte Kriege zur Vergrößerung des Reiches geführt werden mußten. Warum sollte auch die Ungerechtigkeit, wenigstens die fremder Völker, nicht eine Göttin sein, wo doch Furcht und Schrecken und Fieber zur Würde römischer Götter aufsteigen durften? Wenn das also die beiden Gottheiten waren, fremde Ungerechtigkeit und Victoria, und Ungerechtigkeit für Kriegsanlässe sorgte, Victoria aber die Kriege glücklich beendete, mußte das Reich wachsen, auch wenn Jupiter sich dem Müßiggang ergab...« Das sollten die Amerikaner einmal aufmerksam lesen! – Dagegen bezeugte Augustin vom Gott Christi (Buch IV, Kap. 2): »er läßt seine Sonne aufgehen über den Guten und Bösen und läßt regnen über Gerechte und Ungerechte«. – Augustin überlegt, daß eine Herrschaft der Guten und Redlichen (die er vorher genauer charakterisierte) gewiß wertvoll und heilsam für die menschlichen Verhältnisse wäre, – aber daß die Übeltäter die Gerechten beherrschen könnten, bestreitet er nach christlichem Verständnis: (Buch IV, Kap. 3) »Denn das Übel, das den Gerechten von gottlosen Herren zugefügt wird, ist nicht Strafe für Vergehen, sondern Tugendprobe. So ist denn der gute Mensch frei, auch wenn er dient, der böse ein Knecht, auch wenn er herrscht, und zwar Knecht nicht eines einzelnen Menschen, sondern was schlimmer ist, so vieler Herren, wie er Laster hat. Von diesen Leuten sagt die Heilige Schrift: ›Denn von wem jemand überwunden ist, des Knecht ist er geworden.‹«

(›Vom Gottesstaat‹ Bd. I, übersetzt von Wilhelm Thimme, s. o.)

Die Deutung, Augustin empfehle den gerechten Krieg, weil es schlimmer wäre, wenn die Übeltäter die Gerechten beherrschen würden, ist absurd. Wir huldigen einer römischen Göttin!

143 Dieser Abschnitt soll einmal in der lebendigen Nacherzählung Sebastian Francks vorgeführt werden:

»Du sprichst, es ist Gottes Ordnung, die Übeltäter zu strafen, darum gebührt sich zu kriegen. Darauf gibt Erasmus diesen Unterschied und Bericht: die gerichtlich überwunden werden, straft das Gesetz. Aber im Kriege beschuldigt je ein Teil den andern und ist noch nicht erörtert, wer recht habe. Dazu fällt das größte Übel in Kriegen auf die, die am wenigsten verschuldet haben, auf Bauern, Witwen und Waisen. Der, den man strafen sollte und über den das Spiel ist angelegt, gehet leer aus. Die Bauern leihen das Haar her, und wenn sich die Herren miteinander genug gerauft haben, so bieten sie einander die Hände und ist der arme Mann zerzauset und die, so den Sieg verloren haben, sind geprellt.«

(Sebastian Franck, s. annot. 118, S. 146).

Die modernen Kriege werden ebensowenig zwischen den Regierenden bzw. zwischen den sog. Kombattanten (den Streitkräften) ausgetragen. Wohin die Strafverteilung läuft, belegt eine nüchterne Statistik (s. S. 168):

144 Es ist sicher nicht zufällig, daß Erasmus auf die gravierenden Unterschiede im Sanktions-Charakter einer gerichtlichen Bestrafung und einer angeblich Gerechtigkeit

	Gesamtzahl der Toten	Militär	Zivilisten
1. Weltkrieg	9,8 Mill.	95%	5%
2. Weltkrieg	52,0 Mill.	52%	48%
Koreakrieg	9,2 Mill.	16%	84%
Als Hochrechnung für einen möglichen 3. Weltkrieg steht:	300,0 Mill.	2	98

(Nach F. Vilmar 1965; in Hermann Pfister/Alfred Walter, Friedensforschung in der Bundesrepublik Deutschland, Waldkirch 1975, S. 232.)

heischenden Kriegführung hinweist: Diese Unterschiede hatte Thomas von Aquin jedenfalls nicht bedacht.
Die ›Auctoritas principis‹ (s. annot. 97.) war ja nach Thomas von Aquin Kriterium Nr. 1 für ein christlich-sittlich gerechtfertigtes Kriegsunternehmen. Dem Staatsoberhaupt war somit das Recht auf Krieg (Jus ad bellum) als heiliges Privileg zuerkannt, um Ungerechtigkeit zu ahnden.
Zu diesem thomistischen Ordnungspunkt bemerkt Paulus Engelhardt (s. annot. 97) S. 85 f.: »Dabei wird die auctoritas principis von der ›Privatperson‹ abgegrenzt, die nicht das Recht hat, einen Krieg zu führen, ›weil sie ihr Recht vor dem Gericht des Vorgesetzten verfechten kann‹. Diese Bemerkung bestätigt einerseits den Wegfall einer den genannten ›Fürsten‹ übergeordneten Rechtsinstanz; andererseits wird der Gedanke von Thomisten (besonders des 20. Jahrhunderts) aufgegriffen, um eine solche (internationale) Rechtsinstanz zu fordern, die den Krieg überflüssig und damit auch unerlaubt macht.«
145 »Es ist Realismus im Dienst der grundlegenden Sorge um *Gerechtigkeit*, der in einer solchen Geschichte die Beibehaltung des Prinzips von der legitimen Verteidigung fordert.«
Ein Zitat von Papst Johannes Paul II., das erkennen läßt, wie wenig sich in den Überlegungen zum ›gerechten Krieg‹ inzwischen getan hat. – Das von Erasmus in Frage gestellte moraltheologische Edikt ist nach wie vor gültig.
›Papst definiert das Prinzip der legitimen Verteidigung‹,

lautete die Artikelüberschrift in der Zeitung ›Die Welt‹ vom 24./25. Dez. 1983. (Diesem Artikel sind die obige und die folgenden Notizen entnommen).

»*Frieden* sei nur dann echt, wenn er die ›Frucht der Gerechtigkeit‹ sei. Der rechtdenkende Mensch weigere sich, vor der Ungerechtigkeit zu kapitulieren und sich mit ihr zu kompromittieren, lautet einer der Kernsätze der Erklärung von Joh. Paul II. Eine Gesellschaft ist nicht gerecht, wenn sie nicht die Grundrechte der menschlichen Person achtet. ...

Wer den Frieden ›zutiefst will‹, werde sogar – so paradox dies auch klingt – jenen Pazifismus zurückweisen, der nur Feigheit oder eine simple Wahrung der Ruhe sein würde. ...

Jedenfalls könne der Friede nur einem neuen Herzen entspringen, denn er werde – ebenso wie der Krieg – im Herzen des Menschen geboren. Der Mensch ist es, der tötet, und nicht sein Schwert.«

Dabei hat der Papst doch Kenntnis von unserer heutigen Waffenpotenz, die, falls sich ›der Mensch‹ nicht ein Herz faßt, sie zu eliminieren und durch bessere Rechtsinstanzen zu ersetzen, letztlich eine ›amerikanische Hiroshima-Gerechtigkeit‹ garantiert.

»Papst fordert am 12. Nov. 83 die Wissenschaftler auf, ihre Entdeckungen nicht in den Dienst des Krieges zu stellen ... aus den Werkstätten des Todes zu desertieren und statt dessen in den Werkstätten des Lebens zu arbeiten« notierte ich mir aus dem Wochenmagazin DER SPIEGEL Nr. 49 vom 5. Dez. 1983.

Wäre damit das Verhängnis der Konstantinischen Wende für die Christenheit beendet, das kirchlich abgesegnete ›Justum bellum‹ angesichts der teuflischen Waffen als Verfehlung erkannt? Als Kleinmitteilung in der B.Z. – »Die größte Zeitung Berlins« – vom 9. 4. 1984 las man: ›Wehrdienst und Christentum miteinander vereinbar‹ / Rom, 9. 4. »Wehrdienst und Christentum sind vereinbar. Das erklärte Papst Johannes Paul II. in einer Predigt vor 16 000 uniformierten Soldaten aus 24 nicht kommunistisch regierten Ländern. Der Papst: ›Sie sind Diener für Sicherheit und Freiheit. Denn Kriegsverhinderung ist ein Dienen für den Frieden.‹«

Christlicher Glaube an das Gleichgewicht des Schrekkens?

Gleich unterhalb jener Mitteilung aus Rom wird aus London über eine in den USA vorgenommene Umfrage einer britischen Fernsehgesellschaft berichtet: »Auf die Frage, ob die USA Atomwaffen einsetzen sollten, um einen Sowjetischen Angriff auf West-Europa aufzuhalten, reagierten 54 Prozent der Befragten mit ›nein‹. 34 Prozent befürworteten einen solchen Einsatz.«

In einem Artikel über den Vatikan (DER SPIEGEL Nr. 48, 25. Nov. 1985) war erwähnt: »Fallen Bischöfe der Kurie als ›anomal‹ auf, erhalten sie auf Order des Papstes Besuch von einem anderen, gehorsamen Amtsbruder, der sie zu einem orthodoxen Kurs überreden will. So erging es einigen amerikanischen Bischöfen, die sich allzusehr für den Kampf gegen die Rüstungspolitik engagiert hatten.«

Ist aktiver Pazifismus nicht orthodox?

Hat man vergessen, wieviel unsagbares Leid und Unrecht bereits im Namen des ›gerechten Krieges‹ geschah? und daß es sich bei dieser mittelalterlichen Kirchenrechtsordnung durchaus nicht um ein christliches Prinzip handelt?

Der Justum-bellum-Topos ist nicht undiskutiert geblieben. Im Jahre 1947 gemahnte der vatikanische Kirchenrechtler Kardinal Alfredo Ottaviani: ›bellum omnio interdicendum esse‹ = ›Krieg muß im ganzen verboten werden‹. – Der Zweite Weltkrieg hatte Zweifel an der Möglichkeit eines gerechten Krieges aufkommen lassen (schließlich hatte die Mehrzahl der deutschen Bischöfe nach der Polen-Invasion zur Pflichterfüllung gegenüber dem Führer aufgefordert).

In den 50er Jahren wurde dem katholischen Friedensmahner Reinhold Schneider wegen seiner strikten und öffentlich bekundeten Ablehnung einer deutschen Wiederaufrüstung die Exkommunikation angedroht.

Das Bekenntnis zum ›gerechten Krieg‹, das der Papstberater Gustav Grundlach am 22.2.1959 ablegte, ließ aufhorchen: Er war bereit, »den ›Untergang eines ganzen Volkes in der Manifestation der Treue zu Gott gegen einen ungerechten Angreifer‹, ja den Untergang der Welt in Kauf zu nehmen ...« (s. Paulus Engelhardt: ›Die Lehre vom gerechten Krieg‹, annot. 97, S. 111)

›Pax Christi‹ und ›Pacem in terris‹ sind Marksteine für einen anderen Weg.

1944 hatte der französische Bischof Theas – trotz deutscher Kriegsbesatzung – zu einem ›Gebetskreuzzug‹ für Versöhnung und Feindesliebe aufgerufen, woraus später die internationale katholische Friedensbewegung ›Pax Christi‹ hervorging.

Die Enzyklika ›Pacem in terris‹ vom 11.4.1963 ist an die Menschen guten Willens (auch außerhalb der katholischen Kirche) adressiert. Sie ist aus einem Verantwortungsbewußtsein für die gesamte Menschheit entstanden (und enthält auch die Forderung auf Schaffung einer überstaatlichen Weltgewalt). Dieses letzte Vermächtnis zum ›Frieden in der Welt‹ aus der kurzen Amtszeit von Papst Johannes XXIII. d. J. (28. Okt. 1958 – 3. Juni 1963) hätte der offizielle Abschied von der ›Lehre vom gerechten Krieg‹ sein können. Mit Paulus Engelhardt (S. 112) möchte ich folgenden wichtigen Satz aus dieser Enzyklika zitieren: »›Darum widerstrebt es in unserem Zeitalter, das sich rühmt, Atomzeitalter zu sein, der Vernunft (so die offizielle Übersetzung – das ›alienum a ratione‹ müßte übersetzt werden: ›ist es Wahnsinn‹), den Krieg noch als geeignetes Mittel zur Wiederherstellung verletzter Rechte zu betrachten.‹«

146 Folgendermaßen würdigt der amerikanische Historiker und Erasmusbiograph Roland Bainton die Friedensschriften des Erasmus von Rotterdam:

»Man kann fragen, ob seine Friedenspropaganda irgend etwas Neues enthielt, da er größtenteils aus älteren Quellen schöpfte. Aber in mancher Hinsicht ging Erasmus über seine Vorläufer hinaus, und zwar durch die Widerlegung der Theorie vom gerechten Krieg. Sie war in der Antike entwickelt worden und gipfelte in der Formulierung Cice-

ros, daß ein gerechter Krieg die Verteidigung der Gerechtigkeit und die Wiederherstellung des Friedens zum Ziel
haben müsse. Er darf nur vom Staat geführt werden. Eine
förmliche Kriegserklärung ist erforderlich, Achtung der
Verträge, Verschonung Unschuldiger und menschliche Be-
handlung von Geiseln und Gefangenen. Augustin machte
die Lehre zu einer christlichen, indem er hinzufügte, das
Motiv müsse Liebe sein und das Recht könne nur bei einer
Seite sein, weil ein gerechter Krieg einen ungerechten
voraussetzt. Die gesamte Theorie beruht auf einer Analo-
gie zwischen dem Krieg und der Rechtsanwendung im
Staat, und genau an diesem Punkt widerlegt Erasmus sie.
Der Staat, so erinnert er uns, hat Gerichtshöfe, an denen
unparteiische Richter Streitfälle beurteilen und entscheiden, auf welcher Seite das Recht liegt. Bei Kriegen zwischen verschiedenen Staaten gibt es keine derartige Ge-
richtsorganisation. Jede Seite urteilt, daß ihre eigene Sache
die gerechte ist. Tatsächlich ist aber bei einem Streit um
Gebiete Gerechtigkeit gar nicht möglich. Wo gibt es ein
Stück Land, das nicht im Lauf der Zeit einmal diesem,
einmal jenem Staat gehört hat? Die Römer könnten auf
Grund früherer Besitzverhältnisse Spanien oder Afrika beanspruchen, und Padua könnte versuchen, das Gelände des
alten Troja zu erhalten, weil der Gründer von Padua nach
Vergil ein Trojaner war. Man kann einen Streit um ein
Gebiet nicht danach entscheiden, wem es früher gehörte.
Er kann nur durch beiderseitiges Entgegenkommen beigelegt werden. Nichts so Eindringendes war bis dahin über
diese Fragen gesagt worden und nichts Weiseres wurde je
gesagt.«
(Roland H. Bainton, Erasmus, Reformer zwischen den
Fronten/ aus dem Amerikanischen von Elisabeth Langer-
beck, Göttingen 1972, S. 118 f.)
147 Publius Vergilius Maro / Vergil (70–19 v. Chr.) schildert
in dem römischen Nationalepos ›Aeneis‹: »Mitten aus der
Hand der Achiver konnte *Antenor* flüchten, drang zur
illyrischen Bucht und sicher bis tief ins Reich der Liburner,
konnte Timavus' Quell überwinden, wo er aus dumpf

erdröhnendem Berg durch neunfache Mündung bricht, ein brausendes Meer, und rauschend peitscht die Gefilde. Er aber gründet hier *Patavium*, gründete Wohnsitz hier den Teukrern, nannte den Stamm und hängte die Waffen Trojas dort auf. Nun darf er Frieden in Ruhe genießen.«
(Vergil, Aeneis, I. Buch, Zeile 242–249, Übers. Johannes Götte, München 1958)

[148] Ein Analogon: »*Amis raus aus USA, Winnetou ist wieder da*« nannte die F.A.Z. am 21. Jan. 1983 (Auch ein ›Jahr der Sprayer‹) als einen unliebsamen Wandspruch; obwohl heute natürlich keiner diese Aufforderung für voll nimmt. Doch so lange verjährt ist das gar nicht.

Im Jahre 1564 hatte der für die Menschenrechte sich stark machende Dominikaner Bartolomé de Las Casas erklärt: »›daß sämtliche Kriege und Eroberungen der Spanier in der Neuen Welt von 1492 bis zu diesem Jahr 1564 ungerecht gewesen seien‹. Er forderte deshalb, Amerika seinen früheren Herren zurückzuerstatten.«
(s. Paulus Engelhardt, ›Die Lehre vom gerechten Krieg‹, s. annot. 97, S. 90)

Die B.Z. vom 9. 4. 1984 meldete: ›*Indianer: Tennessee darf Land behalten*‹. »New York, 9. 4./ Tennessee kann unser ›heiliges Vorväterland‹ behalten, das wir vor 146 Jahren eingebüßt haben. Das ist das Ergebnis einer Abstimmung der beiden Tscherokesen-Stämme. Die Tagung des Tscherokesen-Rates war die erste Stammesversammlung nach der Vertreibung der Indianer im Jahre 1838.«

Nachtrag: Die ›Frankfurter Rundschau‹ meldet am 14. 10. 1985/ S. 28: »*Indianer erhalten Land zurück*/ 105 Jahre nach der Enteignung Unrecht wiedergutgemacht«: »PROVIDENCE, 13. Oktober (AP). 105 Jahre nach der Enteignung ihrer Vorväter durch die Gesetzgeber des US-Staates Rhode Island haben am Wochenende Nachfahren der Narraganset-Indianer ein 360 Hektar großes Gebiet ihres ursprünglichen Stammeslandes zurückerhalten. Ein Rechtsstreit, der sich seit einer 1975 erhobenen Klage der Narraganset-Indianer hingezogen hatte, wurde mit der Unterschrift des Gouverneurs Edward Diprete unter ein Dokument beendet, in dem das Land dem Stamm wieder zuerkannt wird.

›Es ist dies das erste Mal in unserer Geschichte, daß wir irgend etwas dort zurückbekommen haben, wo man es uns genommen hatte. Wir haben einen Prozeß umgekehrt‹, sagte der Narraganset Lloyd Wilcox [der Medizinmann des Stammes] ... Gegenwärtig sind viele Klagen von Indianer-stämmen anhängig, die die Rückgabe von Land fordern, das unrechtmäßig enteignet wurde.«

149 »Eine solche Betrachtung war möglich, weil die mittel-alterliche Staatslehre teilweise ein ursprüngliches Recht des Volkes anerkannte, das später zur Lehre von der *Volks-souveränität* ausgeprägt wurde. Die Quelle der weltlichen Herrschaft beruhte nach mittelalterlich-weltlicher Lehre auf dem Volkswillen; auf diesen führte man den freiwilli-gen Unterwerfungsvertrag des Volkes zurück.« [Literatur-verweis: Marsilius von Padua, Defensor pacis/›Verteidiger des Friedens‹, I c. 8, 12, 15; Nicolaus von Cues Vol. III, L. III, c.4.]

»Danach stand dem Volk unter anderem eine ständige Kontrolle der Verwaltung des dem Fürsten übertragenen Herrschaftsrechts zu. Diese Lehre führte bei Marsilius von Padua und Nicolaus von Cues zu modern anmutenden demokratischen Systemen.«

(Eberhard von Koerber, Die Staatstheorie des Erasmus von Rotterdam (Diss.), in: Schriften zur Verfassungsgeschichte Bd. 4, Berlin 1967, S. 17 f.)

Erasmus hat sich in seinen Briefen über die meisten Auto-ren, die ihn beschäftigten, geäußert. Der verketzerte Rek-tor der Pariser Universität Marsilius von Padua (1275–1342) und der große Vertreter der Devotio moderna Kardinal Nikolaus von Kues (1401–1464) sind darunter nie genannt (vgl. Allen EE, Bd. 12, Gesamtregister). Das schließt allerdings nicht aus, daß Erasmus von diesen Werken Kenntnis hatte. Doch weiß man nicht, wieweit diese Schriften damals zugänglich waren (vgl. annot. 169).

Marsilius' *Defensor pacis*, »die radikalste kirchenpolitische Schrift des Mittelalters« (Lexikon d. Theologie u. Kirche, Freiburg 1934²), verfaßt anno 1324, wurde erstmals 1522 gedruckt.

Der englische Erasmus-Biograph George Faludy erwähnt – leider ohne Quellenangabe – More hätte »Erasmus' Aufmerksamkeit auf eine Schrift des Kardinals Nikolaus von Kues gelenkt, das einzige seiner Werke, das damals schon gedruckt war; es behandelte die Türkenkriege. Cusanus plädierte bei Papst Nikolaus V. für eine schiedsgerichtliche, friedliche Regelung und wandte sich gegen den Gedanken eines neuen Kreuzzuges gegen die Ungläubigen.«

Ich halte es für wahrscheinlich, daß Erasmus durch seinen engen Freund, den Rechtsgelehrten Thomas Morus, auch über die Bedeutung des ›consensus populi‹ für das Herrschaftsrecht der Fürsten unterrichtet war.

150 Der Satz endet mit einem Sprichwort (Adagium 615): »corvum delusit hiantem« – »den aufgesperrten Rabenschnabel zum besten haben«. Das stammt von Horaz und ist gegen »lauernde Aasgeier« gemünzt.

151 Bei Aristoteles sieht die Kalkulation für ›Krieg und Frieden‹ sehr anders aus als bei Erasmus (ein Verantwortungsgefühl für die Bevölkerungen diesseits und jenseits der Stadtgrenzen ist völlig ausgeklammert); man führe sich das zum Vergleich einmal vor Augen:

»Für Krieg und Frieden [muß man] die Größe seiner Stadt kennen und wie weit sie noch gesteigert werden kann, ebenso wie das bereits Vorhandene geartet ist und was noch dazukommen kann, auch welche Kriege sie früher schon geführt hat und wie sie verliefen. Man muß dies aber nicht nur von seiner eigenen Vaterstadt wissen, sondern auch von den Grenznachbarn oder auch von denen, mit denen ein Krieg in Betracht kommt, damit man mit mächtigeren den Frieden wahrt, mit schwächeren nach eigenem Ermessen verfahren kann.«

(Aristoteles, Rhetorik. Übers. v. Paul Gohlke, Paderborn 1959, S. 46/I,4)

Hinter den moraltheologischen Anspruch eines ›gerechten

Krieges‹ (vgl. annot. 97, Thomas von Aquin) brauchte Erasmus nicht zurückzugehen. – Da die Regenten selbst Christen waren, galten für sie nicht die Regeln heidnischer Imperatoren, sondern sie unterstanden in ihrer Verantwortungspflicht schließlich der Ethik Christi. – In diesem Grundverständnis will Erasmus den Fürsten ins Gewissen reden und ihnen sogar einen Verzicht auf den sog. ›gerechten Krieg‹, jenen eigenartig heidnisch-christlichen Kompromiß, nahelegen – zugunsten eines höheren Guts: der Erhaltung des Friedens.

Mit einer Offenlegung realistisch-brutaler Erwägungen wie im Text des Aristoteles hätte sich ein christlicher Regent nicht das unverzichtbare Mäntelchen des ›gerechten Krieges‹ umhängen können. Trotzdem blieb der Kalkül im total heidnischen Sinne bis in die Gegenwart bestimmend für die Politik der »christlichen« Welt.

Dazu ein Lexikonauszug: »*Recht des Stärkeren* [RdS.] ... Während der Haager Friedenskonferenz 1907 stellte der Vertreter des Deutschen Reiches den ›Machtfaktor‹ und das ›RdS.‹ mit der ihm innewohnenden Willkür vor den ›Rechtsfaktor‹ und lehnte ein Weltschiedsgericht mit dem gleichen Recht für alle Staaten, das zugunsten des *Frieden* wirken sollte, entschieden ab.

Das RdS. steht im grundsätzlichen Widerspruch zum gegenwärtigen Völkerrecht. ... Gleichwohl drängt vor allem der *Militärisch-industrielle-Komplex* – seinen parasitären Sonderinteressen entsprechend – immer wieder auf das RdS., auf *Krieg* ... und auf Völkerrechtsbruch.«

(Lorenz Knorr, Kleines Lexikon Rüstung, Abrüstung, Frieden A–Z, Köln 1982²)

152 Das Adagium 1160: »Aureo piscari hamo« – »*Mit einem goldenen Angelhaken fischen*« bedeutet, daß jemand durch das Begehren einer mittelmäßigen Sache Gefahr läuft, weit größere Dinge zu verlieren. Die Wortwendung ist als scherzhafte Äußerung des Kaisers Augustus bei Sueton erwähnt.

153 »Von seinem Recht etwas drangeben« – das entspricht im Sinne dem Adagium 2005: »Pax redimenda« – »Der zu

erkaufende Friede«: »Sankt Augustinus erzählt in der zehnten Homilie, bei den Puniern sei folgendes alte Sprichwort berühmt gewesen: *Um eine ruhige Zeit zu haben, gib etwas dran.* Selten sind die frei von Streit, die es nirgends über sich bringen, von ihrem Recht zu lassen. Groß ist zuweilen der Vorteil, durch das Aufopfern einer Sache Ärger und Unruhe zu verhindern.«

154 Zu Erasmus' Vorschlag eines unabhängigen Schiedsgerichts als angemessene Lösung von Rechtsstreitigkeiten zwischen Fürstentümern vgl. annot. 143, 144, 146.
Daß Krieg als Rechtsgang zu verdammen sei, betont auch Immanuel Kant in seinem Philosophischen Entwurf »Zum ewigen Frieden« aus dem Jahre 1795. Hier die Wiedergabe des wesentlichen Satzes:
»Da die Art, wie Staaten ihr Recht verfolgen, nie, wie bei einem äußeren Gerichtshofe, der Prozeß, sondern nur der Krieg sein kann, durch diesen aber und seinen günstigen Ausschlag, den *Sieg,* das Recht nicht entschieden wird, und durch den *Friedensvertrag* zwar wohl dem diesmaligen Kriege, aber nicht dem Kriegszustande (immer zu einem neuen Vorwand zu finden) ein Ende gemacht wird (den man auch nicht geradezu für ungerecht erklären kann, weil in diesem Zustande jeder in seiner eigenen Sache Richter ist), gleichwohl aber von Staaten, nach dem Völkerrecht, nicht eben das gelten kann, was von Menschen im gesetzlosen Zustande nach dem Naturrecht gilt, ›aus diesem Zustande herausgehen zu sollen‹ (weil sie, als Staaten, innerlich schon eine rechtliche Verfassung haben, und also dem Zwange anderer, sie nach ihren Rechtsbegriffen unter eine erweiterte gesetzliche Verfassung zu bringen, entwachsen sind), indessen daß doch die Vernunft, vom Throne der höchsten moralisch gesetzgebenden Gewalt herab, den Krieg als Rechtsgang schlechterdings verdammt, den Friedenszustand dagegen zur unmittelbaren Pflicht macht, welcher doch, ohne einen Vertrag der Völker unter sich, nicht gestiftet oder gesichert werden kann: – so muß es einen Bund von besonderer Art geben, den man den *Friedensbund* (foedus pacificum) nennen kann, der

vom *Friedensvertrag* (pactum pacis) darin unterschieden sein würde, daß dieser bloß *einen* Krieg, jener aber *alle* Kriege auf immer zu endigen suchte.«

(Immanuel Kant, Werkausgabe Bd. XI, hg. v. Wilhelm Weischedel, Frankfurt a.M. 1977; S. 210 f., //BA 34, 35).

155 1 Kor 3,16–17: »Wisset ihr nicht, daß ihr Gottes Tempel seid und der Geist Gottes in euch wohnt?/ So jemand den Tempel Gottes verderbt, den wird Gott verderben; denn der Tempel Gottes ist heilig, – der seid ihr.« s. auch Eph 2,17–22.

156 1 Tim 6,10–12 und 6,17–18: »Den Reichen von dieser Welt gebiete, daß sie nicht stolz seien, auch nicht hoffen auf den ungewissen Reichtum, sondern auf den lebendigen Gott, der uns dargibt reichlich, allerlei zu genießen;/ daß sie Gutes tun, reich werden an guten Werken, gerne geben, behilflich seien.«

Mehr als einmal weist Erasmus auf den Widerspruch hin, der zwischen dem Luxus der Kirchen und der Philosophie Christi besteht. In den Anmerkungen zu den Hieronymusbriefen, die er 1516 edierte, schreibt Erasmus: »Einige mögen daran Anstoß nehmen, daß Hieronymus die Ausschmückung der Kirchen mißbilligt, da es ja in unseren Tagen Fürsten gibt, die ein Leben voller Krieg, Mord und Verbrechen durch den Bau eines Gotteshauses gutmachen. Manche halten es für eine unverzeihliche Sünde, daß der Kirche gestiftete Geld zu nehmen und damit Verhungernde zu retten. So zu handeln, sagen sie, heißt Christus und die Jungfrau Maria berauben. Hieronymus verwirft nicht alle Ausschmückung, aber er würde lieber lebende Tempel schmücken, d. h. die Armen Christi.«

(Roland H. Bainton, Erasmus, Göttingen 1972, S. 128).

157 Erasmus stimmt auch in dieser Sicht ganz mit dem späten Augustinus überein. So schreibt Augustin im letzten, dem 22. Buch ›Vom Gottesstaat‹: »Dabei hat der Staat Christi, obwohl er noch auf Erden pilgert und große Völkerscharen hinter sich hat, nicht für zeitliches Heil gegen seine gottlosen Verfolger gekämpft, sondern vielmehr, um das ewige Heil zu erlangen, *auf Kampf verzichtet.* Seine

Bürger wurden gefesselt, eingekerkert, geschlagen, gefoltert, verbrannt, zerfleischt, umgebracht und vermehrten sich doch. Für das Heil kämpfen war für sie nichts anderes, als um des Heilands willen das Heil verschmähen.«
(Aurelius Augustinus, Vom Gottesstaat, übers. v. Wilhelm Thimme, Zürich 1955, Bd. II, S. 762/ 22. Buch, Kap. 6)

158 Mt 26,28: »das ist mein *Blut* des neuen Testaments, welches vergossen wird für viele zur Vergebung der Sünden.«

1 Kor 10,16: »Der gesegnete Kelch, welchen wir segnen, ist der nicht die Gemeinschaft des *Blutes* Christi? Das Brot, das wir brechen, ist das nicht die Gemeinschaft des Leibes Christi?«

1 Petr 1,18–19: »und wisset, daß ihr nicht mit vergänglichem Silber oder Gold erlöst seid von eurem eitlen Wandel nach väterlicher Weise,/ sondern mit dem teuren *Blut* Christi als eines unschuldigen und unbefleckten Lammes.«

s. auch Lk 22,20; 1 Kor 11,25; Eph 2,13; Kol 1, 19–20; Hebr 9,6–7. 11–12; 13,11–14.

159 Lk 8,15: »Das aber auf dem guten Land sind, die das Wort hören und behalten in einem feinen, guten Herzen und bringen Frucht in *Geduld*.«

2 Kor 6,4: »sondern in allen Dingen beweisen wir uns als die Diener Gottes: in großer *Geduld*, in Trübsalen, in Nöten, in Ängsten.«

s. auch Röm 2,7; 5,3–5; Gal 5,22; Eph 4,1–3; 1 Thess 5,14–15; 2 Petr 3,14–15; Hebr 10,36; 12,1–2.

160 ›Geringschätzung des eigenen Lebens‹:

Jes 50,6–8: »*Ich hielt meinen Rücken dar denen, die mich schlugen*, und meine Wangen denen, die mich rauften; mein Angesicht verbarg ich nicht vor Schmach und Speichel./ Aber der Herr hilft mir; darum werde ich nicht zuschanden. Darum habe ich mein Angesicht dargeboten wie einen Kieselstein; denn ich weiß, daß ich nicht zuschanden werde./ Er ist nahe, der mich gerechtspricht; wer will mit mir hadern? Laßt uns zusammentreten; wer ist, der Recht zu mir hat? Der komme her zu mir!«

Mt 20,28: s. annot. 163.

1 Kor 4,8–13: »Ihr seid schon satt geworden, ihr seid schon reich geworden, ihr herrschet ohne uns; und wollte Gott, ihr herrschtet, auf daß auch wir mit euch herrschen möchten!/ Ich halte aber dafür, Gott habe uns Apostel für die *Allergeringsten* dargestellt, als dem Tode übergeben. Denn wir sind ein Schauspiel geworden der Welt und den Engeln und den Menschen./ Wir sind Narren um Christi willen, ihr aber seid klug in Christo; wir schwach, ihr aber stark; ihr herrlich, wir aber verachtet.«

s. auch Jes 53,7; Mt 10,39; 16,25; Lk 14,26–27; Joh 10,15–17; Apg 20,24.

161 Mt 26,52: »Da sprach Jesus zu ihm: Stecke dein Schwert an seinen Ort! denn wer das Schwert nimmt, der soll durchs Schwert umkommen.«

162 Jak 2,5: »Höret zu, meine lieben Brüder! *Hat nicht Gott erwählt die Armen auf dieser Welt*, die im Glauben reich sind und Erben des Reichs, welches er verheißen hat denen, die ihn liebhaben?«

163 Mt 20,25–28: »Aber Jesus rief sie zu sich und sprach: Ihr wisset, daß die weltlichen Fürsten herrschen und die Oberherren haben *Gewalt.*/ So soll es nicht sein unter euch. Sondern, so jemand will unter euch gewaltig sein, der sei euer Diener;/ und wer da will der Vornehmste sein, der sei euer Knecht, –/ gleichwie des Menschen Sohn ist nicht gekommen, daß er sich dienen lasse, sondern daß er diene und gebe sein Leben zu einer Erlösung für viele.«

164 Lk 6,35: »Vielmehr *liebet eure Feinde*; tut wohl und leihet, daß ihr nichts dafür hoffet, so wird euer Lohn groß sein, und ihr werdet Kinder des Allerhöchsten sein; denn er ist gütig über die Undankbaren und Bösen.

Röm 12,17: »Haltet euch nicht selbst für klug. *Vergeltet niemand Böses mit Bösem.* Fleißiget euch der Ehrbarkeit gegen jedermann.« s. auch 1 Thess 5,15; 1 Petr 3,9–11.

165 Mt 18,12–14: »Was dünket euch? Wenn irgend ein Mensch hundert Schafe hätte und eins unter ihnen sich *verirrte*: läßt er nicht die neunundneunzig auf den Bergen, geht hin und sucht das verirrte?/ Und so sich's begibt, daß

er's findet, wahrlich, ich sage euch, er freut sich darüber mehr denn über die neunundneunzig, die nicht verirrt sind./ Also ist's vor eurem Vater im Himmel nicht der Wille, daß jemand von diesen Kleinen verloren werde.«

[166] Remy und Dunil-Marquebreucq weisen hier auf das Spiel mit der Doppelbedeutung von »succurrere« hin: »Succurre Turcis« kann sowohl »Eile den Türken zu Hilfe« wie »Hilf den Türken ab« bedeuten.

In christlicher Konsequenz führt Erasmus hier aus den üblichen Feindvorstellungen und Hetzkampagnen heraus. – Seine Zeitgenossen kannten in Fragen Türkenkrieg kaum Skrupel. Kardinal Albrecht von Brandenburg (gleichzeitig Erzbischof von Mainz, Primas von Deutschland und Kurfürst des Heiligen Römischen Reiches) sagte beispielsweise in seinem Plädoyer für die Wahl Karls V. am 28.6.1519: »Überdies haben wir noch den Türkenkrieg. Dort stehen wir nicht in der Verteidigung, sondern im Angriff, um das Verlorene wieder zu erobern, vor allem Griechenland wieder zu befreien. Dazu bedürfen wir großer Heere. Wie sollen diese aber, wenn der Kaiser wenig Macht und Autorität besitzt, ausgerüstet werden?
Aus all diesen Ursachen halte ich dafür, daß ein mächtiger Fürst gewählt werden muß, und daß Karl, ..., allen übrigen Fürsten Deutschlands vorzuziehen ist. ...
Von einer Bekämpfung der Türken ist uns Großes versprochen worden. Darin liegt wohl etwas sehr Wünschenswertes und Ersprießliches.«
(Manfred von Roesgen, Kardinal Albrecht von Brandenburg, Moers 1980, S. 242 ff.)

[167] Im Widmungsbrief zum ›Handbüchlein eines christlichen Streiters‹ schreibt Erasmus am 14. August 1518 an den Abt Paul Volz u. a. auch seine Kritik am Mönchswesen: »Ich möchte wünschen, und alle wahrhaft Frommen wünschen zweifellos dasselbe, die evangelische Religion säße allen so tief innerlich im Herzen, daß sie daran genug hätten und niemand nach der benediktinischen oder franziskanischen Religion strebe; ich zweifle nicht, Benedikt und Franz von Assisi wünschten das auch ... Prüft jemand

Leben und Regel des Benedikt, Franziskus, Augustin, so wird er erkennen, daß sie keinen anderen Wunsch hatten, als mit freiwilligen Freunden nach der Lehre des Evangeliums in Freiheit des Geistes zu leben, und daß sie dazu gedrängt wurden, über Kleider und Speisen und die übrigen äußerlichen Dinge einige Vorschriften zu machen; sie fürchteten nämlich, es möchte wie es so geht, menschlichen Verfügungen von Menschenkindern mehr Wert beigelegt werden als dem Evangelium. Sie schauderten vor Reichtümern, sie flohen die Ehren, auch die kirchlichen, sie arbeiteten mit eigener Hand, um nicht nur niemand beschwerlich zu werden, sondern um etwas übrig zu haben, anderer Not zu lindern. Auf Bergesgipfeln setzten sie sich fest, nisteten in Sumpfgebieten, hausten in Sandwüsten und an verlassenen Plätzen. Schließlich leiteten sie so viele Menschen ohne Geschimpfe, Geißel und Kerker, lediglich durch Lehre, Ermahnung, Pflicht und Vorbild. So waren die Mönche, die Basilius liebt und lobt, Chrysostomus in Schutz nimmt; auf sie paßt allenthalben das Wort des göttlichen Hieronymus an die Marcella, die Reihen der Mönche und Nonnen seien die Blüte und der Edelstein unter den Zierden der Kirche ...

So waren die ersten Zeiten des Mönchstums, so die hl. Väter. Dann wuchsen allmählich im Laufe der Zeit mit dem Reichtum die Zeremonien, und die echte Frömmigkeit und Schlichtheit erkaltete. Und während wir allenthalben die Klöster in mehr als profanem Brauch entartet sehen, wird die Welt doch mit neuen Klöstern belastet, wie wenn sie nicht auch in Bälde ebenso heruntersinken würden! Einst, wie gesagt, war Mönchsleben Einsamkeit. Jetzt nennt man die Leute Mönche, die ganz im Mittelpunkt weltlicher Geschäfte sich bewegen, ja, die geradezu in weltlichen Dingen eine Tyrannei ausüben. Und doch maßen sie sich wegen der Verehrung, die sie genießen, unter irgendeinem Titel derartig viel Heiligkeit an, daß sie alle übrigen außer ihnen nicht für Christen halten. Warum engen wir das Bekenntnis zu Christus so ein, das er doch ganz weit für alle bereit wünschte?«

(Erasmus von Rotterdam, Briefe/ deutsch Walther Köhler, Leipzig 1938, S. 205 f.)

168 »Schlimmer als ein Hund im Bade« – »Quid cani & balneo?« Adagium 339 will sagen: »unmöglich!« – ein Hund hat im Bad nichts zu suchen.

169 Erasmus hat sich meines Wissens nicht inhaltlich mit dem Koran auseinandergesetzt, wohl aber gab es Ansätze bei dem vielseitigen italienischen Gelehrten Joan Pico della Mirandola (1463–94). Dieser von Erasmus und Thomas Morus hochgeschätzte Humanist hatte neben Latein und Griechisch, Hebräisch und Chaldäisch auch Arabisch gelernt: Er wünschte eine Erschließung der verbindenden großen Ideen in den verschiedenen Religionen und Philosophien, um zu einer toleranten Gemeinschaft aller Menschen in einem einzigen Gottesreich zu finden. Die klerikale Einteilung in ›gläubig und ungläubig‹ wird der geistigen Möglichkeit und Würde aller Menschen vor dem ewig nur einen Gott nicht gerecht. (Erst Lessings ›Nathan‹ zeigt eine ähnliche Blickfreiheit.)

Für jene postulierte »Homologie allen Denkens« seien folgende Derwisch-Worte ein Beleg, die Erasmus bestimmt voll akzeptiert hätte: »Der ird'schen Güter bestes ist der Frieden;/ Nichts Schlimmres gibt es als den Krieg hienieden.«

(Aus dem Persischen d. Scheich Hîlalî (gest. 1529), König und Derwisch/ Übers. v. Ethé. Im ›Spruchwörterbuch‹ des Franz Freiherrn von Lipperheide, 1907)

Es ist nicht ausgeschlossen, daß Erasmus diese in seinem Text merkwürdige Behauptung ›die Türken seien großenteils halbchristlich‹ der »Cribratio Alkoran« (der »Koran-Durchsiebung«) des Nikolaus von Kues verdankt. Unlängst kam mir eine erläuterte Teilübersetzung dieses kleinen Werks in die Hand (1943 bei Felix Meiner erschienen). Darin war auch zu erfahren, daß Werkausgaben des Nikolaus von Kues bereits 1488 in Straßburg, 1502 in Mailand und 1514 in Paris gedruckt wurden. (Das spricht übrigens gegen die Vermutung in annot. 149, daß die Cusanus-Schriften damals noch unzugänglich gewesen wären.)

[170] Mt 7,5: »Du Heuchler, zieh am ersten den Balken aus deinem Auge; darnach siehe zu, wie du den Splitter aus deines Bruders Auge ziehest!«

[171] Jes 42,3: »Das zerstoßene Rohr wird er nicht zerbrechen, und den glimmenden Docht wird er nicht auslöschen. Er wird das Recht wahrhaftig halten lehren.« Mt 12,20

[172] Ps 85,10: »Doch ist ja seine Hilfe nahe denen, die ihn fürchten, daß in unserem Lande Ehre wohne.«

[173] Mt 26,52, s. annot. 117 + 161.

(Dazu vergleiche man auch die Problematik v. annot. 121, 122, 123, 127.) Nicht zufällig versucht Erasmus gerade dieses Jesus-Wort vom Schwert mit dem Mittel rhetorischer Wiederholung einzuprägen: als eindeutigen Order zum Gewaltverzicht für Christi Jünger.

Ganz anders wird elf Jahre später der ehemalige Augustiner-Mönch Martin Luther die Gewaltfrage beurteilen: »Denn weil das Schwert von Gott eingesetzt ist, die Bösen zu strafen, die Frommen zu schützen und Frieden zu handhaben, Röm 13,1 ff., 1 Petr 2,13 ff., so ists auch unwiderleglich genug bewiesen, daß Kriegführen und Töten und was Kriegszeiten und -recht mitbringen, von Gott eingesetzt ist. Was ist Krieg anderes, als Unrecht und Böses strafen? Warum führt man Krieg, außer weil man Frieden und Gehorsam haben will?«

(Martin Luther, Ob Kriegsleute auch in seligem Stande sein können, 1526, WA 19, 623–662./ In ›Luther Deutsch‹, Hg. Kurt Aland, Bd. 7, Stuttgart/Göttingen 1967², S. 53)

Der bibelfeste Rebell gegen den Papst überzieht den Gehorsams-Order gegenüber der staatlichen Ordnung. Luther schwimmt in seiner Einstellung zum Krieg noch ganz im Fahrwasser der scholastischen Kirchenmoral.

Neben dem Matthäus-Bericht über den Hauptmann von Kapernaum gehören die hier von Luther aufgeführten Zitate bis heute zur herkömmlichen Rechtfertigung einer Miliz. Aber weder Jesus, noch Paulus, noch Petrus empfehlen den ›Weingärtnern zum Reiche Gottes‹ profanen Soldatendienst zu tun. – Der Hauptmann von Kapernaum wird zum Sinnblild einer Gehorsamsordnung, die nur als Prinzip auf Christus zu übertragen wäre. Jesus empfiehlt seinen Jüngern ja nicht, sich bei dem Hauptmann einen Job zu suchen. Ebenso empfahlen Paulus und Petrus gegenüber der Staatsgewalt allenfalls ein gewaltfreies Erdulden, aber kein ›macht's ebenso!‹. Wie würde sonst der Kontext des Petrus stimmen: »daß die Heiden ... eure guten Werke sehen und Gott preisen« (1 Petr 2,12)? (Das Problem der allgemeinen Wehrpflicht ist bekanntlich historisch sehr viel später anzusetzen – und hätte eigentlich in christlichen Staaten gar nicht etabliert werden dürfen.)

»Das Schwert als Gottes eigene Ordnung« – diese Luther-Interpretation war den Machthabern natürlich genehm und bestimmte das ›moralische‹ Denken der Feldherren.

»Der Krieg ist ein Element der von Gott eingesetzten Ordnung ... Der ewige Friede ist ein Traum, und nicht einmal ein schöner ... Ohne Krieg würde die Welt im Materialismus versumpfen.« schrieb der Feldmarschall Helmuth von Moltke im Dez. 1880 an Prof. Bluntschli. (Im ›Spruchwörterbuch‹ von Franz Freiherrn von Lipperheide, 1907)

Von kirchenamtlicher Seite ist auch im Protestantismus die ›Lehre vom gerechten Krieg‹ gegenwärtig noch nicht für passé erklärt. Wohl aber gab es – nach den Erfahrungen der Weltkriege – und in der Herausforderung der Wiederaufrüstung in Deutschland heftige Kontroversen zu diesem Punkt, die die EKD an den »Rand einer Kirchenspaltung« geraten ließen. Die ›Schizophrenie‹ der protestantischen Friedensethik formiert sich in dem Kompromißversuch der »Heidelberger Thesen« von 1958/59 (bes. deutlich zwischen Punkt 7 und Punkt 8):

»7. Die Kirche muß den Waffenverzicht als eine christliche Handlungsweise anerkennen.

8. Die Kirche muß die Beteiligung an dem Versuch, durch das Dasein von Atomwaffen einen Frieden in Freiheit zu sichern, als eine heute noch mögliche christliche Handlungsweise anerkennen.

9. Für den Soldaten einer atomar bewaffneten Armee gilt:

Wer A gesagt hat, muß damit rechnen, B sagen zu müssen; aber wehe den Leichtfertigen!«

(Eine ausführlichere Darstellung der Problematik und Zitatbelege findet man in dem Beitrag von Wolfgang Lienemann: »Das Problem des gerechten Krieges im deutschen Protestantismus nach dem Zweiten Weltkrieg«/ ›Der gerechte Krieg‹, Frankfurt a. M. 1980.)

Einige Notizen über das Vorbereitungskomitee zum 19. Ev. Kirchentag, der 1981 in Hamburg stattfand, machen deutlich, welch eine Verunsicherung auch heute noch in Fragen christlicher Friedensethik herrscht.

Allein mit dem Motto gab es Schwierigkeiten. ›Jaget dem Frieden nach‹ (aus dem 34. Psalm) war dem Bischof Hans Otto Wölber zu politisch, das Bergpredigt-Motto ›Selig sind die Friedfertigen‹ hielt der Bischof gar für eine Gefährdung des friedlichen Verkündigungsauftrages der Kirche. Die schließlich vom Bischof ausgesuchte Kirchentagslosung lautete ›Fürchtet Euch nicht‹ – was die Friedensinitiativen zu einer Kundgebung mit dem Gegen-Motto ›Fürchtet Euch – der Atomkrieg bedroht uns alle‹ herausforderte.

Landesbischof Eduard Lohse, Ratsvorsitzender der Evang. Kirche in Deutschland (EKD) trat für den umstrittenen Nato-Nachrüstungsbeschluß ein. Die These der kirchlichen Rüstungskritiker vom »Frieden schaffen ohne Waffen« hält der Bischof für politisch naiv. Hamburgs Bischof Wölber ist sogar dagegen, den »Dienst mit der Waffe in Frage zu stellen«.

Der christliche Politiker Hans Apel kam Amerikas Verteidigungsminister Caspar Weinberger (»Wir wollen nicht allein marschieren«) entgegen. Apel: »Ich wage es zu bezweifeln, ob es eine besondere Verantwortung des Christen für den Frieden gibt.«

(Informationen im Stern magazin Nr. 24/4. Juni 1981)

Im SPIEGEL vom 15. Juni 1981 (der Kirchentag begann am 17. Juni) las man: Der ev. Religionspädagoge Prof. Hans-Dieter Bastian[+] [+Mitglied des Beirats f. Innere Führung der Bundeswehr] gemahnte den pazifistischen Alt-Bischof Scharf (der die »christlichen Politiker« wie Schmidt und

Apel fragt, wie sie vor dem Evangelium den Einsatz von Massenvernichtungsmitteln verantworten könnten) an das »11. Gebot«: Du sollst nicht predigen von Dingen, von denen Du nichts verstehst.

[174] Eph 6,14–17: »So stehet nun, *umgürtet* an euren Lenden mit Wahrheit und angezogen mit dem *Panzer* der Gerechtigkeit/ und an den Beinen gestiefelt als fertig, zu treiben das Evangelium des Friedens. / Vor allen Dingen aber ergreifet den *Schild* des Glaubens, mit welchem ihr auslöschen könnt alle feurigen Pfeile des Bösewichtes,/ und nehmet den *Helm* des Heils und das *Schwert* des Geistes, welches ist das Wort Gottes.«

[175] »So wird es sein, daß wir dann ganz besonders siegreich sind, wenn wir besiegt werden.« (»Ita fiet ut tum maxime vincamus cum vincemur.«) – man beachte, daß Erasmus hier die militärische ›Siegesmoral‹ voll durchbricht und schon eine Art Defaitismus vertritt. – Der Sieg im Sinne des Imperiums Christi ist geistig und nicht physisch zu erringen.

Lauter Zweifel am militärischen Sieg kam erst im 1. Weltkrieg auf. Man spricht seitdem vom ›Defaitismus‹, was sich von dem französischen Wort ›défaite = Niederlage, Schlappe‹ herleitet. Mit ›Resignation‹ ist diese Geisteshaltung durchaus nicht zu umreißen.

Ein wichtiges Bekenntnis zum Defaitismus legte Stefan Zweig ab in seinem Artikel für die ›Friedenswarte‹ vom Juli 1918. »Wir wollen keines Sieg und keines Niederlage, wir sind Siegfeinde und Freunde des Verzichts. Europa muß von seiner Qual erlöst werden, um jeden Preis.«

Fürst Alexander von Hohenlohe, der darauf in einem Brief an Zweig schrieb »Auch ich bin Defaitist in Ihrem Sinne ...«, formulierte noch einmal das Ziel: »daß es vor allem dahin gebracht werden muß, daß diese ekelhafte, sinnlose, wahnsinnige Schlächterei aufhört. Alles andere ist leeres Gerede«.

(Zitate aus Donald A. Prater, Stefan Zweig, aus dem Engl. v. Annelie Hohenemser, München, Wien 1981, S. 154/55).

Nicht zu begreifen, daß ›Defaitismus‹ immer noch vorwiegend als Disqualifikations-Begriff verstanden wird! »Eines Tages wird es ein Ehrenname sein« hoffte Stefan Zweig.

176 Jak 3,18: Die Frucht aber der Gerechtigkeit wird gesäet im Frieden denen, die den Frieden halten.«

177 Mt 9,37–38: »Da sprach er zu seinen Jüngern: Die Ernte ist groß, aber wenige sind der Arbeiter./ Darum bittet den Herrn der Ernte, daß er Arbeiter in seine Ernte sende.«

178 Gemeint sind die kirchlichen und weltlichen Herrscher.

179 Diese von Erasmus um 1506 verfaßte Antikriegsschrift »Antipolemos« ist verschollen. Der Papst soll über die kritische Stellungnahme zu seinem Kriegswirken ziemlich verärgert gewesen sein. – Obwohl Erasmus für einige persönliche Angelegenheiten den Dispens des Papstes benötigte, dachte er nicht daran, dem Eroberer-Papst Julius II. nach dem Mund zu reden.

180 Remy und Dunil-Marquebreucq vermuten, daß Erasmus mit dieser Passage der *»noch unerfahrenen jungen Leute«* auf die königlichen Debutanten seiner Zeit anspielt: denn anno 1515 war Franz I. von Frankreich 21 Jahre alt, Karl von Burgund war 15 und Heinrich VIII. von England 24.

181 *»Schlechte historische Vorbilder«* hatten z. B. Karl den Kühnen (1433–77) in seinem zehnjährigen Machtrausch geleitet; das ist belegt. – »Wie Alexander die Ilias zu seiner Lieblingslektüre erkor, so berauschte Karl der Kühne an den Taten Alexanders und Caesars sein heißes Blut. Herkules wurde fast zum Ahnherren des Geschlechtes erhoben.«

Karl der Kühne, ein ›melancholischer Träumer‹, versuchte sein Heroenideal vom großen Eroberer rücksichtslos und gewaltsam zu verwirklichen, ... »zertrat alle Widerstrebenden«. Ein Reich von der Nordsee bis zu den Alpen oder gar bis zum Mittelmeer einschließlich Neapel war sein Plan. »Nach den Niederlagen von Grauson und Murten lebte er halb wahnsinnig in finsterer Abgeschlossenheit, warb dann neue Scharen, zuchtloses, beutegieriges Gesindel und fand endlich ohne auf Rat zu hören, ohne einzulenken, halsstarrig und trotzig bis ans Ende, bei Nancy den Tod.«

(Zitate aus: Ferdinand Geldner, Die Staatsauffassung und Fürstenlehre des Erasmus von Rotterdam, Historische Studien, Berlin 1930, S. 22/23: s. annot. 141)

»Das Geschichtsbuch« J. Hartmanns (Frankfurt a. M. 1955) bringt das besagte Geschehen in gängiger Kürze: »*1477 – Tod des Herzogs Karl des Kühnen von Burgund (1467–1477); letzte Blüte ritterlich-höfischer Kultur an seinem Hof*«.

Erasmus hatte in seiner Jugend (Holland gehörte seinerzeit zu Burgund) die unseligen Folgen dieser ›kühnen‹ Kriegspolitik vor Augen. In einer frühen (noch im Kloster, um 1490 entstandenen) Skizze »Über Frieden und Uneinigkeit« zeichnete Erasmus das erschreckende Bild der Kriegs- und Nachkriegszeit in Holland. – Fortlaufende Kriege und Greueltaten als Nachwirkungen jener maßlosen Unterwerfungspolitik Karls des Kühnen wurden zu Lebzeiten des Erasmus längst nicht beendet. – Wie Ferdinand Geldner erwähnt, war das burgundische Fürstenhaus von ständigem Rachemotiv geleitet.

182 Horaz, Epistulae 1,2 Zeile 8: »stultorum regum et populorum continet aestus«.

Und hier die Textstelle im Zusammenhang (der Brief ging an Lollius Maximus, einen jungen Freund des Horaz):

»Den Sänger des Troischen Krieges habe ich in Präneste einmal wieder gelesen ...

Die Mär, die von Paris' Liebschaft erzählt, und wie darob Griechenland und Barbarenland zu langwierigem Zweikampf aufeinander stießen, *umschließt viel Torheit, viel Leidenschaft von Königen und Völkern*. Antenor rät, dem Kriege die Wurzel wegzuschneiden. Was meint Paris? »Er lasse sich nicht zwingen, des Throns Bestand, des Lebens Glück zu sichern.« Nestor will Streit beilegen: lebhaft vermittelt er, jetzt dem Peliden, jetzt dem Atriden zuredend. Hier schürt Liebe den Brand, Zorn lodert hier wie dort gleich heftig. Der Fürsten Wahn sät Hader, den Völkern blühen die Streiche. Zwist, Ränke, Frevel, Wollust und Zorn: sie treiben's arg in Trojas Mauern, arg treiben sie's vor Trojas Mauern.«

(Horaz, Sämtliche Werke. Lateinisch u. deutsch/ Nach Kayser, hg. v. Hans Färber, München 1967)

183 »Monarch« ist hier im wahren Wortsinn als »Alleinherrscher« zu verstehen.

184 Erasmus verwendet hier das Wort »duces«, das mit ›Führer‹, aber auch mit ›Fürsten‹ übersetzt werden kann. Folgendermaßen referiert Sebastian Franck diese Textstelle:

»Die Fürsten machen heimliche Winkelzüge und Komplotte miteinander, bis sie das arme Volk bis auf die Wurzel nagen. Oh daß des heidnischen Kaisers Spruch etwas bei uns gelte, der gesagt hat, es sei besser, einen Bürger bewahren denn tausend Feinde zu erschlagen.«

(Vgl. Anm. 25 zur Einleitung; S. 151)

185 Das Prinzip der Bemäntelung ist nach wie vor maßgeblich für alle militärischen Aktivitäten – das geht vom Moralanspruch bis zum Tarnbegriff eines Postgut-Etiketts:

»*Lebensmittel* – lautete die Aufschrift einer französischen Waffensendung für Bolivien.«

›Zitat des Tages‹, B.Z. vom 26. 4. 1984.

187 Nach Annahme von Remy und Dunil-Marqebreucq handelt es sich bei Zeile 1131–1133 um einen erst 1523 eingefügten Zusatz. Bei Varnbüler (1519) findet man den Satz allerdings schon komplett. Hier der gesamte Satz:

»So du einem nit nachgeben oder weichen wilt/ als einem nachgesessenen fürsten/ villeicht einem gesypten/ unnd gleichwol ettwo einem der umb dich vorzeiten wol verdient ist/ wievyl verachtlicher erpettelst du/ so fremder grober leut hilff begerst/ *und das noch erges/ eben dero mitt den allerschentlichsten lastern vermaelgeten menschen/ wo man anderst solich schelmen menschen nennen soll?*«

187 Eindringlich und mit einer gewissen Originalität zieht auch Sebastian Franck die Summe des Gewinnkalküls:

»Wer nun den gemeinen Nutzen durch Krieg will fördern, der handelt ebenso wie der, der mit ausgespanntem Segel wider den Wind will segeln und schiffen. Wähnen mag es einer wohl, beweisen wird es keiner. Gehe hin und siege gleich! Noch hast du deinem Vaterlande mehr Schaden als Nutzen zugefüget. Der Gewinn ist der Krieger Beute und Sold. Wer gibt die Erwürgten wieder, von denen einer besser ist denn aller Gewinn des Sieges? Das Land hast du voll mörderische Bösewichter und vergiftest Buben ...« (Vgl. Anm. 25 zur Einleitung; S. 152)

Ein Exkurs in die Gegenwart: Auch und gerade unsere heutige monströse Abschreckungsstrategie – mit der konkreten Vorbereitung des gigantischsten Krieges aller Zeiten – bedarf einer kalkulativen Überprüfung dieser Verteidigungsmethode: um zu verdeutlichen, daß nicht weitere Hochrüstung, sondern eine wirklich mit allen Mitteln voranzubringende Abrüstung das Gebot der Stunde ist. (The abolition of war!) Denn nicht nur die immense Gefahr muß beachtet werden – »Je mehr Pulverfässer in einem Gebäude stehen – desto wahrscheinlicher ist Brand« (Max Scheler) – zudem kann ein Atomschlag heute (anders als im Fetialrecht) eine Frage von Minuten sein! –, sondern es muß auch der Preis vor Augen geführt werden, mit dem die Menschheit täglich für das ›räsonable Gleichgewicht des Schreckens‹ zahlt. Das kommt nicht nur in einer Geldsumme zum Ausdruck – jährlich über 1,3 Billionen DM für die Rüstung = 40 000 DM in der Sekunde (Der Stern, 9. Juni 1982) –, sondern erst in einer eingehenderen Bilanz dieses Unterfangens. Dazu nur ein paar Punkte: »Rüstung wird über erhöhte Steuern oder mittels Staatsverschuldung finanziert. ... Rüstung verschlechtert auch infolge des unsozialen Charakters der Geldentwertung die Lebensbedingungen. ... Die in der Rüstungswirtschaft Beschäftigten – meist hochqualifizierte Facharbeiter – erhalten eine Entlohnung, der kein von ihnen geschaffener Gegenwert an Konsumgütern entspricht. ... Rüstung vergeudet und vernichtet nicht allein menschliche und materielle Energien, die im zivilen Bereich fehlen und die Lebensbedingungen verschlechtern. Zugleich *benötigt* und *produziert* Rüstung internationale Spannungen und Mißtrauen sowie *Feindbilder*, welche den *Frieden* und die *Zusammenarbeit* der Völker zum gegenseitigen Vorteil erschweren oder verhindern. ...«

(Aus Lorenz Knorr, Kleines Lexikon ... Frieden A–Z; s. annot.151 unten/ Stichworte ›Inflation und Rüstung‹ sowie ›Lebensbedingungen‹)

Die Etablierung der Rüstung in Verbindung mit notwendiger Arbeitsplatzbeschaffung ist ein gefährliches Faktum und ist vom Berufsverständnis des Menschen als einem Tätigsein füreinander unannehmbar. – Wie geht die Rechnung auf?: »Von einer Einführung der *Bunkerbaupflicht* verspricht sich das Bundesinnenministerium bei jährlich rd. 300 000 Neubauten künftig Jahr für Jahr 1,2 Millionen zusätzlicher Schutzplätze sowie *eine Belebung der Baukonjunktur.*« (DER SPIEGEL, Nr.25, 17.Juni 1985, S.50 »Zivilschutz«). – Derartige Konjunktur-Moral macht eine Abkehr vom Teufelskreis der Hochrüstung immer unwahrscheinlicher.

Nicolas Born sprach von »*unserer Vernichtungsprofitenz*« – und daß sie »vor eine Art Nürnberger Tribunal« gehöre, »wo sie wiederum beteuern könnten, Risiken nicht erkannt, von allem nichts gewußt zu haben.«

(Nicolas Born, »Ein öffentlicher Wahnsinn«/ Rede zur Verleihung des Bremer Literaturpreises 1976; in »Mut zur Angst«/ Schriftsteller für den Frieden, 1982, S.59–61)

188 Diese von Erasmus angesprochene »Kriegs-Reliquien« spiegeln sich auch in einer Schweizer Redensart:

»*Das Land ist voll Mörder und Buben und niemand sicher*«.

Dazu gibt es folgenden Kommentar: »Nach den Kriegen der Eidgenossen mit dem Herzog Karl von Burgund, befehdeten die Franzosen und Burgunder einander. An diesem Kriege nahmen deutsche und schweizerische Söldner Antheil. Als ein Stillstand der Waffen eintrat und viele lieber raubten als arbeiteten, so entstand eine solche Unsicherheit, daß nur die höchste Strenge die Ruhe wieder herstellen konnte. In kurzer Zeit wurden über 1500 lose Buben in der Eidgenoßschaft hingerichtet, und das Sprüchwort über die Unsicherheit in den allgemeinen Ruhm der Gerechtigkeit verwandelt (1480).«

(»Wahrheit und Dichtung«, Sammlung Schweizerischer Sprichwörter. Ein Buch für die Weisen und das Volk. Von Melchior Kirchhofer/ Pfarrer zu Stein am Rhein, Zürich 1824, S. 95)

[189] »Si vere *tuos* amas« – »Wenn du *die Deinen* wirklich liebst« ist im Französischen mit »Si vous aimez vraiment vos *sujets*« wiedergegeben. Ich möchte dem Erasmus die *Untertanen* – so sie auch gemeint sind – als Begriff nicht unterstellen, weil er doch sicher nicht unabsichtlich jene familiäre Bezeichnung ›die Deinen‹ wählte: Darin liegt mehr das Anvertrautsein und die Sorgepflicht als das Verfügen über Untergebene (vgl. annot. 42). Auch Varnbüler übersetzt es mit »*Hastu die deinen recht lieb*«. In modernen Verdeutschungen anderer Erasmus-Texte tauchen übrigens unbegründeterweise ebenfalls ›die Untertanen‹ auf. Das signalisiert jedoch eine etwas andere Einstellung zu den Herrschenden. Die absolutistische Schlußformel »Car tel est notre plaisir« – »Denn solches ist unser Belieben« erkannte Erasmus den christlichen Fürsten nicht zu.

Für die »Untertanen« stände im Lateinischen das Wort »subiecti« zur Verfügung, was sinnverwandt ist mit »unterworfen«, »untergeben«, »preisgegeben«, »ausgesetzt«. Die englische Übersetzung bringt es neutraler: »If you really love your people«.

[190] ›*Freiheit*‹ ist das wichtigste Schlüsselwort zur Rechtfertigung unserer gegenwärtigen ›Hochrüstungs-Sklaverei‹. Die ›Verteidigung von Machtinteressen‹ hätte wahrscheinlich keinen so guten Nimbus. »Freiheit! Vorwärts!« – das war der Kampfruf des preußischen Feldmarschalls von Blücher während der Völkerschlacht bei Leipzig (vom 16.–19. Okt. 1813). – Adelbert von Chamisso setzte ein realistisches Siegesdenkmal:

»*Der Invalid im Irrenhaus*
Leipzig, Leipzig! arger Boden
  Schmach für Unbill schafftest du.
Freiheit! hieß es, vorwärts, vorwärts!
  Trankst mein rothes Blut, wozu?
        Freiheit! rief ich, vorwärts, vorwärts!
        Was ein Thor nicht Alles glaubt!
        Und von schwerem Säbelstreiche
        Ward gespalten mir das Haupt.
Und ich lag, und abwärts wälzte
  Unheilschwanger sich die Schlacht,
Über mich und über Leichen
  Sank die kalte, finstre Nacht.
        Aufgewacht zu grausen Schmerzen,
        Brennt die Wunde mehr und mehr;
        Und ich liege hier gebunden,
        Grimmge Wächter um mich her.
Schrei ich wüthend noch nach Freiheit,
  Nach dem bluterkauften Glück,
Peitscht der Wächter mit der Peitsche
  Mich in schnöde Ruh zurück.«
(Chamissos Werke I., Hg. Heinrich Kurz, Leipzig/Wien o. J.
– Meyers Klassiker-Ausgaben, S. 60)
»... wozu kommt, daß zum Töten, oder getötet zu werden
in Sold genommen zu sein einen Gebrauch von Menschen
als bloßen Maschinen und Werkzeugen in der Hand eines
andern (des Staats) zu enthalten scheint, der sich nicht
wohl mit dem Rechte der Menschheit in unserer eigenen
Person vereinigen läßt.« sagt Kant im Hinblick auf stehende Heere. (Immanuel Kant, Zum ewigen Frieden, BA 8/
BA 9, s. annot. 154, S. 197 f.)
191 Remy und Dunil-Marquebreucq machen darauf aufmerksam, daß Erasmus hier noch einmal auf dieselben
Worte auch in derselben Reihenfolge wie am Anfang (Latein: Zeile 25) des ›Bellums‹ zurückgreift: »modis omnibus
fugere, deprecari, propellere« – »*auf alle Weise meiden,
verwünschen und verbannen*«: das müßte die Einstellung
eines wahren Christen zum Krieg sein!

[192] Das Adagium 330 »*Jeden Stein bewegen*« (»Omnem movere lapidem«) bedeutet »alles prüfen, nichts unversucht lassen«. Diese Sentenz ist bei griechischen Autoren mehrfach überliefert und wurde ursprünglich auf ein Delphisches Orakel zurückgeführt.
Sebastian Franck referiert den Sinn dieser Stelle sehr anschaulich: »Es haben auch die Heiden vor Zeiten alle Steine umgekehrt und alle Löcher wie ein Krebser untersucht, ob irgendwo vielleicht in einem Fried läge und nach verzweifelten Sachen erst in höchster Not zu den Waffen gegriffen.« (Vgl. Anm. 25 zur Einleitung, S. 152).

[193] Kol 3,2: »Trachtet nach dem, was droben ist, nicht nach dem, das auf Erden ist.«

[194] Nach Aristoteles war die oberste Ausrichtung des menschlichen Lebens und Strebens das *Glück*. Erasmus betont, daß wir Christen unser *höchstes Glück in Christus zu setzen* hätten. Damit gewinnt unser Glücksziel einen konkreten Inhalt, unsere Lebenshaltung eine bestimmte Orientierung.

[195] Mt 10,28: »Und fürchtet euch nicht vor denen, die den Leib töten, und die Seele nicht können töten; fürchtet euch aber vielmehr vor dem, der Leib und Seele verderben kann in die Hölle.«

[196] Was Erasmus hier anspricht, versuche ich anhand von Schriftstellen zu rekonstruieren: Setzen wir auf Christus, der sagt »ich und der Vater sind eins« (Joh 10,30), dann können auch wir – mittels einer ›Imitatio Christi‹ mit Gott eins werden (Joh 1,12–13). Wir müssen uns aktiv zur Gotteskindschaft wandeln.
Im Johannesevangelium (Joh 10,30–38) wird die schwerwiegende Auseinandersetzung zwischen Jesus und den jüdischen Schriftgelehrten geschildert. ... »Die Juden antworteten ihm und sprachen: Um des guten Werks willen steinigen wir dich nicht, sondern um der Gotteslästerung willen und daß du ein Mensch bist und machst dich selbst zu Gott./ Jesus antwortete ihnen: Steht nicht geschrieben in eurem Gesetz: ›Ich habe gesagt: Ihr seid Götter‹?/ So er *die* Götter nennt, zu welchen das Wort Gottes geschah –

und die Schrift kann doch nicht gebrochen werden –,/ sprecht ihr denn zu dem, den der Vater geheiligt und in die Welt gesandt hat: ›Du lästerst Gott‹, darum daß ich sage: Ich bin Gottes Sohn?« (Joh 10,33–36).

Jesus berief sich auf Psalm 82,6: »Ich habe wohl gesagt: ›Ihr seid Götter und allzumal Kinder des Höchsten‹«. – »Götter« wurden (2 Mose 21,6) die Richter genannt, denn sie standen rechtsprechend unter der Satzung Gottes (3 Mose 19,2/5 Mose 1,17). Die in Psalm 82,3–4 gegebene kurzgefaßte ›Richtlinie‹ ist konform mit der Lehre Jesu. – Eine ›Wandlung in Gott‹ kann nicht in selbstherrlicher Welteinnahme, sondern nur in einem an Gottes Wort orientierten Bußweg stattfinden, wie Erasmus ihn auch zu umreißen sucht. – Eine so verstandene ›Transformation in Gott‹ – ›Gottwerdung des Menschen‹ – ist keine Blasphemie. (Vgl. auch 1 Petr 1,16. 22–23).

[197] Lk 20,36: ›den Engeln gleich‹.
Ps 103,19–20.

[198] »kurz, wenn wir uns durch *diese Dreiheit* auszeichnen« (»in summa, si praestamus *haec tria*«) – in der französischen Übersetzung ist »diese drei« noch durch »Tugenden« ergänzt (»ces trois vertus«), im Englischen zu »the three qualities«. Varnbüler verdeutschte: »In summa/ wa wir die drey ding leisten«. Man ist an 1 Kor 13,13 erinnert: »Nun aber bleibt Glaube, Hoffnung, Liebe, diese drei«.

[199] Joh 14,6: »Jesus spricht zu ihm: Ich bin der Weg und die Wahrheit und das Leben; niemand kommt zum Vater denn durch mich.«

[200] Weder die weltlichen noch die geistlichen Herrscher erhielten von Erasmus einen moralischen Freibrief. Wollten die Machthaber den Christennamen zu Recht beanspruchen, dann unterstanden auch sie den Ordern Christi. Erasmus machte mit seiner am evangelischen Geist orientierten Allegorisierung (Gleichnisse waren schließlich ein Attribut Christi) plausibel, daß ein ›Schwert Christi‹ ganz und gar nicht mit einer Mordwaffe identifiziert werden kann.

»Man muß diese Dinge unterscheiden und alles an seiner

Stelle nennen. Machen wir nicht ohne weiteres Christus zum Urheber dessen, was die Herrscher oder die weltlichen Behörden tun, oder erklären wir es nicht für göttliches Recht.« schrieb Erasmus im neuen Widmungsbrief zum ›Handbüchlein eines christlichen Streiters‹ (für die Froben-Ausgabe von 1518) an den reformfreundlichen Benediktinerabt Paul Volz in Hugshoven bei Schlettstadt. – In Sachen ›Recht und Rache‹ nannte Erasmus dort noch eine eindeutige Anweisung aus Christi Mund: »Denen, die fragten, ob sie Feuer vom Himmel herabrufen sollten, das die Stadt verbrenne, aus der sie ausgeschlossen worden waren, sagte er: Ihr wißt nicht, wes Geistes ihr seid.« [Lk 9,55]

(Erasmus von Rotterdam, Ausgewählte Schriften, 1. Bd., Brief an Paul Volz/ Handbüchlein eines christlichen Streiters/ übersetzt von Werner Welzig, Darmstadt 1968)

[201] Zur Eröffnung des 18. ökumenischen Konzils im Mai 1512 hielt der Augustinergeneral Aegido von Viterbo (Egidio da Viterbo) die Ansprache. Vor Papst Julius II. und fast 100 Bischöfen u. a. kirchlichen Würdenträgern sowie zahlreichen geladenen Gästen aus dem römischen Adel und auswärtigen Gesandten rief (der vorher als Lobredner des Papstes bekannte) Aegido in der großen Lateran-Basilika eindringlich zu einer Selbstbesinnung der Kirche auf. (Vor der Basilika und in der Stadt befand sich übrigens ein großes Aufgebot der päpstlichen Truppen. Julius hatte seinen Schweizern den Titel ›Beschützer der Freiheit der Kirche‹ verliehen.) Aegido von Viterbo stellte den Kampf um die Rettung der Seelen als den wahren Auftrag der Kirche dar. Er erklärte Julius' militärische Niederlage von Ravenna für segensreich. »Die Kirche mußte besiegt werden, wenn sie sich auf Waffen verließ. Durch Niederlagen kam sie zur Besinnung. Für den Uranfang wie für jeden neuen Anfang kirchlichen Lebens brauche man allein den Panzer des Glaubens und das Schwert des Lichtes. ... Aegido pries den Frieden und lehnte den Krieg unterm Kreuz, den Bürgerkrieg der Christen ab. ... ›... Du, sagte der Herr zu Petrus, wenn du einst bekehrt bist, bestärke

deine Brüder. Hört es, erhabenste Häupter, Schutzwehr und Schirm der Stadt Rom! Hört es, in welches Ausmaß von Übeln die durch euer Blut gegründete Kirche gebracht worden ist! Seht ihr, wie die Erde in diesem Jahr mehr Blut als Regen einsog...? Bringt Hilfe, richtet die Kirche wieder auf!‹«

(Friedrich Gontard, Die Päpste und die Konzilien, Wien, München, Basel 1963, S. 349)

202 Ich wüßte nicht, auf welche Erfahrungen wir heute noch warten, um der Kriege endlich satt zu sein. Aber man hört statt dessen offizielles Jubilieren: Die Friedensbewegung laufe sich tot. Was verspricht man sich auf die Dauer von einem überdimensionalen Drohritual? – Die Rüstungsindustrie hat Hochkonjunktur wie nie zuvor und ist damit zu einer gefährlichen Triebfeder der Sicherung ihres eigenen Fortbestandes geworden. Der Anteil der Rüstungsforschung allein übertrifft den Fond für die Friedensforschung um das Tausendfache. –

Wenn uns am Frieden wirklich gelegen ist, sollte man die Methode beherzigen, die Erasmus in der ›Querela Pacis‹ auf die Formel bringt: »Ein Großteil des Friedens besteht schließlich darin, den Frieden von Herzen zu wollen. Denen nämlich der Friede echt am Herzen liegt, die werden alle Friedensgelegenheiten nutzen, über Hindernisse setzen sie sich entweder hinweg oder beseitigen sie und erdulden sehr viel, damit ein so teures Gut unversehrt bleibe.«

(Erasmus von Rotterdam, Die Klage des Friedens, s. annot. 12, S. 86)

203 Eine Stimme aus dem politischen Feld der Gegenwart: »Die Politiker ›sollten einmal ihr Ohr an die Erde legen und lauschen. Sie stöhnt förmlich unter der Last der Rüstungen, und diese werden weiter aufgehäuft.‹«

(Zitat des damaligen sowjetischen Außenministers Gromyko, in DER SPIEGEL Nr. 12, 18. März 1985, S. 156)

204 Papst Leo X. hatte von 1513–1521 den Heiligen Stuhl inne. Im Jahre 1509 hatte Erasmus, während seines Aufenthalts in Rom den jungen Giovanni de' Medici – als er noch

Kardinal war – kennengelernt. Anton von Bergen gegenüber nannte Erasmus im März 1514 Leo X. einen »gelehrten, lauteren, frommen Mann« von dem zu erwarten wäre, daß er die Kriegsstürme seines Vorgängers beseitigen könne. – Auch in Italien hoffte man, daß mit dem friedliebenden Medici-Papst die eiserne Epoche endlich vom goldenen Zeitalter abgelöst würde. Leo X. war aber der Papst, der mit seinem aufwendigen Lebensstil (in zwei Jahren hatte er das von Julius II. eingetriebene stattliche Vermögen verpraßt) die Simonie (Verkauf von geistlichen Ämtern) und den Ablaßhandel zur Blüte trieb und damit Luthers 95 Thesen und den Sturm der Reformation herausforderte.

205 Erasmus gemahnt hier an die *Bekenntnis- und Stellvertreterfunktion des Papstes*, anders ließe sich der Anspruch auf dieses Amt (nach Mt 16,16–19) gar nicht begründen. – Das Petrusbekenntnis und die Übertragung der Schlüsselgewalt in der Gemeinde gehören zusammen. In seiner ›Ratio‹ (der Einleitung zur zweiten Ausgabe des ›Neuen Testaments‹ im Jahre 1519) interpretiert Erasmus die Verpflichtung des Bischofs von Rom aus dem Geist von Joh 21,15–17: »Wenn er [Christus] andererseits zu Petrus, der ihm dreimal die Liebe bekannt hat, sagt: Weide meine Lämmer!, so verkörpert Christus die Stelle des obersten Hirten, das ist des Hauptes; Petrus bildet den Typus irgendeines Bischofs, dem die Herde, für die Christus gestorben ist, nur anvertraut wird, wenn er Christus von Herzen liebt und nirgendwohin sieht als auf dessen Ehre. Es wurde aber nicht gesagt: Regiere! oder: Unterwirf dir die Schafe! sondern: Weide sie! Auch wurde nicht gesagt: deine Schafe, sondern *meine*. Einer fremden Herde bist du Hirt, nicht Herr, sieh zu, daß du die dir anvertrauten Schafe dem obersten Hirten mit guter Treue zurückzählst.«
(Erasmus von Rotterdam, Ausgewählte Schriften/ Lateinisch u. Deutsch, Hg. v. Werner Welzig, Bd. 3 ›Ratio/ Theologische Methodenlehre‹, S. 183, übersetzt von Gerhard B. Winkler, Darmstadt 1967)
s. auch 1 Petr 5,2–4.

206 Das Bild, das Erasmus hier von Papst Leo X. zeichnet, gerät entschieden zu idealistisch und war wohl auch mehr als Vorbild denn als Abbild entworfen. Dies entsprach seiner Suasoria-Psychologie, die Weggenossen durch Überredung zum Guten zu bewegen: »... wie man nach Augustin gottlose Fürsten nicht mit Schmähungen erbittern darf, damit sie nicht, gereizt, noch Schlimmeres tun« hatte Erasmus dem Abt Paul Volz (in seiner Vorrede zum ›Handbüchlein eines christlichen Streiters‹) verraten. – Am 21. Mai 1515 schrieb Erasmus aus London an Papst Leo X. und ließ ihn an einer Stelle sich selbst schon in einem vorweggenommenen Nachruf als ehrenwerten Friedens-Papst betrachten: »Mag auf Zeit die Strenge Julius' II. notwendig gewesen sein, sicherlich heilsamer war die Milde Leos, sie kommt auch dem Vorbild näher, dessen Platz unter den Sterblichen der römische Papst einnimmt, dem Friedefürsten Salomo, der durch seine Eintracht Himmel und Erde miteinander versöhnt und verbindet, der durch Duldung siegte, nicht durch Truppen, der durch sein Sterben Sieger wurde, der nicht durch Vergießen fremden Blutes sich Herrschermacht aneignete, sondern durch sein eigenes Blut uns das himmlische Reich erwarb ...«
(Beide Zitate aus: Erasmus von Rotterdam, Briefe, verdeutscht v. Walter Köhler, Leipzig 1938, s. annot. 167)
207 Das Adagium 652 »A teneris unguiculis« (wörtlich: »von zarten Nägelchen«) findet sich bei M. Tullius und Plutarch und bedeutet ›Von Kindesbeinen an‹. Erasmus bemerkt, daß man statt dessen auch »Mit der Muttermilch« sagt.
208 Als Sohn Lorenzos des Prächtigen aus dem berühmten Florentiner Patriziergeschlecht hatte der junge Giovanni de' Medici die denkbar besten Erzieher gehabt, darunter so berühmte Humanisten wie Angelo Poliziano (der eine formvollendete ›Anleitung zum Lesen klassischer Autoren‹ verfaßte und selbst zahlreiche griechische Klassiker übersetzte), den frühgenialen Pico della Mirandola (der ›Über die Würde des Menschen‹ und ›Über eine Reform der Sitten‹ schrieb und seiner Zeit um einiges voraus war), und

Marsilio Ficino (der seinerzeit hervorragende Übersetzer und Kommentator Platons).

Als Sechzehnjähriger erhielt Giovanni de' Medici bereits den Kardinaltitel; die Priesterweihen holte man jedoch erst 22 Jahre später anläßlich seiner Wahl zum Papst nach. Die Förderung der Schönen Künste lag ihm zeitlebens mehr am Herzen als die Theologie.

209 Vgl. zu Papst Julius II. auch annot. 45 + 137.

Für den um 1517 anonym in Umlauf gebrachten satirischen Dialog ›Julius vor verschlossener Himmelstür‹ (›Julius Exclusus‹) hat Erasmus seine Autorenschaft nie zugegeben – und es ist hier nicht der Platz das Für und Wider zu wägen. (Die meisten Erasmus-Bearbeiter plädieren dafür.)

Die Inquisition meinte schon, Erasmus einer ›Verhöhnung des Triumphs der Kirche‹ beschuldigen zu können, weil er in seinen ›Annotationes‹ zum Neuen Testament an den heidnischen Triumphzügen des Papstes Kritik übte.

Zum Sieges-Einzug in Bologna hatte Julius das Stadttor niederreißen und einen Triumphbogen errichten lassen, hatte sich mit Prunkgewand und Juwelen geschmückt und als ›Befreier‹ feiern lassen. Bei dem von ihm engagierten Bildhauer Michelangelo hatte Julius eine gigantische bronzene Triumphator-Statue in Auftrag gegeben: in der rechten Hand ein Schwert (kein Buch), die linke Hand zum Sieg erhoben (nicht zum Segen). Papst Julius II., ›der Eroberer von Bologna‹, wurde als unverwüstliches Erzmonument 1508 in der eroberten Stadt am Dom von San Petronio ›verewigt‹, aber bereits 1511 von der empörten Bevölkerung demoliert. (Allein für den Abtransport des vorerst geretteten Kopfes waren 8 Ochsengespanne nötig). Herzog Alfons von Ferrara (ihm hatte der Papst die Salzwerke streitig gemacht) ließ die Metall-Trümmer der Julius-Statue zu einer Kanone verarbeiten. –

»Julius II. konnte sich rühmen, den Kirchenstaat zum ersten Mal zu einer militärisch ernstzunehmenden Macht erhoben zu haben« (Seidel-Menchi, Anm. 434/Adagia 2201; s. annot. 129).

Der bekannte Kunsthistoriker und Renaissance-Interpret Jacob Burckhardt nannte Julius II. den »Retter des Papsttums«; Martin Luther nannte diesen Papst kurz und knapp den »Blutsäufer«.

Der Schlachtruf des Papstes ›fuor i barbari‹ – ›Kampf den Barbaren‹ galt bald den christlich getauften Franzosen, die kurz vorher noch seine Verbündeten gegen Venedig gewesen waren. Der Papst hätte zu gerne – außer einem großen Türken-Kreuzzug – auch seinen Einzug in Paris erlebt; aber der Tod durch Altersschwäche beendete schließlich sein Vorhaben. – In Frankreich kursierten bereits zu Lebzeiten und auch nach dem Tode von Julius II. satirische Sonette, Epigramme und Bühnenstücke über den Eroberer-Papst (s. Anm. 398/99 bei Silvana Seidel-Menchi/ Adagia 2201).

Erasmus behauptete ja (in dem Brief an Johannes Caesarius vom 16.8.1517), daß die ihm unterstellten Julius-Exclusus-Späße eher in Frankreich anzusiedeln wären.